Jugendaktionsbuch
Natur und Umwelt

Wolfgang Meiners
Erhard Schulz

Jugendaktionsbuch Natur und Umwelt

Herausgegeben vom
Bund
für Umwelt und Naturschutz

FREIZEIT VERLAGS GMBH

Gestalterische Konzeption:
Ulrich Schwarz
Zeichnungen:
Volker Haller

CIP-Kurztitelaufnahme der Deutschen Bibliothek

Jugend Aktionsbuch Natur und Umwelt / hrsg. von
Wolfgang Meiners u. Erhard Schulz. – Baden-Baden :
Freizeit-Verlags-GmbH, 1984
ISBN 3-921748-00-3

NE: Meiners, Wolfgang [Hrsg.]

Printed in Germany

Satz: Typobauer Filmsatz GmbH, Scharnhausen
Druck: Druck- und Buchbinderei-Werkstätten May & Co. Nachf., Darmstadt
Buchbinderarbeiten: Großbuchbinderei J. Spinner, Ottersweier

Inhaltsverzeichnis

. . . erst **l***achen, dann* **m***achen,*
so ist die Reihenfolge im
Alphabet auch.

Euch fallen bestimmt noch viel
mehr Öko-Witze ein. Wir machen
ein Sammelaktion für Öko-Witze
– **l / m** *acht mit!*

(Ökowitze an Station Umwelterziehung
2893 IFFENS schicken!)

Was soll's

Eine Sammlung mit Aktionen im Umwelt- und Naturschutz – was soll's?
So ein Buch ist für viele Zwecke geeignet, und wir haben viele Hoffnungen hineingeschrieben. Nehmt es also nicht nur als Unterlage für den Diaprojektor, wenn ihr die Bilderserie vom Anlegen eures Gartenteiches zeigen wollt. – Und auch nicht als Aushängeschild für Leute, die keine Lust haben, etwas im Natur- und Umweltschutz zu machen, die es aber auf ihren Schreibtisch legen, damit alle denken, sie seien ganz besonders aktiv. Dieses Buch soll euch allen helfen, auf gute Ideen zu kommen oder angefangene Aktionen auch zu beenden oder abgebrochene Pläne wieder zu beleben.
Wer Übung hat mit Aktionen im Umwelt- und Naturschutz, der weiß, daß nicht alles wie von selber leicht und reibungslos klappt. Die „Natur" ist uns oft schon so fremd, daß wir erst langsam wieder lernen müssen, mit ihr umzugehen, sie zu erleben und zu erfahren. Das gilt für die eigene Natur wie für die Umgebung eines jeden Einzelnen. Das kann ich aber nur, wenn ich aktiv etwas in Natur und Umwelt tue, also Aktionen mache.
Viele konzentrieren sich bei ihren Aktionen genau darauf, wer und was eine Bedrohung der Natur darstellt; sie decken auf, durch welche gesellschaftlichen und technischen Zusammenhänge diese Bedrohungen entstanden sind und wie sie vermeidbar wären. Viele Bürgeraktionen kämpfen hoffentlich erfolgreich gegen die Bedrohungen von Mooren, Feuchtwiesen, Wäldern, Fröschen, Singvögeln usw.
Bei solchen Kämpfen haben wir aber oft erlebt, daß viele Aktivisten nicht so genau wissen, was sie eigentlich schützen. Ich kann für die Natur und Umwelt dann besonders viel tun, wenn ich sie gut kenne – und auch dazu sollen euch die hier gesammelten Aktionsvorschläge helfen.

Aber bevor wir gleich schreiben, wie unsere Sammlung aussieht, noch eine weitere ganz wichtige Hoffnung, die wir mit diesem Buch haben: Es soll Spaß machen. Mit einer Gewitter-Muffel-Mine kann ich mir die Natur nicht zum Freund machen, und ich kann so auch keine Freunde für die Natur gewinnen. Deswegen soll der bittere Ernst der Naturzerstörung nicht vergessen werden. Und wenn auch einige unserer Ökowitze nach Galgenhumor klingen – vielleicht ist es ein stärkeres Argument, einem Gift-Hersteller die Freude über einen Schmetterling zu vermitteln, als ihn nur des Arten-Mordes zu beschuldigen.

Was bringt's

Diese 48 Vorschläge, Tips und Berichte sind eine kurze, oft zufällige Sammlung aus den verschiedensten Möglichkeiten, die wir bei unseren Aktionen im Umwelt-und Naturschutz haben. Wir haben Aktionen unter verschiedenen Gesichtspunkten ausgewählt:
Da gibt es solche Aktionen, die viel mit eurem Alltag zu tun haben, also mit Dingen und Tätigkeiten, die ihr täglich sowieso schon macht. Wie z.B. Essen, Wasser benutzen oder Müll sortieren.
Neu ist bei unseren Aktionsvorschlägen der Blickwinkel und die oft versteckte Vernetzung der eigenen Gewohnheiten mit den Schäden an der Natur und Umwelt. Manchmal muß man sich richtig selbst überlisten, um schlechte Gewohnheiten abzustellen.
Dann gibt es Vorschläge und Erklärungen zu solchen Themen wie Waldsterben, Energie und Schutz der Böden, Themen, die heute besonders aktuell sind. Daran arbeiten viele Ökogruppen, es gibt dazu bundesweite Kampagnen, und in den Zeitungen steht auch viel darüber. Auch ihr solltet euch mit diesen wichtigen Themen auseinandersetzen, weil ihr sicher oft darüber gefragt werdet.
Einige Vorschläge sind sehr einfach durchzuführen. Schaut als „geübte Experten" nicht auf solche „Kleinigkeiten" herab, sondern helft mit diesen leichten Aktionen den Freunden, die erst langsam beginnen, sich für den Umwelt-und Naturschutz zu interessieren. Laßt euch auch auf solche scheinbar harmlose Aktionen ein, vielleicht entdeckt auch ihr plötzlich neue Dinge, wenn ihr „nur" ein Natur-Tagebuch schreibt, oder „nur" flach auf einer Blumenwiese liegt.
Auch der Zeitaufwand bei den Aktionen ist verschieden. Manche laufen recht schnell ab, das kann an eurem Geschick liegen oder an Zufällen. Ihr könnt mit einem bedruckten Hemd oder mit selbstgemachten Postkarten sehr schnellen Erfolg haben. Andere Aktionen

dauern jedoch einen Igelwinter lang, und Interesse für eure Igel-Erfahrungen werdet ihr erst im darauffolgenden Herbst finden.
Manche Aktionen sollen eurer Gruppe dienen, eine gute Gruppe zu bleiben oder zu werden. Für Einzel-Aktivisten kann dies eine Hilfe sein, eine Gruppe zu gründen. Wenn ihr zusammen etwas Lustiges unternehmt, dann lernt ihr euch besser kennen. Ihr wißt von euch selbst und von euren Freunden, welche positiven Fähigkeiten jeder hat, was jeder am besten kann und welche Aufgaben jedem ideal liegen, wenn es eilig wird.
Versucht auch gemeinsam, eure „Unfähigkeiten" – die jeder von uns hat – zu entdecken und zu vermindern.
Und es gibt Aktionen, mit denen ihr gut auf eure Ziele, eure Gruppe oder auf ein Projekt aufmerksam machen könnt.
Die Berichte zeigen euch, wie es andere Gruppen bereits gemacht haben, und der Aufruf „Jugendaktionshilfe" ist für euch wichtig, wenn ihr selbst mit euren Aktionen viele andere anregen wollt.
Die 48 Aktionsvorschläge bringen also vieles, hoffentlich bringen sie euch weiter auf dem Wege, die Natur und Umwelt zu schützen.

Warum gerade ich

Vielleicht geht die jetzige Zeit in die Geschichtsschreibung als die „Null-Bock-Zeit" ein. Zu viele Leute sind mutlos und haben keine Lust zu gar nichts.
Mutlosigkeit ist eine Zivilisationskrankheit geworden, und es ist auch nicht so leicht zu verstehen, warum gerade ich mich als Einzelner oder in einer Gruppe engagieren soll, um Natur und Umwelt zu schützen.
Kann denn ein einzelner Mensch etwas tun gegen unpersönliche, mächtige gesellschaftliche oder technische „Sachzwänge" oder gegen persönliche Geld-und Machtinteressen mächtiger Leute? Treten wir da nicht an wie David gegen Goliath?
Wir erreichen nicht viel, wenn wir nur über die Welt ohne Vernunft, Verantwortung, ohne Ehrlichkeit und Nächstenliebe klagen, wir müssen unsere Hoffnung und unsern Mut zusammensammeln und etwas tun.
Wenn möglichst viele mitmachen, können wir gemeinsam etwas zum Schutz der Natur und Umwelt erreichen. Es kommt dabei auf jeden Einzelnen an, und es ist wichtig, daß jeder weiß, wie dringend er gebraucht wird.
Vielleicht bist gerade du zur richtigen Zeit an der richtigen Stelle, um einen Umweltsünder dingfest zu machen oder um einen Igel zu retten.
Oder vielleicht schaffst gerade du es, eine Ausstellung schön zu gestalten, einen guten Werbespruch für eure Aktion zu erfinden oder einem Pressereporter eure Ziele überzeugend darzustellen.
Oder vielleicht hast gerade du die richtige Idee und die richtigen Bekannten, um das Stadtgartenamt auf eine Alternative zum Herbizideinsatz auf Gehwegen zu bewegen.

Oder vielleicht hast gerade du die richtigen handwerklichen Fertigkeiten, um ein Wildfuttergestell zu reparieren, Sonnenkollektoren zu bauen oder eine Wetterstation aufzustellen.
Oder vielleicht kannst gerade du morgens auf dem Schulweg regelmäßig beobachten, wie sich die Rauchgase aus dem Industrieschornstein verteilen oder wie die Verschmutzung des Baches sich verändert.
Oder vielleicht erklärst gerade du anderen Freunden in der Gruppe oder skeptischen Bürgern besonders gut eine Aktion, ein „Ökosystem" oder einen Zusammenhang zwischen Waschmittel und Fischsterben.
Oder vielleicht lachst gerade du an der richtigen Stelle spontan los und rettest damit die Stimmung, wenn ihr bei Regen und Kälte einen Teich saubermachen wollt.
Nicht nur die großen Taten müßt ihr bedenken, sondern auch die vielen kleinen Mosaiksteinchen, die ein Aktionsprogramm bilden und abrunden.
Viele Fähigkeiten werden erst im Verlauf der gemeinsamen Arbeit entdeckt und entwickelt, und vielleicht bringen die Aktionen im Umwelt- und Naturschutz gerade dich ein großes Stück weiter.
Vielleicht kommt es also gerade auf dich an!

Kleine Schritte

Viele Menschen bekommen einen großen Schrecken, wenn sie zum ersten Mal etwas wacher und kritischer ihre Natur und Umwelt anschauen; so heil ist die Welt ja gar nicht, wie sie uns in Zeitschriften, im Fernsehen, Radio oder Supermarkt gezeigt wird.
Wälder sterben, viele Vogelarten, Wildtierarten, Insektenarten sind gefährdet oder gar ausgerottet. Energie wird verschwendet, Müll mit riesigem Aufwand versteckt, künstliche radioaktive Isotope werden häufiger, sauberes Wasser wird selten, Lebensmittel enthalten Giftrückstände, Landschaften werden asphaltiert, Moore ausgeräumt usw.
So gibt es eine lange Liste von Zerstörung und Bedrohung in Natur und Umwelt, vor der wir fassungslos stehen, wie vor einem riesigen Berg.
Vielleicht wollen es auch einige, daß wir zurückschrecken und vor so viel Schrecken erst gar nicht anfangen, aktiv zu werden.
Was tut ihr, wenn ihr vor einem riesigen Berg steht? Träumt ihr davon, hinaufzufliegen oder den Berg einfach wegzuzaubern? – Damit geschieht aber nichts.
Versucht es mal mit kleinen Schritten, baut eine Treppe, Stufe für Stufe.
Behaltet euer Fernziel vor Augen, den Berg zu besteigen, aber das wichtigste Nahziel ist immer die nächste Stufe. Und jede neue Stufe muß uns tragen und dem Ziel näherbringen. Bei zu großen Schritten kann man eine Treppe wieder hinunterfallen, das bringt Enttäuschung. Kleine Schritte dauern wohl etwas länger, sind dafür umso sicherer.
Wie eine Treppe, die man zur Bewältigung eines großen Berges hinaufsteigt, so müßt ihr auch diese Aktionen verstehen, die wir in dem Buch zusammengestellt haben.

Es gibt wohl kaum die eine große erfolgreiche Aktion, die schnell Natur und Umwelt wieder in Ordnung bringt. So schön es ist, von ihr zu träumen, so darf uns dieser Traum doch nicht lähmen, sondern muß uns Mut machen. Mut, mit kleinen Aktionen zu beginnen.
Ihr selbst und eure Gruppe werdet mit jeder Aktion einen Schritt weiter kommen mit dem Schutz der Natur und Umwelt. Je weiter ihr kommt, desto weniger seid ihr gelähmt von dem Schrecken vor der vielen Zerstörung und Bedrohung, und desto mehr wird euer Mut steigen – hoffentlich. Denn bei unseren Aktionen für den Umwelt- und Naturschutz haben wir nicht nur Freunde, und Rückschläge dürfen uns nicht bremsen.

Kein Rezept für alle Fälle

Nehmen wir an, ihr wollt einen Aktionstag zur Ernährung machen und sucht nun ein fertiges Rezept darüber, was ihr zu diesem Thema tun und wie ihr es machen sollt. Solche Rezepte zusammenzustellen, ist wohl kaum sinnvoll. Mit all euren persönlichen und örtlichen Besonderheiten sollt ihr euch nämlich nicht einem vorgefertigten Rezept unterordnen. Die Anleitungen, die wir euch geben, sollen veränderbar sein, entsprechend euren Wünschen und Möglichkeiten.

Bei unseren Vorschlägen gibt es viele Einzelthemen, die wir direkt beschrieben haben, oder auch solche, die wir nur am Rande im Zusammenhang mit anderen Themen erwähnt haben. Alle möglichen Themen (vgl. Aktionstorte) konnten wir nicht berücksichtigen. Dazu müssen wir zusammen mit euch Ergänzungen sammeln (vgl. Jugendaktionshilfe).

Neben dem Thema einer Aktion gibt es auch noch die Art und Weise, wie dieses Thema in der Öffentlichkeit oder in der Gruppe behandelt werden kann.

Diese Ideen und Tips haben wir auf viele Beiträge verteilt, und ihr könnt sie sicher auch auf ein Thema anwenden, das in dieser Sammlung noch nicht enthalten ist (z. B. Biogas). Solche Planungs- und Arbeitsweisen sind jedoch je nach Alter, Wohnbereich, Freundeskreis, Kenntnisstand und Gruppenerfahrungen so unterschiedlich, daß wir auch dazu kein allgemeines Rezept geben wollten.

Die Möglichkeiten, die wir gesammelt haben, sind oft austauschbar. Laßt euch anregen und probiert einiges mit Phantasie aus. Sucht euch Vorgehensweisen aus verschiedenen Beiträgen zusammen, so wie es euch paßt und wie es bei euch speziell am besten geht. Wenn ihr jedoch Schwierigkeiten habt, eine Aktionsidee für eure besonderen Bedingungen umzusetzen, dann ist es besser, ihr laßt

euch helfen. Das geht am schnellsten mit einem kurzen Brief oder einem Telefonanruf an die Jugendaktionshilfe (Seite 210).
Wir haben diese Sammlung recht unbürokratisch geschrieben, also nicht mit Arbeitsbögen und Checklisten. Das Zusammenstellen systematischer Listen ist eine Mode, die in der Schule für die Leistungsbewertung ganz praktisch ist. Wir wollen aber etwas für die Natur und Umwelt leisten, und die bewertet nicht mit Punkten. Um Bestätigung für unsere Aktionen zu bekommen, müssen wir die Natur und Umwelt direkt fragen, wir müssen erkennen können, wenn die Vögel unsere Hilfen nutzen, wenn Gewässer sich verbessern, sterile Ziergärten verschwinden, Nachbarn wieder Getränke-Pfandflaschen benutzen oder wenn die Industriemüllkippe nicht mehr samstags ab 14 Uhr brennt.
Probiert es mal, wir glauben, daß ihr es schafft.

Wer an diesem Buch mitgemacht hat:

Woher wir diese vielen Beispiele für Aktionen im Umwelt- und Naturschutz kennen?
Von vielen Jugendlichen, Jugendgruppenleitern, von BUND-Aktivisten, von Flugblättern, aus Broschüren, aus der Globus-Aktion (im Fernsehen) und aus dem Lehrerservice des BUND e.V.
Vieles wurde in Naturschutzkursen, auf Treffen, Lagern und in der Station Umwelterziehung ausprobiert und verbessert.
Einige Berichte haben wir hier stellvertretend für viele andere wiedergegeben. Wir danken allen, die für dieses Buch Vorarbeit oder Mitarbeit geleistet haben. Und der beste Dank ist natürlich, wenn ihr als Leser mit diesen Aktionen viel erreichen könnt und viel Freude damit habt. Für eine Erweiterung dieses Jugendaktionsbuches schickt doch bitte eure Ideen und Erfahrungen an die Station Umwelterziehung in Iffens (Adresse im Adressenteil), dann seid ihr beim nächsten Mal dabei, wenn es ums Erzählen von euren Erfahrungen geht.
Viele der Personen, die uns diesmal geholfen haben, sind bei den Beiträgen genannt und in dem Adressenverzeichnis aufgeführt.
Vorstellen wollen wir uns, die an dem Buch direkt mitgearbeitet haben:
Bärbel Supper und Wolfgang Meiners leben und arbeiten in der Station Umwelterziehung in Iffens. Wir haben die Ideen gesammelt, ausprobiert, ergänzt und hoffentlich verständlich wiedergegeben. Wir haben beide einen starken Hang zu solchen Aktionen, die machbar sind und Spaß bringen. Rumsitzen und reden ist auch wichtig, aber wir wollen hier denen helfen, die auch etwas tun wollen.
Erhard Schulz müßt ihr euch am besten als Dampflokomotive vorstellen, er bringt in Baden-Württemberg im Umwelt- und Naturschutz mächtig viel in Bewegung und hat für dieses Buch die Unterlagen des BUND e.V. zusammengestellt, aus denen wir die Texte für

euch maßgeschneidert haben. Wir haben alle Aktionsvorschläge so aufgeschrieben und mit Bildern versehen, daß immer eine Doppelseite oder mehrere Doppelseiten voll wurden; das liest sich hoffentlich leichter.
Vera, Ute und Sue haben bei uns einen „Mithilfeurlaub" gemacht und uns während der Zeit geholfen, die Texte mit vielen Zeichnungen zu erläutern und das Buch spannender zu machen.
Uli Schwarz hat dann die Gestaltung des Buches technisch perfekt gemacht.
Und Hans Frevert hat dieses Buch verlegt. Er hat mit seinem Verlagsprogramm schon mehrere Jugendbuchpreise erhalten und sorgt mit seinem Verlag dafür, daß dieses Buch auch bei euch im Buchladen zu kaufen ist.
Wir haben nun erzählt, wer an **diesem** Buch mitgemacht hat. Jetzt fehlt nur noch, daß ihr etwas mit diesem Buch macht, Aktionen ausprobiert, Erfolge habt und beim **nächsten** ‚Jugendaktionsbuch Natur und Umwelt' mitmacht, also . . .

Sonne

Vater hackt Holz für den Küchenherd. Lieschen erzählt aus der Schule: „Die Sonne scheint noch 27,3 Milliarden Jahre, und dann wird es kalt auf der Erde – haben wir heute in der Schulstunde gelernt."
„Ach, das wußte ich nicht", sagt der Vater erstaunt, „dann kann ich mir noch Zeit lassen mit dem Holzhacken."

Die größte Energiequelle für die Erde ist die Sonne. Was ist Energie überhaupt?
Noch nie ist ein Stein von selbst davongeflogen oder ein Kuchen von selbst gebacken worden. Wer den Stein aufheben will oder den Kuchen gebakken essen möchte, braucht Energie.
Im täglichen Leben kann Energie in vielen verschiedenen Formen auftreten, die sich alle ineinander umwandeln lassen: Wärme, Geschwindigkeit, Licht, Elektrizität, gespannte Federn, chemische Verbindungen (Erdöl) usw. Durch die Sonne ist Leben auf der Erde überhaupt erst möglich, sie schickt uns die wichtige Energie, die auf der Erde eingefangen, umgewandelt, verbraucht oder gespeichert wird:

- Erwärmung der Atmosphäre und des Erdbodens;
- Pflanzen wandeln das Sonnenlicht in chemische Energie um (Photosynthese);
- Wolkenbildung, Niederschlag;
- Kohle, Erdöl, Erdgas sind biologisch gespeicherte Sonnenenergie.

Die Sonnenenergie ist eine erneuerbare Energiequelle, die ständig nachfließt. Und das bleibt wohl noch einige Milliarden Jahre so. Kohle, Erdöl und Erdgas sind dagegen in Jahrmillionen von Pflanzenorganismen erzeugte und durch geologische Vorgänge gespeicherte Sonnenenergie aus früheren Erdzeitaltern. Sie sind nicht erneuerbar.

Die im Haushalt benötigte Wassertemperatur von 30° – 60°C kann im Sommerhalbjahr zu 80–100% mit Sonnenenergie allein erzielt werden. Der Wärmespeicher (Wassertank) hilft über Nacht und Schlechtwettertage hinweg. In den Wintermonaten sorgt die Zusatzheizung dafür, von der Sonne vorgewärmtes Wasser auf die gewünschte Temperatur zu bringen.
Seit kurzem gibt es speziell große Wärmespeicher mit entsprechenden Kollektoranlagen, die den Sonnenenergieüberschuß aus dem Sommer bis zum Winter speichern können und praktisch eine vollsolare Wärmeversorgung bedeuten.
Besonders attraktiv ist die Sonnenenergie bei der Schwimmbadheizung und überall dort, wo im Sommerhalbjahr viel Warmwasser oder Wärme benötigt wird (Landwirtschaft, Camping u.a.).
Die große zukünftige Bedeutung der Sonnenenergie erkennt man daran, daß über 50% der in der Bundesrepublik verbrauchten Energie für Wärmezwecke unter 100°C, meist sogar unter 70°C benötigt wird, und zwar überwiegend für Gebäudeheizung und Brauch-

wasser in Haushalt, Behörde, Gewerbe und Industrie.
Insgesamt bietet sich die Sonnenenergie an als eine vernünftige Methode zum Einsparen von Erdöl, Erdgas und elektrischer Energie bei der Wärmeversorgung. Die künftigen Mehrkosten für die bisherigen Energieträger verbessern auch die wirtschaftliche Attraktivität von Solarheizanlagen. Bereits die durch eine Solaranlage „eingesparte" Umweltbelastung rechtfertigt eine Mehrinvestition.
Sonnenenergie ist die umwelt- und menschenfreundlichste Energiequelle (auch wenn aus Kreisen der Atomlobby gelegentlich etwas anderes zu hören ist).
Die Sonnenenergie auszunützen, ist also sinnvoll, da sie jahrein, jahraus viel mehr Energie auf die Erde einstrahlt, als verbraucht wird.

MINI-SONNENENERGIE-ANLAGE:
Leite Wasser über einen möglichst langen schwarzen Schlauch im Freien zu einer Dusche.
Der schwarze Schlauch schluckt die Wärme der Sonnenstrahlen und erwärmt das Wasser im Schlauch, wenn die Sonne scheint. Um Platz zu sparen, kannst du den Schlauch auch spiralförmig auslegen.
Jetzt verwende das Wasser für eine Dusche. Dreh den Wasserhahn auf und stell dich unter die Dusche. Vorsicht, manchmal kommt das Wasser sehr heiß.

Oder ein Steingarten als Sonnenenergie-Anlage:
Fühle die gespeicherte Sonnenenergie an den Steinen. Merkst du den Unterschied zum Gartenboden?
Oder ein Gewächshaus
oder ...
Diese Sonnenenergie-Anlagen sammeln also die Sonnenenergie und wandeln sie in Wärme um.
Stellt euch euer Traumdorf vor, das mit Sonne beheizt wird. Vielleicht sind dann auf den Dächern der Häuser viele schwarzgestrichene Behälter angebracht, in denen das Wasser zirkulieren kann. Dieses Wasser wird dann von der Sonne erwärmt, ins Haus geleitet ...
Das Straßenbild würde sich auch verändern: keine Tankwagen, keine Pipelines, die Luftverschmutzung nimmt ab ... Laßt mal eurer Phantasie freien Lauf!

Für eine Aktion zu Thema „Sonnenenergie" könnt ihr euer Traumdorf, mit Sonnenenergie beheizt, als Bild oder Modell darstellen und an einem öffentlichen Ort vielen Besuchern zeigen.
Ein ganz einfacher Versuch zeigt eindrucksvoll, wie die Sonne einzufangen ist:
Nimm sechs gleiche Kartons (z.B. Schuhkartons) und:
Nr. 1 streiche innen weiß an,
Nr. 2 streiche innen schwarz an,
Nr. 3 fülle zu ⅓ mit Sand und spritze mit einem Netz und einer Bürste weiße Farbe darüber,
Nr. 4 fülle zu ⅓ mit Sand und spritze schwarze Farbe darüber,
Nr. 5 decke auf einen Karton wie Nr. 2 eine Glasscheibe,
Nr. 6 decke einen Karton wie Nr. 2 mit durchsichtiger Plastikfolie ab.
Stelle nun alle sechs Kartons in einem Raum gleichzeitig in denselben Sonnenschein. Lege vorher in jeden Karton ein einfaches Thermometer, und zwar an den Kartonrand, der Schatten auf den Fuß des Thermometers wirft.
Und nun lies alle 10 Minuten die Veränderung der Temperatur in jedem Karton ab und schreibe den Wert auf. Nach zwei Stunden nimm alle Kartons gleichzeitig aus der Sonne heraus und lies alle 30 Minuten ab, wie die Temperatur in den Kartons wieder abfällt.

Boden

Es gibt bei den Vögeln bessere Bodenforscher als bei den Menschen: Der Mensch steckt seinen Kopf in Bücher über Böden, der Vogel Strauß steckt ihn direkt in den Sand.

„Lehrt Eure Kinder, was wir unsere Kinder lehrten: Die Erde ist unsere Mutter. Was die Erde befällt, befällt auch die Söhne der Erde. Wenn Menschen auf die Erde spucken, bespeien sie sich selbst. Denn das wissen wir - die Erde gehört nicht den Menschen, der Mensch gehört der Erde. Alles ist miteinander verbunden, wie das Blut, das eine Familie vereint. Alles ist verbunden. Was die Erde befällt, befällt auch die Söhne der Erde. Der Mensch schuf nicht das Gewebe des Lebens; er ist darin nur eine Faser. Was immer ihr dem Gewebe antut, das tut ihr Euch selber an."
(Auszüge aus einer Botschaft des Indianerhäuptlings Chief Seattle an den amerikanischen Präsidenten Franklin Pierce (1835–57) anläßlich der Aufforderung zum Verkauf – wahrheitsgemäßer Übergabe – von bestimmten Ländereien an die Weißen.)
Was Häuptling Seattle mit dem Herzen wußte, weiß man heute längst aus wissenschaftlichen Erkenntnissen. Trotzdem haben mit dem Wissen die Wüsten zugenommen. Hoffen wir, daß auch die Einsicht zunimmt.
Der Boden ist selbst für den aufmerksamen Naturfreund und für die Naturfreundin meist ein verborgenes Stück Natur, obwohl diese belebte Verwitterungshaut der Erdkruste erst das Leben von Pflanze, Tier und Mensch ermöglicht. Dabei ist ein Boden kein statisch festes Gebilde, sondern ein lebendes System mit innigen Wechselbeziehungen zwischen Organismen, anorganischen Bestandteilen und Einflüssen. So wird Boden auch als der Teil der festen Erdkruste definiert, in welchem Gesteine durch Organismen, Wasser, Sauerstoff, Kohlendioxyd und Temperaturschwankungen umgewandelt wurden und werden. Die entscheidenden bodenbildenden Prozesse sind dabei Verwitterung und Tonmineralbildung, Zersetzung und Humusbildung, Verlagerung und Strukturbildung.
Der Europarat hat in „der europäischen Bodencharta" (1972) deshalb auch festgestellt, daß „Boden zu den wertvollsten, begrenzten Gütern der Menschheit zählt".
Der Boden bedeckt einen Teil der Erdoberfläche in einer nur dünnen Schicht. Seine Entstehung dauert lang. Zerstört wird er allerdings sehr schnell. Auf riesigen Gebieten ist der Boden bereits vernichtet.
Zwischen 1852 und 1952 sind die Wüsten der Erde von 12 auf 26 Millionen Quadratmeter gewachsen. Dies entspricht einer Wüstenzunahme, die mehr als das 50fache der Fläche der Bundesrepbulik umfaßt. Darüber hinaus sind große Flächen durch Siedlung, Industrie, Verkehr u. ä. mit Stein, Beton oder Asphalt befestigt und versiegelt.

Diese überbaute Fläche beträgt zur Zeit in der Bundesrepublik fast 11%, und täglich werden weitere 140 ha land- oder forstwirtschaftliche Flächen für die Ansprüche unserer Raubbaugesellschaft geopfert. Im Interesse der Menschen, deren Existenz ja vom Boden abhängig ist, muß es deshalb liegen, diesen alarmierenden Landverlust einzuschränken und den verbleibenden Boden gesund und fruchtbar zu erhalten.

Ein Boden von hohem Fruchtbarkeitsgrad hat die Fähigkeit, den Wurzeln der auf ihm wachsenden Pflanzen all das reichlich und dem Bedarf entsprechend anzubieten, was sie zur Stoffproduktion aufnehmen müssen, nämlich Wasser, Wärme, Sauerstoff und die mineralischen Nährelemente. Je fruchtbarer ein Standort, um so artenreicher ist seine natürliche Vegetation und um so unabhängiger ist diese in ihrer Stoffproduktion vom Witterungsverlauf. Je belebter nun der Boden ist, um so fruchtbarer ist er. Die Durchsetzung mit zahlreichen und vielgestaltigen Lebewesen führt zu einer guten Nährstoffversorgung, einer günstigen Struktur mit optimaler Durchlüftung und Wasserspeicherung des Bodens.

Das Grundprinzip der Bodenpflege ist deshalb die Belebung des Bodens. Je zahlreicher und vielfältiger das Bodenleben in ihm ist, desto stärker wird der organische Abfall abgebaut und der Boden durchwühlt und gelockert, seine Struktur neu aufgebaut, seine Kanalnetze für Luft und Wasser vermehrt und seine Kapazität für verfügbare Nährlösung für Pflanzen vergrößert. Weil Lebewesen aber Nahrung und geeignete Unterkunft benötigen, setzen fruchtbare Böden Futterzufuhr in Form organischer Substanz voraus, und der Boden muß vor zu starker Besonnung, Erhitzung, Austrocknung und mechanischer Verdichtung durch Druck u.ä. geschützt sein.

In der belebten Verwitterungshaut Boden durchdringen einander Gesteinsreste, Wasser und Luft mit den im Boden neu gebildeten Substanzen: Humus und Ton. Dadurch entstehen riesenhafte Oberflächen, die von Myriaden von Kleinlebewesen bevölkert werden.

In einer Fingerspitze von „Pflanzenerde" befinden sich mehr Lebewesen als auf unserem Planeten Menschen. Das geht, pro Gramm Erdboden, in die Größenordnung von einer Milliarde Mikroorganismen, Bakterien, hefeähnlichen Pilzen, Schimmelpilzen, Algen, Protozoen oder Pilzen, die in unentwirrbaren biologischen Kreisläufen und dank ihrer unendlichen Zerstörungsmöglichkeiten jeden organischen Körper, der ihnen anheimfällt, angreifen und umarbeiten.

Neben den Mikroorganismen sind aber auch größere Bodentiere wie Würmer und Asseln am Abbau der organischen Substanzen beteiligt. In einem Liter mitteleuropäischen Waldboden leben etwa 1 Milliarde Einzeller (Amöben, Flegellaten), 30000 Fadenwürmer, 2000 Milben, 1000 Springschwänze, 500 Räder-und Bärtierchen, 100 kleine Spinnen, Tausendfüßler, Krebse und Insekten, 50 Borstenwürmer, 2 Regenwürmer.

Insgesamt leben in den obersten 15 cm auf 1 h eines landwirtschaftlich genutzten Bodens mittlerer Qualität ca. 10000 kg Bakterien, 10000 kg Pilze, 4000 kg Regenwürmer, 370 kg Urtierchen, 140 kg Algen, 17 kg Insekten, 6 kg Springschwänze.

Ohne die ständige Arbeit dieser Bodenorganismen wäre das Leben schon längst in seinen eigenen Abfällen erstickt, wenn man bedenkt, daß allein 1 ha Fichtenwald einen jährlichen Abfall von 3,5 t. Nadelstreu erzeugt. Dank des Bodenlebens atmet der Boden, nimmt atmosphärischen Stickstoff auf, verbindet organische Stoffe und zersetzt andere; nur er allein ist fähig, nicht assimilierbare Moleküle in für die Pflanzen nutzbare Stoffe umzuwandeln. Ohne ihn könnten die großen biochemischen Stickstoff-, Kohlenstoff-, Eisen-, Schwefel-, Magnesiumkreisläufe nicht funktionieren, das Leben würde mangels Aufbaustoffen schnell zum Stillstand kommen. Die Bodenorganismen spielen somit die entscheidende Rolle

im Recycling-Prozeß der Natur. Sie sorgen dafür, daß pflanzliche und tierische Reste wieder zu einfachen chemischen Verbindungen abgebaut, in Pflanzennährstoffe verwandelt werden und CO_2 gebildet wird.
Die organische Substanz aller in und auf dem Boden befindlichen abgestorbenen pflanzlichen und tierischen Stoffe, sowie deren organische Umwandlungsprodukte, ist Humus. Humus ist der entscheidende Träger der Bodenfruchtbarkeit, da humose Böden gut durchlüftet sind, durch die Lebendverbauung oder Mikroorganismen eine günstige Krümelstruktur haben und das Drei- bis Fünffache des Eigengewichts an Wasser binden können. Dadurch können Pflanzen auch bei niedrigerer Luftfeuchtigkeit und hohen Temperaturen noch kontinuierlich Wasser aufnehmen und wachsen. Neben dieser physikalischen Bodenverbesserung ist Humus die Nährstoffquelle für die Pflanze, in dem die festgelegten Nährstoffe und Wirkstoffe über die Bodenorganismen in pflanzenverfügbare Form übergeführt werden. Die Bildung wertvoller Humusformen ist ohne die Leistung der Bodentiere undenkbar. Mit stabilem Dauerhumus ist die erstrebte Bodengare verbunden, eine lockere und doch stabile, reich belebte, krümelige Schwammstruktur. Dabei erreicht die Speicherfähigkeit des Bodens für Wasser und Nährstoffe die höchst möglichen Werte.

Hubert Weiger

Bodenlebewesen:
Das sind oft Lebewesen, vor denen sich sehr viele Menschen ekeln: Pilze, Asseln, Spinnen, Regenwürmer, Bakterien, Käfer und Tausendfüßler. Allenfalls an Kaninchen und Feldmäusen finden manche noch Gefallen.
Doch weißt du schon, daß wir ohne diese – übrigens sehr interessanten – Lebewesen gar nicht existieren könnten? Unsere Erde wäre nämlich ohne sie meterhoch mit Pflanzen- und Tierleichen bedeckt! Denke z. B. an die jährlich anfallenden Blattmassen im Wald. Die Bodenlebewesen haben die wichtige Aufgabe, das anfallende tote organische Material zu zersetzen. Diese Zersetzungsprozesse bringen die Nährstoffe erst in jene Form, in der sie von der Pflanze aufgenommen werden können.

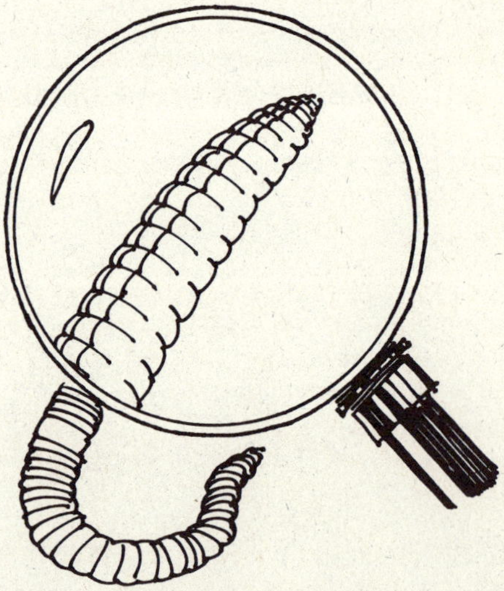

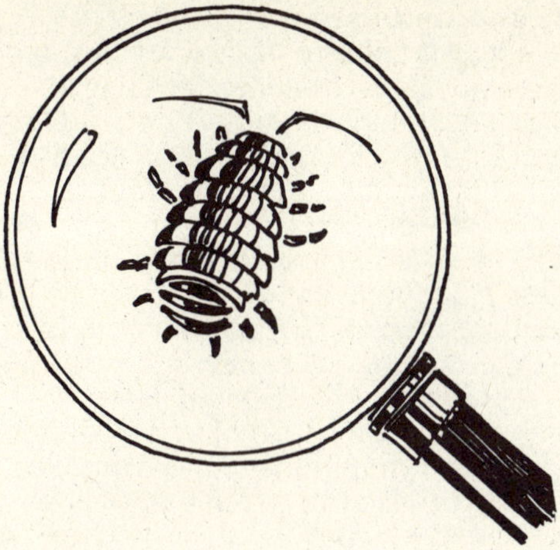

Bodenflora:
Bakterien: Trotz ihrer geringen Größe sind sie durch ihre Vielzahl und Verschiedenartigkeit zu außerordentlich umfangreichen und sehr mannigfaltigen Stoffumsetzungen fähig. In sauerstoffarmer Umgebung sind sie nahezu allein für alle biochemischen Veränderungen verantwortlich.
Strahlenpilze: Sie können auch relativ schwer zersetzbare organische Substanzen abbauen und verursachen den für den Boden charakteristischen Erdgeruch.
Pilze: Sie durchziehen mit ihren Pilzfäden (= Mycel) den Boden. Den Pflanzen können sie als Partner in einer Symbiose (das ist das Zusammenleben ungleicher Lebewesen mit gegenseitigem Nutzen) nützlich sein oder als Krankheitserreger schaden.
Algen: Ihre Bedeutung ist gegenüber anderen pflanzlichen Kleinstlebewesen nicht so groß. Sie können aber auf extremen Standorten, wie zum Beispiel in Wüsten, an Bedeutung gewinnen, denn in Symbiose mit Pilzen können sie als Flechten Erstbesiedler von Steinen werden.

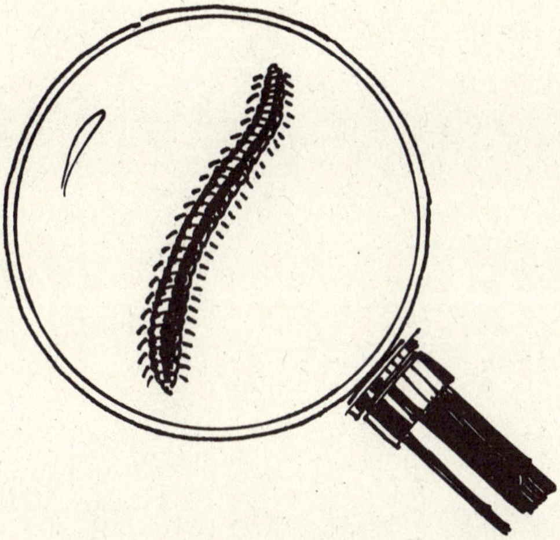

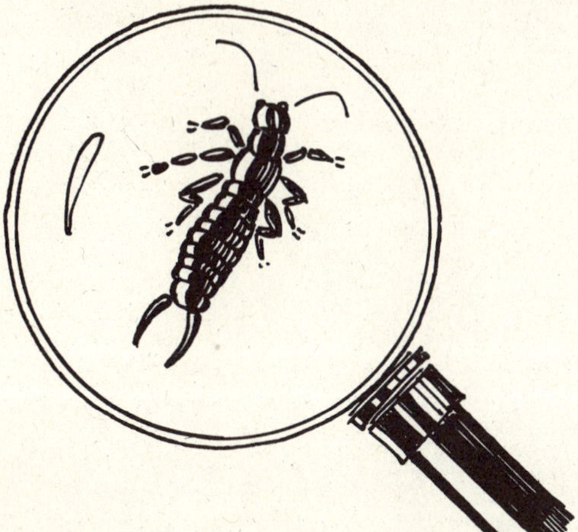

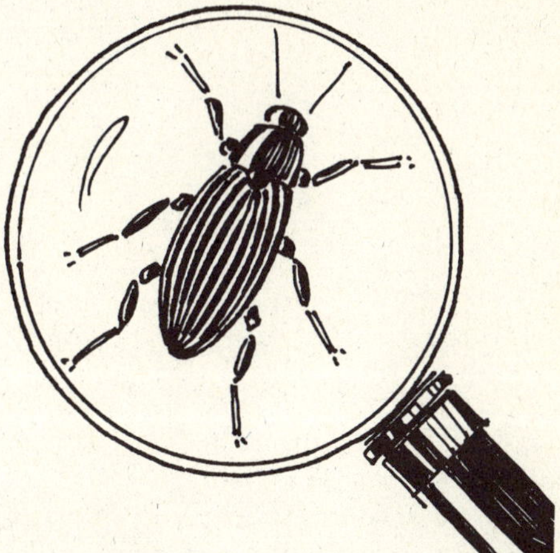

Die Bodenfauna:
Protozoen: Einzeller, Urtierchen, nehmen zahlenmäßig den größten Umfang ein.

Rotatorien: Rädertierchen.

Tardigraden: Bärtierchen.

Oligacheten: Borstenwürmer, besonders wichtig sind die kleinen Borstenwürmer und die Regenwürmer.

Arthropoden: Gliederfüßler, zum Beispiel Asseln, Spinnentiere, Milben, Tausendfüßler, Springschwänze, Käfer, Ameisen, Schnecken.

Nematoden: Fadenwürmer.

Säugetiere: Maulwürfe, Wühlmäuse, Kaninchen, Hamster.

Wenn du dich nun ein bißchen näher mit dem Boden beschäftigen willst, liegt es nahe, daß du es mit dem Gartenboden versuchst, der dich ja ernähren soll. Zunächst ist es wichtig, daß du den Boden kennst und weißt, wie er aussieht, wie er reagiert und wie er somit am besten bearbeitet werden kann. Vielleicht ist das weitverbreitete Unwissen über die Zusammenhänge und Vorgänge im Boden mit Schuld daran, daß wir den Boden, den wir so dringend brauchen, so schlecht behandeln – im Garten z. B. mit chemischen Insektenvertilgungsmitteln und Pflanzenschutzmitteln.
Wir wissen zwar, was Millionen von Kilometern entfernt draußen im Weltraum passiert, doch was sich wenige Zentimeter unter unseren Füßen abspielt, das wissen wir nicht – oder?!
Wir haben ganz einfache Bodenuntersuchungen zusammengestellt, die jeder bei sich im Garten oder draußen auf der Wiese und im Wald machen kann. Sie geben dir Hinweise auf Gestalt, Gehalt und Fruchtbarkeit.

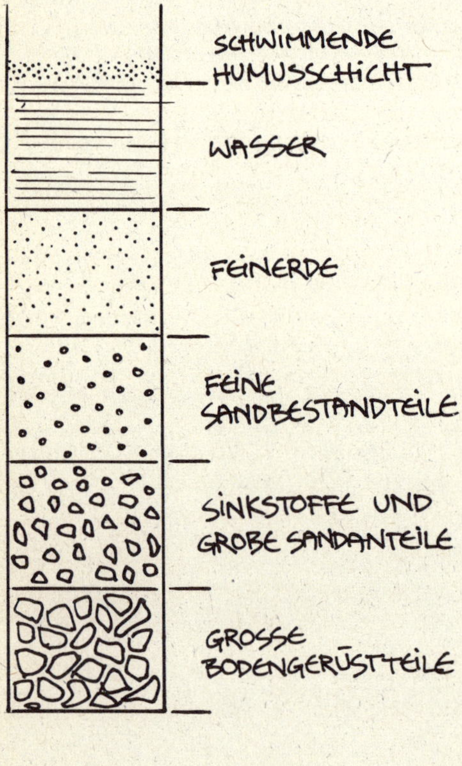

Zur Qualität der einzelnen Bodenarten
SANDBODEN ist um so nährstoffärmer, je weniger Feinerde er hat. Da er durchlässig ist wie ein Sieb, neigt er sehr zu Trockenheit, besonders wenn er aus mehr groben Körnern zusammengesetzt ist. Sandböden nehmen Temperaturschwankungen schneller auf als andere Bodensorten, erwärmen sich z. B. im Frühjahr eher. Zugabe von Humus verbessert den Sandboden.
TONBODEN speichert auf lange Zeit Feuchtigkeit. Bei längeren Regenperioden können alle Bodenlebewesen absterben. Im Frühjahr wird der Tonboden nur zögernd warm, so daß er später bestellt werden kann als andere Bodenarten. In Dürreperioden, wenn sein ganzes Wasser verdunstet, wird er steinhart und verkrustet. Dieser Boden ist schwer zu bearbeiten. Außerdem muß der Feuchtigkeitsgehalt zum Bestellen exakt abgepaßt werden. Humuszugabe hilft den Boden zu verbessern.
LEHMBODEN bildet die goldene Mitte und ist, wenn er neutral, tiefgründig und voller Bodenlebewesen ist, der fruchtbarste Boden überhaupt.

Bodenuntersuchungen

Physikalische Bodenuntersuchung:
Mit einem Spaten hebst du ein Stückchen Boden aus der Erde. Entferne den Bewuchs und die Wurzeln und nimm die Erdmassen in deine Hände. Wenn die Erdmasse nicht naß und auch nicht trocken ist, sondern feucht wie ein ausgedrückter Schwamm, dann hast du einen idealen Zustand zum Testen. Nach der Art, wie sich der Boden in der sich bewegenden Hand verhält, kannst du seine Qualität bestimmen:

- Rieselt und rinnt der Boden allmählich durch die Finger, hast du einen Sandboden, der keine oder kaum feinerdige Bestandteile enthält.
- Krümelt der Boden durch die Finger, ist es lehmiger Sandboden (bis zu 20% Feinerde) oder sandiger Lehmboden (bis zu 30% Feinerde).
- Zerbröckelt oder zerbricht die schon formbare Bodenmasse und bleibt sie im wesentlichen in der Hand, ist es mittlerer Lehmboden (bis zu 40% Feinerde).
- Kannst du den Boden so formen, daß beim Zusammenbacken immer wieder Risse entstehen (die einzelnen Teile also nicht zusammenhalten), ist es schwerer Lehmboden (bis zu 50% Feinerde).
- Kannst du mit dem Boden modellieren, dünne Würste formen, ohne daß der Boden gleich reißt, ist es reiner Tonboden (über 50% Feinerde).

Physikalische Feinanalyse:
Die Sandbestandteile des Bodens bieten den Pflanzen wenig Nährstoffe, da ihre Oberfläche relativ klein ist und sehr langsam verwittert. Feinerde dagegen verfügt über eine ungleich größere Oberfläche und ist demnach reicher an leicht löslichen mineralischen Nährstoffen.
Durch das Aufschlämmen einer Bodenprobe kannst du das Gefüge noch deutlicher ablesen. Nimm ein durchsichtiges Gefäß, ein Glas z.B., und gib eine Handvoll Erde vom Gartenboden hinein, schwemme die Erde im Gefäß mit der dreifachen Menge Wasser auf, und nun rühre so lange um, bis keine Klumpen mehr vorhanden sind. Das Ganze stehen lassen, bis sich das Wasser geklärt hat, und jetzt kannst du die Bestandteile des Bodens je nach Anteil ablesen.

Biologische Grobdiagnose:
Wer mit offenen Augen durch den Garten geht und das pflanzliche Leben genau beobachtet, kann feststellen, welche Art von Boden vorliegt. Gräser, Kräuter und Unkräuter deuten auch auf den Zustand und auf die Qualität des Bodens hin. Diese Pflanzen zeigen, wie der Erdboden beschaffen ist, deshalb nennt man sie Zeigerpflanzen.
Da sind einmal die Pflanzen, die auf den Kalkgehalt des Bodens hinweisen: Wachsen im Garten häufig Ackersenf, Wegwarte, Lichtnelke, Ackerwinde, Leinkraut, Wiesensalbei und Löwenzahn, so ist ausreichend Kalk vorhanden. Wachsen aber Sauerampfer, Stiefmütterchen, Hasenklee, Hederich und Hohlzahn, so ist der Boden zu sauer.
Doch diese Aussagen sind oft nicht eindeutig, da auf vielen Wiesen Sauerampfer und Löwenzahn einträchtig nebeneinander wachsen. Der Kalkgehalt ist also nicht allein ausschlaggebend für die Bodenqualität.
Eindeutiger ist's dann schon, wenn der Hahnenfuß sich breitmacht wie in unserem Garten. Das deutet darauf hin, daß der Boden verdichtet ist und unter Staunässe leidet. Wucherblumen, auch Breit- und Spitzwegerich, zeigen schwere, undurchlässige Böden an, die nur durch Humusanreicherung und Gründüngung verbessert werden können.
Wenn du im Garten Klettenlabkraut, Klee, Weidelgras, schwarze Nachtschatten, Greiskraut, Vogelmiere und Brennnessel entdeckst, ist der Nährstoffgehalt, besonders der Stickstoffgehalt, gut.
Die Pflanzen können also Helfer für dich sein, den Boden zu bestimmen. Wenn du dir unter den Namen nichts vorstellen kannst, schlage sie in einem Pflanzenbestimmungsbuch nach.

Chemische Grobanalyse:
Die physikalische Beschaffenheit eines Bodens sagt noch nicht alles darüber aus, wie fruchtbar er ist, welche Pflanzen gern und welche nicht auf ihm wachsen wollen. Dazu müssen wir noch wissen, wie der Boden chemisch reagiert, ob er sauer oder alkalisch ist. Dies wird in pH-Werten gemessen. Die Skala hat 14 Punkte: pH-Wert 0 ist also ganz sauer, Salzsäure; den höchsten Alkaligehalt hat mit pH-Wert 14 die Natronlauge. Der pH-Wert 7 ist der chemische Neutralpunkt.
Die meisten Gartenpflanzen bevorzugen einen pH-Wert zwischen 6 und etwas über 7.
Mit 15%ig verdünnter Salzsäure (gibt's in der Apotheke zu kaufen) und viel Vorsicht kannst du einen groben pH-Wert messen. Gieße etwas von der verdünnten Salzsäure über eine Handvoll Gartenboden, den du in ein Glasgefäß gelegt hast: Ist der Boden sauer, also ohne Kalkbestandteile, wirst du nichts sehen. Ist wenig Kalk im Boden, ist er also annähernd neutral, werden sich einige Blasen bilden. Hat der Boden einen größeren Alkaligehalt, wird es aufschäumen; der Boden enthält dann viel oder zuviel Kalk. Durch Kalkzugabe oder Humuszugabe kann der Boden verbessert werden.

Spatendiagnose

Nun gibt es eine weitere Methode, die die Bodenfruchtbarkeit anzeigt, und von der die Fruchtbarkeit der Pflanze letztlich abhängt.
Es ist die Spatendiagnose. Sie gibt Aufschluß über das Vorhandensein oder Fehlen von lebendiger Bodenaktivität. Dazu brauchst du eine ruhige Hand, etwas Vorsicht, ein geübtes Auge (das du nach ein paar Spatendiagnosen schnell bekommst) und einen großen Spaten mit einem 30 cm langen Blatt. Schreibe deine Ergebnisse auf. Wer die Spatendiagnose jedes Jahr macht, wird stets wissen, wie es im Wurzelbereich der Pflanzen aussieht. Und über Verg leiche zum Vorjahr kann man leicht Veränderungen feststellen. Mache die Spatendiagnose im Garten in der Zeit des üppigen Bewuchses, also im Juni/Juli, und zwar an einer Stelle im Garten, an der mehrere Pflanzenarten einträchtig nebeneinander wachsen: Kulturpflanzen und auch Kräuter und Gräser. Um unterscheiden zu lernen, kannst du auch mehrere Bodenproben entnehmen, einmal von einer Stelle, an der alles gut und vielfältig wächst, dann von einer solchen, wo es nicht so gut aussieht. So lernst du die Unterschiede kennen.
Die Erde soll dabei „erdfeucht" sein, also nicht zu naß und nicht zu trocken, am günstigsten ist's, wenn's am Vortag einen Regenschauer gegeben hat.
Du stichst mit dem Spaten tief ein und erhältst dabei schon erste Hinweise auf die Bodenstruktur: Wie leicht oder wie schwer läßt sich der Boden eindrücken? Leistet der Boden gleich mäßig Widerstand, oder wechseln im Boden verschiedene Schichten? Hier kannst du dein Fingerspitzengefühl einsetzen. Federnder Widerstand deutet auf unverrotteten Stallmist oder Stroh. Stößt du auf Steine, merkst du es sofort. Du mußt den Spaten in der Linie des Blatts hin und her bewegen, also seitlich, niemals vor und zurück, da ja dann die zu untersuchende Bodenprobe plattgequetscht wird. Wenn ein Stein zu groß ist, mußt du an anderer Stelle noch einmal einstechen. Biologisch aktiver Boden ist so durchlässig, daß du das Spatenblatt glatt eindrücken kannst.
Dies ist schon der erste Schritt der Diagnose.
Jetzt muß jemand den Spaten halten. Hebe hinter dem ersten Spaten mit einem anderen Spaten ein Loch aus, so daß die Blattrückseite des Spatens zu sehen ist. So kannst du dann das vor dem ersten Spaten liegende Bodenstück bequem kippen und vorsichtig herausheben. Du mußt aufpassen, daß die zu untersuchende Erde nicht gequetscht wird.
Stich nun rechts und links zum ersten Spaten breite Schlitze in den Boden und drücke die Erde vorsichtig nach

hinten. Jetzt noch ein Spatenstich in 10–15 cm Entfernung vom ersten Spatenblatt, bei schwerem Boden auch schräg, und nun drücke den zweiten Spaten leicht an, so daß das Stück Erde abbricht und auf das Blatt des gegenüberliegenden Spatens fällt. Dieser wird vorsichtig herausgehoben und waagrecht hingelegt, damit du bequem begutachten kannst.
Vielleicht hört sich die Beschreibung kompliziert an, aber wenn du das Prinzip verstanden hast, ist die Spatendiagnose ganz einfach zu machen.
Achte auf dreierlei:

1. Die Grobstruktur des Bodens, Bodenart, Gehalt an Bodengerüstteilen, Schichtung von Feinerde, Farbe.
   Vor dir liegen nun die einzelnen Schichten. Die Farbe des Bodens wird sich wohl von oben nach unten aufhellen und, falls du ganz tief eingestochen hast, den hellbraunen bis ockerfarbenen Untergrund zeigen.
   - Ist das Bodenprofil massiv in einem Stück, oder zerbricht es in größere Brocken? Dichte der Struktur?
   - Sind die Schichtungen ohne Zwischenräume aneinandergefügt?
   - Gibt es eindeutig feuchte Stellen mit Schwarz- oder Blau-Färbung, die auf Faulprozesse hindeuten und den Boden krank machen?
   - Die Farbe gibt die Humusanteile an. Humus ist schwarz-braun.

2. Feinstruktur, Krümelbildung, Knöllchenbildung (Stickstoff).
   Am Profil des Bodens kannst du erkennen, ob es sich um falsche Krümel (kantig, passen ineinander, haben geringe Zwischenräume, so daß Wurzeln nur schlecht durchdringen können) oder um echte Krümel mit unregelmäßiger Oberfläche handelt. Diese liegen locker nebeneinander, es gibt keine großen Hohlräume. Sie lassen sich nicht kneten, das Wasser ist unsichtbar, und die Wurzeln sind mit den Krümeln verklebt.
   Ist der Boden belebt, kannst du halb oder ganz verrottete Pflanzenreste sehen.
   An den Wurzeln von Klee, Erbsen und anderen Leguminosen sind stickstoffsammelnde Knöllchen mit den Knöllchenbakterien zu sehen.

3. Wurzelwuchs und vorhandene und sichtbare Bodentiere.
   Wie fein sind die Wurzeln ausgebildet? Leben Kultur- und Wildpflanzen harmonisch zusammen? Wie tief reichen die Wurzeln? Je tiefer, desto leistungsfähiger ist die Pflanze. Die abgestorbenen Wurzeln verrotten, lassen Hohlräume entstehen, erleichtern damit Luft- und Wasseraustausch und steigern das Bodenleben. Regenwürmer sind da ganz besonders wichtig. Sie erweitern das Bodenleben, schaffen Verbindungswege vom Ober- zum Unterboden, denen die Pflanzenwurzeln bevorzugt folgen, und schließen Nährstoffe auf für die Pflanzen.

Diese Methoden sind einfach und billig durchzuführen, ohne großen technischen Aufwand. Redet in der Naturschutzgruppe über eure Ergebnisse und Erfahrungen.
Der Kleingärtnerverein von eurem Dorf oder von eurer Stadt kann bestimmt auch noch einiges dazu beitragen.
Bei einer Ausstellung könnt ihr auch eure Methoden der Bodenuntersuchung vorführen und erklären, sie öffentlich machen. Die Leute, die einen Garten haben, sind bestimmt sehr interessiert daran.

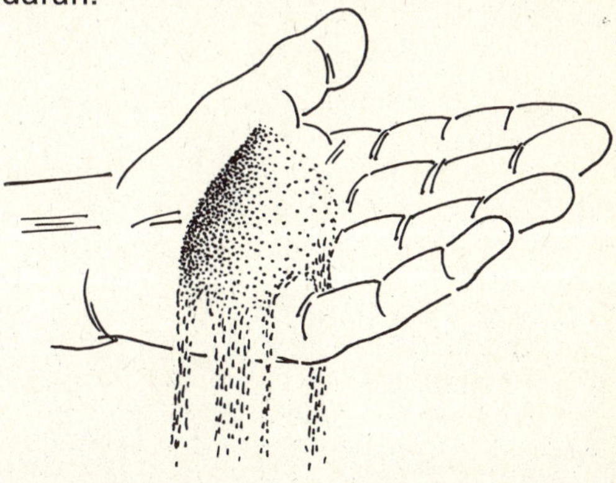

Kompost

„Ich will nur ihr Bestes", sagt der Chemikalienvertreter zum alten Mütterchen über den Gartenzaun.
„Nein", wehrt sie gleich ab, „meinen Kompost, den behalte ich selber."

KOMPOST ist ein lustiges Wort unserer Sprache. Ihr kennt den genialen Komponisten, der eine gelungene Komposition macht. Ein besonders gutes Essen ist „komponiert". Die Komponenten einer Mischung sind auf hochdeutsch einfach die Zutaten. Und wenn viele Zutaten besonders gut zusammengetan sind, bildet sich der „KOMPOST". Im Garten spielt er eine besondere Rolle.
Die Kompostierung ist das Kernstück des biologischen Gartenbaus. Daher sollte der Kompostierung genügend Platz zugestanden werden. Etwa 8–10 Prozent der Gartenfläche sollten für den Kompostplatz reserviert werden. Bei der Kompostbereitung wird das Verfahren der Natur zur Regenerierung des Bodens nachgeahmt, in dem der Abbau tierischer, pflanzlicher und mineralischer Materialien gefördert wird. Dadurch hat der Gärtner die Möglichkeit, organische Abfälle in nährstoffreichen, dunklen Humus zu verwandeln. Schon nach zwei bis drei Jahren erreicht man bei humusarmen Böden eine Verbesserung der Bodenstruktur und der Aufnahme- und Speicherfähigkeit der Erde von Regen- und Gießwasser, was wiederum die Gesundheit und das Wachstum der Pflanzen fördert.

Der Kompostierungsprozeß
Sterben Tiere oder Pflanzen, so wird die ursprüngliche Substanz der organischen Körper von Kleinlebewesen und Mikroben abgebaut und über deren Stoffwechsel in stabile Humussubstanzen und pflanzenfreundliche Organismen umgewandelt. Dieser komplizierte Verwesungsprozeß ist noch nicht in allen Einzelheiten erforscht und kann in zwei gegensätzlichen Arten vor sich gehen:
1. Fäulnis
Die Fäulnis ist ein Prozeß, der unter Sauerstoffausschluß abläuft. Die hier tätig werdenden Mikroben benötigen keinen Sauerstoff. Ein eindeutiger Hinweis auf die Fäulnis ist der üble Geruch der hier entstandenen Giftstoffe. Diese können für das Gartenleben schädlich sein.
2. Die Rotte
Die Rotte verläuft unter Luftzufuhr, wobei luftatmende Mikroben während des Abbauvorgangs Kohlendioxid und Wasser ausatmen. Der Vorgang setzt nur dann erfolgreich ein, wenn sich das zu kompostierende Material in einem bestimmten Zustand befindet und in einer bestimmten Weise zusammengesetzt ist. Dazu muß das C/N-Verhältnis (Kohlenstoff-Stickstoff-Verhältnis), die Feuchtigkeit und die Durchlüftung stimmen.
Der Verrottungsprozeß verläuft im

wesentlichen in vier Phasen:
I. Bakterien erzeugen durch starke Stoffwechseltätigkeit hohe Temperaturen im Innern und beschleunigen dadurch die Abbauprozesse, töten höhere Organismen und krankheitserregende Keime ab. Das Material wird „hygienisiert".
II. Hutpilze, erkennbar an ihrem sporentragenden Hut, breiten sich mit ihren Pilzfäden (Hyphen) auf der ganzen Oberfläche aus und sind imstande, den durch die erhöhten Temperaturen der ersten Phase als Ammoniak entweichenden Stickstoff aufzunehmen und dem Rotteprozeß wieder zuzuführen.
III. Jetzt findet eine fortschreitende Verwandlung statt. Insekten, wie Springschwänze, Asseln und andere Bodentiere, werden in stärkerem Maße aktiv und zerkleinern mit ihren Beißwerkzeugen das Material im Haufen. Das mikrobielle und pilzliche Wachstum geht zurück.
IV. Mistwürmer stellen eine innige Verbindung zwischen Bodenkrümeln und organischen Substanzen her. Die Stoffe verfärben sich dunkelbraun bis fast schwarz und verraten ein enger werdendes C/N-Verhältnis. Die erste stabile Humusbildung läßt sich erkennen.

Der Kompostplatz

Der Komposthaufen verträgt am besten einen windgeschützten Platz im Halbschatten, vielleicht im Umkreis eines Holunderbusches. Nicht in die Nässe oder an eine erhöhte Stelle bauen! Der Haufen muß Bodenkontakt haben, damit die Bodenorganismen direkten Zugang haben. Im feuchten Klima muß er vor zuviel Regen und Schnee, im warmen Klima vor zuviel Sonne und Hitze geschützt werden.
Die Kompoststätte sollte gut organisiert sein und sauber gehalten werden, um das Arbeiten zu erleichtern. Es empfiehlt sich, den Platz mit Steinplatten in drei oder vier Zellen aufzuteilen. Je eine Zelle ist für die Erde, die im Garten immer wieder mal anfällt, für die Frischmiete und für die Zwischenlagerung, bei der man streng nach Baum-und Sträucherschnitt, Laub, Gras und Küchen- und Gartenabfälle tierischer und pflanzlicher Herkunft unterscheiden sollte.
Viele von euch werden schon einiges aus der Chemie, der Lehre von den Stoffen und deren chemischen Umwandlungen, wissen. Festen Kohlenstoff kennt ihr vom Kerzenruß, als Koks, Holzkohle oder Graphit (im Bleistift).
Stickstoffgas ist in reiner Form zu 80% in der Luft, die wir atmen, enthalten. In Zucker ist Kohlenstoff enthalten, ihr seht es an der Kohle, die beim Verbrennen eines Zuckerstückes übrigbleibt. Stickstoff in organischen chemischen Verbindungen ist nicht so leicht zu zeigen. Eine Stoffgruppe, in der Stickstoff gebunden ist, ist die Gruppe der Eiweiße. Das sind Fleisch, Haut, Haare, Federn, Eier, usw. In den Eiweißen ist sowohl Kohlenstoff als auch Stickstoff mit einem Übergewicht des Kohlenstoffes enthalten. Deswegen sind die Zahlen des C/N-Verhältnisses meistens größer als eins.

Materialien für den Aufbau und ihre C/N-Werte

Jedes organische Material eignet sich für den Komposthaufen. Allerdings hat jedes Material einen anderen C/N-Wert. Dieser Wert sollte im Komposthaufen nicht zu groß werden, ein Verhältnis von 20–40 Teilen Kohlenstoff pro Teil Stickstoff ist gerade richtig.

Material	C/N-Wert
Harn	0,8
Blutmehl	3
Küchenabfälle	12
Rasenschnitt	12–15
strohhaltiger Rindermist	20–25
Pferdemist	25
Haferstroh	48
Weizenstroh	130–150
Sägemehl	200–500

Sollte das C/N-Verhältnis zu hoch sein, kann man auf Blut-, Feder- oder Hornmehl als Stickstoffreserven zurückgreifen. Ebenso auf Gründüngungspflanzen (Leguminosen) oder Mist.

Wie wird kompostiert?

Abfälle vorsortieren und zwischenlagern

Die organischen Küchenabfälle werden schon in der Küche von Plastik, Glas oder Blech getrennt und wie die Gartenabfälle an der Kompoststätte bis zur Verwertung in der Miete gelagert.

Der Aufbau der Miete

Die Breite des Walmes an der Sohle beträgt je nach den Umständen 1,5–2 m. Die Länge ist beliebig, je nachdem wieviel Kompostmaterial laufend anfällt. Die Miete wird etwa 1,2–1,5 m hoch aufgeschichtet.

Das zu kompostierende Material wird zerkleinert und vor oder während des Aufsetzens mit Steinmehl bestäubt und mit Mistgaben, oder ersatzweise mit Horn- und Blutmehl, vermischt. Evtl. vorhandene Säuren werden durch Kalkzusätze wie Algenkalk, Dolomitkalk oder Knochenmehl gebunden. Ist noch keine Erde enthalten, wird diese eingemischt, da sie zur Bildung stabiler Ton-Humus-Komplexe nötig ist.

Das Ganze wird sehr gut miteinander vermischt und angefeuchtet. Die richtige Durchfeuchtung kann man mittels der sogenannten Faustprobe feststellen: Eine Hand voll Kompost darf, wenn man sie auspreßt, höchstens Wasserperlen, aber keinen wässrigen Saft verlieren, und es dürfen auch keine trockenen Krümel übrigbleiben.

Der Walm wird schichtweise aufgebaut: Die letzte Schicht sollte Erde sein. Der fertige Walm wird mit langem Pflanzenmaterial wie Heu oder Stroh abgedeckt.

Die Betreuung des Komposthaufens

Früher war es üblich den Haufen einmal im Jahr umzusetzen. Das wird heute aber nur noch auf einem neuangelegten Kompostplatz gemacht. Um den Rottevorgang zu beschleunigen kann man nach etwa drei Monaten den Haufen neu umsetzen, nochmals präparieren und gut abdecken. Vor zu starker Nässe oder Austrocknung muß der Walm bewahrt werden. Im Zweifelsfall oder bei beginnender Fäulnis muß er umgesetzt werden.

Die Kompostreife

Da jeder Kompost anders zusammengesetzt ist, gibt es keine einheitliche Zeitangabe für seine Reife. Die normale Miete benötigt in der warmen Jahreszeit unter guten Bedingungen 2–4 Monate. Ein im Herbst aufgesetzter Kompost wird erst im nächsten Sommer fertig, da Wintermonate für die Rotte weniger zählen. „Langzeitmieten", die schwer rottendes Material wie Laub und Holz beinhalten, können bis zur vollständigen Vererdung eineinhalb bis drei Jahre brauchen.

Reifen Kompost erkennt man an seiner fast schon schwarzen Färbung und seiner lockeren, krümeligen Struktur. Um sicher zu gehen, bietet sich die Keimprobe an: In eine flache mit Kompost gefüllte Schale sät man Kresse; der Samen wird leicht angedrückt und angefeuchtet. Nach ca. 3 Tagen sind die Keimlinge sichtbar, und nach ca. 5 Tagen setzt die Blattbildung ein. Ist der Kompost noch nicht voll ausgereift, so werden die Blätter gelb oder braun. Der Kompost muß noch für kurze Zeit gelagert werden. Sind die Blätter grün, dann ist er reif.

Die Kompostanwendung

Vor der Anwendung sollte die fertige Humuserde durch ein schräggestelltes Kompostsieb von gröberen Bestandteilen befreit werden. Der Kompost kann überall im Garten, wo er Pflanzenzuwachs bringen soll, ausgebracht werden. Er wird auf die oberflächlich gelockerten Beete aufgetragen und mit Krämel oder Rechen leicht eingearbei-

tet, aber *auf keinen Fall* mit dem Spaten versenkt!
Nach der Ausbringung bedarf die Humusschicht sofort einer Abdeckung! Dadurch bleibt die Schicht feucht und lebendig. Zum Abdecken eignen sich alle verhältnismäßig trockenen, nicht schmierigen und nicht faulenden organischen Materialien, wie z.B. Laub, Sägemehl, Säge- oder Hobelspäne, zerkleinertes Stroh oder Heu, Ernterückstände, Grasschnitt und verschiedene Abfälle aus der Landwirtschaft.
Kompost ist Vollwertnahrung für die Pflanzen, die sich diese nach ihrem Bedarf erschließen. Daher sind der Menge, die man ausbringt, keine Grenzen gesetzt. Man sollte wenigstens einmal im Jahr dem Garten eine mindestens ein Zentimeter starke Schicht gönnen. Bei Beeten mit Starkzehrern und besonders intensiv genutzten Flächen empfiehlt sich eine zusätzliche Kompostgabe vor dem Anbau und nach der Ernte.

Vorteile
Die Kompostierung im Hausgarten bringt einige wesentliche Vorteile mit sich:
- Verbesserung der Bodenstruktur
- Höhere Nährstoffzufuhr
- Erhöhung des Humusgehaltes des Bodens
- Förderung des Pflanzenwachstums und der Pflanzengesundheit
- Verminderung des Schädlingsbefalls
- Natürliche Rückführung von organischen Abfällen (Recycling)
- Kann von jedermann gemacht werden.

Torf ist kein Ersatz für Kompost
Durch den Abbau von Torf werden in der Bundesrepublik Deutschland jährlich noch immer ca. 1000 ha Moorflächen trockengelegt, und es verschwinden dadurch immer mehr wertvolle Lebensräume für stark gefährdete Pflanzen und Tiere.
Der „sackweise Ausverkauf" unserer Moore geht dennoch weiter, da eine raffinierte Werbung dem Verbraucher den „Garten Eden" in der Stadt, im Hausgarten oder auf dem Balkon verspricht.
Gartenbesitzer verstehen sich häufig als Naturfreunde und sollten als solche bedenken, daß sie durch Nachfrage nach Torf unmittelbar selbst an der Vernichtung dieser wertvollen Lebensräume beteiligt sind. Sollte deshalb nicht jeder Gartenbesitzer selbst nach Alternativen suchen?

Torf wird als Bodenverbesserungsmittel meist überschätzt
Der aus dem sauren Hochmoor stammende Düngetorf ist kalkarm. Deshalb wäre auf kalkarmen Böden eine zusätzliche Kalkgabe unerläßlich, soweit nicht etwa ausgesprochen säureliebende Gewächse dort geplant sind (z.B. Rhododendren, Erica). Torf ist außerdem praktisch frei von allen pflanzlichen Nährstoffen, deshalb müssen bei Torfdüngung regelmäßig Mineralstoffe zugeführt werden. Torf ist zudem für Rottebakterien schlecht zugänglich und wird nur ganz allmählich in Humus umgesetzt, was für eine richtige Bodengare unentbehrlich ist.

Es gibt für Torf Ersatzstoffe!
Jeder Haus- und Kleingärtner kennt die Vorteile eines Kompostbeetes aus Garten- oder Küchenabfällen.
Ein Kompostbeet ist ein sehr wichtiger Teil im Garten. Beobachte mal im Komposthaufen die Bodenlebewesen. S. 25 hast du einige Arten abgebildet. Mit einer Lupe – die gibt's beim Optiker ab 2,– DM, fragt nach Sonderangeboten – kannst du die kleinen Tierchen gut sehen.
Wo siehst du am meisten Tierchen? Wie schnell verrotten die Küchenabfälle? Schau immer mal wieder auf dem Kompost nach.

Regenwurm

Alles ist relativ, für den Regenwurm sind Erdarbeiten etwas wesentlich Lustigeres als angeln gehen.

Regenwürmer sind wahre Zauberer, Gartenbesitzer und biologische Landwirte können auf sie nicht verzichten. Die fleißigen kleinen Tierchen belüften den Boden, verbessern den Humus und sind auch Wegbereiter für viele andere Bodenkäfer, -bakterien usw. (vgl. Boden). Ein einziger Wurm bewegt bei guten Futterbedingungen etwa 1 Tonne pro Jahr – er ist praktisch ein Bio-Pflug.

Mit Pferdekräften

Regenwürmer sind nicht, wie die meisten anderen Bodenbewohner, auf schon vorhandene Hohlräume angewiesen, sondern bohren sich aktiv durch den Boden, indem sie sich teils durch ihn hindurchfressen, teils ihn aber auch zur Seite drücken und dabei Röhren hinterlassen. Die Wände der Regenwurmhöhlen sind durch Schleimabsonderungen verfestigt und deshalb sehr haltbar. Außerdem sind die verfestigten Wände reich an Stickstoff, Phosphor, Kalium und Calcium. Davon profitieren die Pflanzenwurzeln, die in den verlassenen Regenwurmröhren leicht in größere Tiefen vordringen.

Charles Darwin, der als erster die Bedeutung des Regenwurmes wissenschaftlich bewies, errechnete das Gewicht der Wurmexkremente im Oberboden eines gepflegten Ackers auf 250 kg pro Ar und Jahr. An der Humusbildung sind sehr viele Bodenlebewesen beteiligt, doch kommt dem Regenwurm dabei eine entscheidende Rolle zu. So ist es gut verständlich, wenn ihn manche Forstmänner als das wichtigste Wild im Wald bezeichnen. In einem gesunden, biologisch richtig gepflegten Boden rechnet man mit einem Besatz von ca. 200 Regenwürmern pro Quadratmeter. Gute Erde weist ca. 300 Regenwürmer und beste Schwarzerde ca. 400 Regenwürmer pro Quadratmeter auf. Der Regenwurm ist ein Riese an Kraft im Verhältnis zu seiner Größe. Er vermag das 50–60fache seines Eigengewichtes (z. B. einen Erdklumpen) in Bewegung zu setzen. Die Muskelkraft einer großen Anzahl von Regenwürmern, die dem Gewicht eines Pferdes entsprächen, wäre, zusammengezählt, ungefähr 80–90 mal so groß wie die eines Pferdes! Hieraus ist zu ersehen, welche ungeheure Wühlarbeit die Würmer im Boden zu leisten vermögen. Innerhalb von 24 Stunden muß der Regenwurm die Nahrungsmenge aufnehmen, die seinem eigenen Körpergewicht entspricht. In seinem Darm sind Kalkdrüsen, die für kalziumhaltige Verdauungssäfte sorgen. Diese neutralisieren nicht nur die aufgenommenen Säuren, sie stabilisieren auch die bei der Verdauung gebildeten Ton-Humus-Komplexe zu Kalk-Humat, der besten und dauerhaftesten Humusform.

Regenwürmer züchten
Da du also nie genug Regenwürmer im Garten haben kannst, ist eine Regenwurmkiste sehr sinnvoll.
Du brauchst eine Kiste aus Brettern von etwa 1 × 1 m, 30 cm hoch. Die läßt du etwa 15 cm in den Boden ein. Lege den Kasten mit Steinen aus, so daß Mäuse und Maulwürfe keinen Zugang finden, sie sind die natürlichen Feinde der Würmer. Um die Würmer gegen Vögel zu schützen, decke nun die Wurmkiste mit einem Folienrahmen ab, der sorgt so auch für etwas mehr Wärme.
Dann kommen feuchte Komposterde und zerkleinerte Küchenabfälle als Wurmfutter in die Kiste. Suche im Garten nach Regenwürmern und bringe soviel du finden kannst in die Kiste. (Wenn du keinen findest, kannst du sie auch bei einem Regenwurm-Versand bestellen.)

Die Speisekarte des Regenwurms ist lang und vielfältig
a) Dung von Rindern, Pferden, Schafen, Schweinen, Kaninchen und Geflügel aller Art.
b) Gemüseabfälle, Unkraut und Kräuter (besonders Beigaben von Brennesseln, Kletten, Kamille, Schafgarbe, Löwenzahn, Baldrian), Rübenblätter, Kartoffelkraut, Laub, Stroh, Heu, Tannen- und Fichtennadeln, Moos, Wald- und Wiesenstreu, Seetang, Rasenstücke, Sägespäne, Grasschnitt von üppig blühenden Wiesen und Weiden.
c) Ober- und Untererde, Grabenaushub, Straßenstaub, gesiebter Bauschutt, Aschen von Holz und Kohle, Bach-, Teich- und Fluß-Schlamm, Seeschlick, gesiebter Müll, Abfallstaub aus Steinbrüchen (Kalk, Feldspat, Granit und Basalt).
Alle diese Materialien bilden, einzeln oder im Gemisch, ein gutes Futter für den Regenwurm, der sie in kürzester Frist zu Kompost umarbeitet. Selbstverständlich ist darauf zu achten, daß allen diesen Stoffen kein Gift anhängt.

Kontrolliere regelmäßig die Vorgänge, und du wirst sehen, wie von Tag zu Tag die Erde und die Abfälle zusammenfallen und einen herrlichen Duft von Walderde verströmen.

Das Liebesleben der Regenwürmer

Regenwürmer sind Zwitter. Die Paarung erfolgt nachts bei feuchtwarmer Witterung. Zwei Regenwürmer recken sich an der Bodenoberfläche, ohne daß ihre Hinterteile die Erdröhren verlassen. Ein Regenwurm packt mit seinem Geschlechtsteil die sieben bis zwölf Geschlechtsdrüsen des anderen. Geschlechtsfühler dringen gegenseitig in den Körper ein und halten sich fest. Es erfolgt ein gegenseitiger Samenaustausch. Ausgestoßen werden Eikapseln (Kokons) in einer Größe zwischen 1 mm und der Größe eines Weizenkorns, die hellgelb bis dunkelgelb gefärbt sein können. Aus diesen Kokons schlüpfen zwischen zwei bis maximal 20 Jungwürmer, die sich sofort an den gedeckten Tisch begeben. Ein Regenwurm produziert bis zu 4 solcher Eikapseln in einem Monat. Unter günstigen Bedingungen kann sich ein Regenwurm innerhalb von Jahren vertausendfachen!

Sorge also dafür, daß immer genügend Futter in der Kiste ist. Ein Regenwurm frißt täglich ungefähr so viel, wie er wiegt.

Wenn du willst, kannst du die Kiste auch transportabel machen, indem du sie mit einem Bretterboden, ausstattest. Wichtig ist, daß du im Boden ein paar Löcher mit einem Durchmesser von 10–12 mm anbringst. Sie sorgen für eine notwendige Belüftung und verhindern Staunässe.

Nach einiger Zeit kannst du mit der Wurmerde andere Komposthaufen „impfen“ oder sie gleich im Garten unterheben. Du wirst sehen, daß die Regenwürmer den Boden im Garten und auch den Kompost verbessern. Und das erreichst du mühelos, ohne jede Anstrengung.

Neueste Untersuchungen haben gezeigt, daß der frische Regenwurm-Kot: fünfmal reicher an löslichem Stickstoff, siebenmal reicher an löslichen Phosphaten, elfmal reicher an löslichem Kali, zweimal reicher an Magnesium und um ein Vielfaches reicher an allen Spurenelementen ist als die oberen 20 cm guter Gartenerde. Den Regenwurm kannst du also mit Recht als die Düngerfabrik des Bauern und Gärtners bezeichnen.

Wenn ihr in der Naturschutzgruppe eine Aktion zum Thema „biologisch Gärtnern“ macht, dürfen Regenwürmer auf keinen Fall fehlen.

Habt ihr viele Würmer, verschenkt sie weiter für neue Wurmkisten. Vergeßt nicht, andere darüber zu informieren, was die Regenwürmer im Garten alles machen.

Eine transportable Regenwurmkiste mit Sichtfenster erfreut jede Gärtnerin und jeden Gärtner. Beobachtet gemeinsam, was die Regenwürmer machen.

Bezugsquellen für Kompostwürmer:

Oskar Angst, Pflügersgrundstr. 33, 68 Mannheim

Wolfgang Bellartz, Marienstr. 89, 4950 Minden

Kompost-Service, Postfach 3140/30, 7302 Ostfildern 4

Wurmzucht Naroda, Forsthaus, 8452 Hirschau/Opf.

Theo Tacke, Wurmfarmer, 4280 Borken 2

Wurmzuchtfarm Töllner, Rappeneckstr. 4, 7808 Waldkirch 3

Wurmvater Starck, Rosenheimerstr. 27, 1 Berlin 30

Wulf Blume, Königin-Elisabeth-Str. 55, 1 Berlin 31

Beobachtungsblatt

Untersuche Böden zu verschiedenen Jahreszeiten und bei unterschiedlichen Wetterlagen. Nimm jeweils eine Hand voll Erde, vergleiche die Beobachtungen.

Datum	Uhrzeit	Ort	Bodenbeschaffenheit	Wetter	Würmerzahl	Wurmgrößen

Streusalz

Aus dem Brief der BUND – Kreisgruppe in Tunesien:
...wir bestätigen den Erhalt von 2000 Flugblättern gegen die Verwendung von Streusalz. Weil es hier jedoch kein Glatteis gibt, kennen die Leute kein Streusalz. Wir bitten daher um Lieferung einiger Säcke Streusalz, um dessen Anwendung zu boykottieren...

In deinem Blut sind etwa 45 Gramm Kochsalz (NaCl, Natriumchlorid) enthalten, 5 Teelöffel voll. Aber fünfmal soviel, nämlich 250 Gramm, können für einen Menschen tötlich sein. Umgekehrt darf salzfreie Lösung auch nicht ins Blut, deswegen sind medizinische Transfusionslösungen, die bei Blutverlust verwendet werden, auch schwache Kochsalzlösungen, genau 0,9 %ig. Stellt mal eine solche Lösung her und probiert, wie salzig sie schmeckt. Dazu tut ihr 9 Gramm Kochsalz (Briefwaage!) in einen Liter Wasser.
Das Salz in der Suppe darf manchem nicht fehlen, aber weißt du, daß Hundefutter streng kochsalzarm ist? Hunde dürfen auch nicht normale Wurst ins Futter oder andere salzreiche Speisereste bekommen. Beim Kochsalz kommt es also auf das richtige, verträgliche Maß an, und während früher oft zu wenig Salz auf den Tisch kam, ist es heute meistens zu viel. So war Kochsalz früher eine begehrte Kostbarkeit. An den Stellen, wo Salz in der Erde gefunden und abgebaut wurde, entstanden bedeutende Städte. Die ersten waren Lüneburg (956) und Reichenhall (1163). Die Silbe „Hall" im Ortsnamen deutet oft auf Salzlager hin.
Alles, was wertvoll und Luxus war, wurde früher besteuert, und noch heute haben wir die Salzsteuer auf Speisesalz. Das unversteuerte Salz ist vergällt und rot oder blau eingefärbt und darf nur für technische Zwecke verwendet werden. 1978 wurden in der Bundesrepublik 7495000 Tonnen Salz gewonnen, das sind etwa 125 kg pro Einwohner. Solche Zahlen sind für viele nur Nummern, und wir können einen lustigen Vergleich versuchen, damit ihr euch diese Menge an Salz besser vorstellen könnt: Denkt euch überall dort, wo ihr in der Stadt oder auf dem Lande einen Menschen stehen seht, das Doppelte seiner Masse als Salzberg, dann wird diese Zahl vorstellbar.
Und diese Riesenmenge Salz bleibt irgendwo in der Natur und Umwelt zurück und richtet deutliche Schäden an.
Ein Fünftel dieser Menge ist Streusalz, das im Winter von vielen Bürgern und Stadtverwaltungen auf die Straßen verteilt wird. Einige Straßenbauämter haben schon begonnen, erheblich weniger Salz auszustreuen, aber viele Privatleute verwenden noch bedenkenlos „Auftausalz", um die Gehsteige zu streuen.

Welche Schädigungen Streusalz verursachen kann:

● am Boden
Im Boden liegt das Salz immer als Na^+- und Cl^--Ion vor. Da die meisten bei uns vorkommenden Böden aus negativ geladenen Bodenteilchen (z.B. Ton, Humus) bestehen, treten diese Teilchen mit den positiven Natriumionen in Wechselwirkung, während die negativen Chloridionen schnell ausgewaschen werden können. Die Natriumionen heften sich an die Bodenteilchen an und verdrängen die bisher gebundenen Ionen, die für die Pflanzenernährung wichtig sind; der Boden verarmt an Nährstoffen. Die Teilchen werden noch dichter zusammengepackt, der Boden verklebt. Dadurch nimmt die Bodendurchlüftung ab, die Vernässung, der Stau des chloridhaltigen Wassers nimmt zu. Die Situation wird für die Pflanze immer schlimmer: Sie bekommt ernste Schwierigkeiten bei der Wasserversorgung und bei der Nährstoffaufnahme.

● am Grund- und Oberflächenwasser
Während des Auftauens gelangen große Mengen Salz über die Kanalisation in Flüsse und Seen. Dies führt zur Versalzung von unseren natürlichen Trinkwasservorräten. Streusalz im Grundwasser führt zur Bodenversalzung auch landwirtschaftlich genutzter Gegenden. Aus den oberen Bodenschichten wird versalztes Grundwasser nachgesogen. Damit wird die Humusschicht immer stärker versalzen, und dies hat Auswirkungen auf die landwirtschaftlichen Erträge.

● am Menschen
Auch der erhöhte Salzgehalt des Trinkwassers kann Bluthochdruck mitverursachen.

● an Haustieren
Haustiere leiden im Winter besonders unter dem Streusalz, denn es verätzt Tierpfoten!

● am Kraftfahrzeug
Salz läßt Kraftfahrzeuge schneller rosten! Die Autofahrer müssen tiefer in die Tasche greifen, und die Schrotthalden wachsen schneller.

● an Kläranlagen
Durch einen hohen Salzgehalt im Wasser wird in den Kläranlagen die Reinigungsleistung herabgesetzt. Es lassen sich nicht mehr so viele im Wasser vorhandenen Schadstoffe herausholen.

● an Straßenoberflächen und Bauwerken
Salz greift Beton an! An der Oberfläche entstehen Risse, die dann vom Frost weiter aufgesprengt werden. Teure Reparaturen an Fahrbahnbelägen und Bauwerken belasten den Steuerzahler.

● an Bäumen und Pflanzen
Durch Streusalz werden Baumalleen zum Absterben gebracht und an Straßen gelegene Grundstücke schwer geschädigt. Das hat schwerwiegende ökologische Folgen für weite Bereiche neben Straßen und Wegen. Allein in Stuttgart sind von den 21 500 Bäumen 8500 krank, und jährlich werden 500 absterben.

So wirkt Streusalz auf einen Baum:

1. Natriumchlorid (so heißt der chemische Name von Kochsalz) gelangt im Winter als Streusalz in den Boden.
2. Das Natrium verursacht eine Verkrustung und Verdichtung der Bodenstruktur. Die Wasser- und Nährstoffaufnahme wird behindert.
3. Der Baum nimmt mit dem Wasser das Salz auf und transportiert es in die Blätter.
4. Durch das Salz sterben die Blätter vom Rand her ab (Blattränder werden braun und rollen sich ein) und fallen ab. Das Salz zieht sich in die Zweige zurück und wird dort gespeichert. In der nächsten Wachstumsperiode geht es wieder in die Blätter. So steigt der Salzgehalt der Bäume von Jahr zu Jahr.

Mit einer Umwelt- und Naturschutzgruppe, oder auch als einzelner, kannst du mit Hilfe von Brunnenkresse einfache Versuche zur Wirkung des Streusalzes machen:
Du sammelst zuerst günstige Pflanzschälchen; leere Quarkdosen, Joghurtbecher oder Plastikschachteln tun es auch. In diese Schälchen füllst du feuchte Erde: Blumenerde aus dem Garten, Erde aus dem Wald und auch streusalzbelastete Erde, die du am Rand von Gehsteigen oder Straßen findest.
Auf jeden Fall brauchst du neben den versalzenen Böden auch mehrere Schälchen mit guter Erde, von der du sicher weißt, daß sie salzfrei ist. In jedes Schälchen tust du nun 25 Kressesamen (die gibt es in jeder Sämereienhandlung), und vergiß nicht, auf den Schälchen jeweils die Herkunft der Erde zu kennzeichnen. Einige der unbelasteten Böden kannst du nun mit einer Kochsalzlösung gießen – z. B. ein Schälchen mit einer 2%igen Lösung (20 Gramm Kochsalz in einem Liter lösen) und ein anderes Schälchen mit einer 0,25%igen Lösung (du nimmst von der ersten Lösung 100 ml ab und ergänzt reines Wasser, bis ein Liter voll ist).
Schreibe auf die Schilder an den Pflanzschälchen auch, welche Erde verwendet wurde und wie diese Versuchsbeete behandelt werden. Stelle nun alle Schälchen zu Hause auf die Fensterbank, ins Klassenzimmer oder an einen anderen geeigneten hellen warmen Ort. Beobachte im Laufe einer Woche, wieviele Samen keimen und wie schnell sie wachsen. Schreibe die Ergebnisse in einer Liste auf.
Die Versuchsbeete könnt ihr auch zu Veranstaltungen mitnehmen und dort euren Freunden oder Besuchern zeigen, wie Streusalz auf die Kressesamen wirkt. Hoffen wir, daß ihr so möglichst viele Leute überzeugt, statt Streusalz lieber die Schaufel gegen den Schnee zu verwenden.
Bevor ihr aber mit jemandem in Streit geratet, der einfach vom Streusalz nicht lassen will, erinnert euch an einen alten Aberglauben: Früher glaubten die Leute, daß das Verschütten von Salz (dabei meinten sie den Eßtisch und noch nicht den Gehweg) Streit und Tränen bringt.

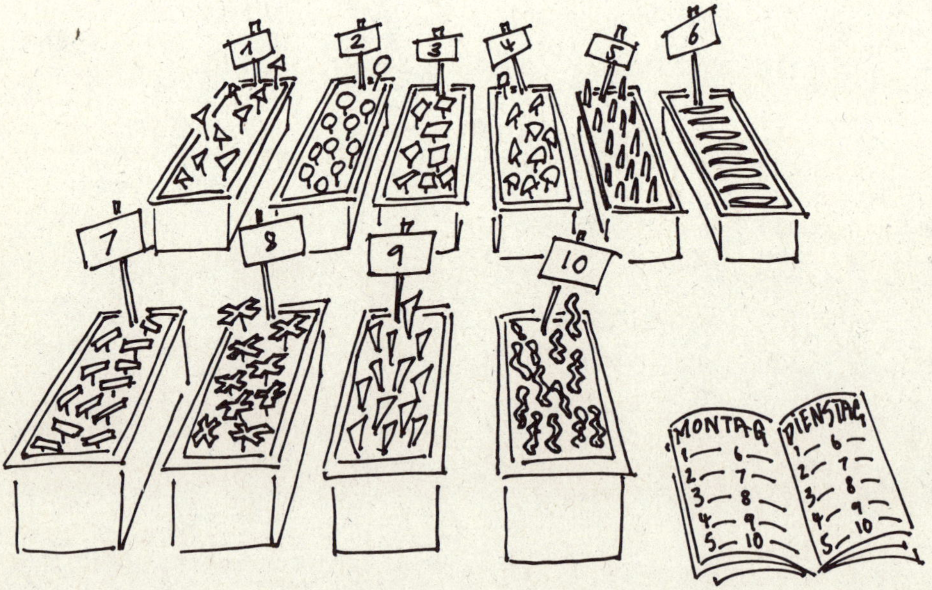

Ein weiterer Bereich, wo ihr Salz sparen könnt, ist das Vollbad in der Badewanne. Viele Badezusätze enthalten fast nur Kochsalz, ein wenig Farbstoff und Duftstoffe. Viele Leute schütten dazu auch noch ein Pfund Salz ins Badewasser. Dadurch wird das Abwasser natürlich stark belastet. Nehmt lieber Essenzen oder Kräuterbüschel als Badezusätze.
Ein anderes Hausmittel ist sehr zu empfehlen:
Wenn euch eine Biene, Wespe oder eine der seltenen Hornissen sticht, bewahrt nur Ruhe und feuchtet die Stichstelle leicht an. Dann holt aus der Küche ein wenig Kochsalz und streut es darauf. Das Salz saugt das Insektengift aus der Haut heraus.

Pfeffer und Salz . . . Gott erhalts???

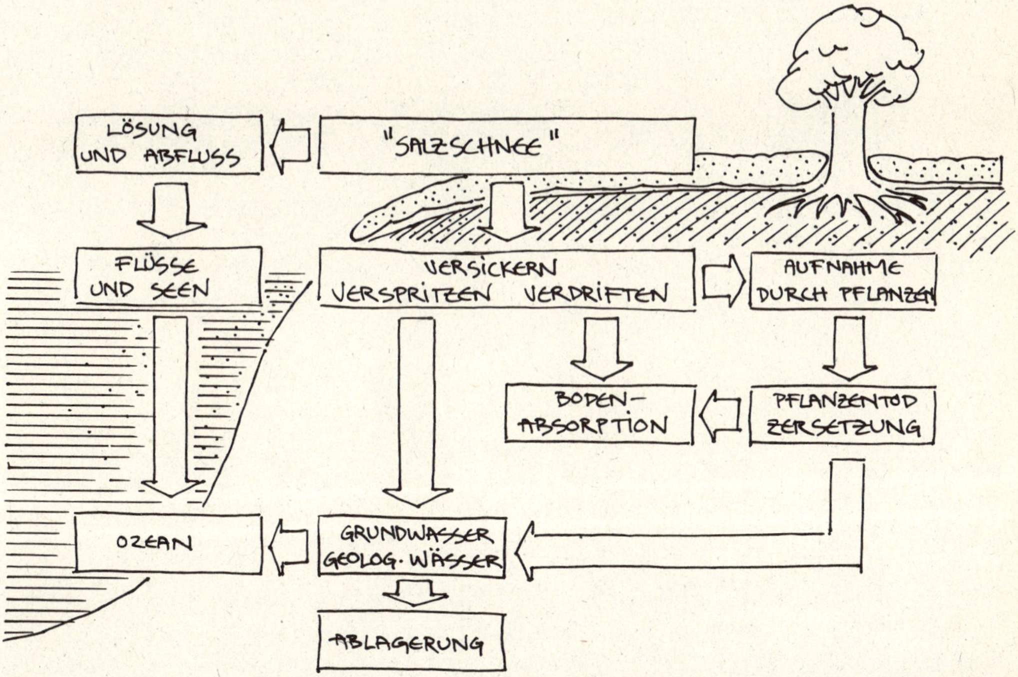

Quecksilber

Quecksilber ist ein so schweres Schwermetall, daß erst Seefische über 60 Kilogramm Gewicht auf dieses Gift untersucht werden müssen.

Umweltgefährdung und Rohstoffknappheit machen im Bereich des Recyclings ausgedienter Quecksilberbatterien besondere Anstrengungen erforderlich. Nicht aufladbare Batterien enthalten als Beimengung und als Elektrodenmaterial Schwermetallverbindungen wie z.B. Quecksilber und Silberoxid u.a. Die Rückgewinnung dieser Stoffe ist zum Schutze der Umwelt erforderlich und vor dem Hintergrund knapper werdender Rohstoffe wirtschaftlich sinnvoll.

Warum Batterien sammeln?
In der Bundesrepublik werden etwa 60 t Quecksilber pro Jahr in Batterien aller Art verkauft, von denen ca. 45–50 t jährlich durch Müllverbrennungsanlagen oder Korrosion auf Mülldeponien in die Biosphäre entweichen und sich hier zu giftigen Konzentrationen anreichern können.
Meldungen von starken Quecksilberanreicherungen in Flüssen, Fischen und Katastrophen wie die in der Minamata-Bucht in Japan, Pakistan, Guatemala und im Irak machen es zwingend, weitere Belastungen durch Quecksilber zu vermeiden. Ein Beitrag dazu ist das Sammeln der quecksilberhaltigen Batterien, um diese dem Hausmüll zu entziehen und einen wertvollen und gefährlichen Rohstoff der Wiederverwertung zuzuführen.

Welche Batterien sammeln?
Bei Knopf-, Flach- oder Monozellen gibt der Verpackungshinweis Aufschluß darüber, ob sie Quecksilber enthalten. So weisen die Aufschriften „Mercury“, „M“ u.a. auf einen erhöhten Quecksilberanteil hin. Eine freiwillige Vereinbarung mit den Batterieherstellern im In- und Ausland soll in Zukunft eine einheitliche Kennzeichnung sämtlicher Quecksilberoxid-Knopfzellen ermöglichen. Nach EUROPILE (Vereinigung Europäischer Trockenbatteriehersteller) soll der mit einem Kreis eingefaßte Pluspol einheitliches Erkennungszeichen werden.
Alkali-Mangan-Zellen, deren Queck silbergehalt bei 0,5–1 % Quecksilber liegen, sollen mit allen übrigen nicht oder nur gering quecksilberhaltigen Batterien getrennt gesammelt und einer Sondermülldeponie zugeführt werden.

Wo wird gesammelt?
Batterien sollen überall dort gesammelt werden, wo größere Mengen verkauft oder verbraucht werden. Hier fällt örtlichen Fachhändlern, städtischen Einrichtungen oder Schulen eine besondere Verantwortung zu, denn ihnen ist es am ehesten möglich, eine koordinierte Sammlung bzw. Weiterleitung vorzunehmen.

Stark quecksilberhaltige Batterien bzw. sämtliche Knopfzellen werden dem örtlichen Fachhändler (Foto-, Uhren-, Radio- und Elektrohändler, Kaufhäuser, Hörgeräte-Akustiker) gebracht, der diese in Sammelboxen (s. Bild) an den Hersteller oder die Verwerterfirma zum Recycling weiterleitet. Kauft nur dann Batterien, wenn die Möglichkeit der Rückgabe ausgedienter Quecksilberbatterien besteht, und vergewissert euch, daß die Batterien nicht doch im Hausmüll landen.
Ferner kann Quecksilber von Thermometerschrott u.a. in gut verschlossenen Glasbehältern den Sammelboxen beigelegt werden.

Wer sammelt?
Geschäfte, die Quecksilberbatterien sammeln, beziehen die Sammelboxen vom Batterienhersteller kostenlos und schicken diese im gefüllten Zustand über den Postweg direkt an die Verwerterfirma oder den Hersteller der Batterien.
Die Versandkosten werden z.B. bei Zusendung an die Firma Elwenn & Frankenbach GmbH von ihr erstattet.
Für Groß-Sammelstellen (ab 50 kg) können bei den Firmen Elwenn & Frankenbach GmbH, Frankfurt, 60 l, bzw. Firma Hedinger, Stuttgart, 10 l, 25 l Polyäthylen-Deckel-Fässer bezogen werden. Die Abholung erfolgt nach Bedarf. Die Firma Elwenn & Frankenbach GmbH holt auch größere Mengen gegen Gebühr mit ihrem eigenen Fuhrpark ab.
Auf der beiliegenden Anschriftenliste findet ihr Adressen der Firmen, von welchen ihr Sammelboxen und Groß-Sammelbehälter beziehen könnt, von Händlern, die ausgediente Quecksilberbatterien entgegennehmen, sowie eine Sammelstelle in Freiburg, die Batterieschrott sammelt und diesen zur Sonderdeponie weiterleitet.

Getrennt sammeln
Achtet bitte bei Abgabe der Batterien auf die Kennzeichnung der bereitgestellten Sammelbehälter. Es sollen nur die eingangs beschriebenen Knopfzellen und Batterien mit der Aufschrift „M" oder „Mercury" in ihnen gesammelt werden.
Alle anderen Batterien sollen nach Rücksprache mit der Stadt- oder Gemeindeverwaltung in von ihr dafür zur Verfügung gestellte Behältnisse eingebracht und der Sondermülldeponie zugeleitet werden.
Um Projekte dieser Art nicht zu gefährden, sammelt nur stark quecksilberhaltige Batterien in den dafür vorgesehenen Behältern. Alle anderen Batterien haben hier nichts zu suchen, sondern sind Sondermüll und werden wie Sondermüll gesammelt und behandelt. Sie verursachen ansonsten Kosten, die diese dauerhafte Sammelaktion gefährden und fügen damit unserer Umwelt größten Schaden zu.

Anschriften:

Freiburg
a) Sammelstelle für alte Quecksilberbatterien!
BUND, Erbprinzenstr. 18
b) Sammelstelle für Batterieschrott in größeren Mengen (ab 10 kg):
Fuhrparkbetriebe, Tel. 0761/82584/5

Quecksilberaufbereitung durch:
Fa. Elwenn & Frankenbach GmbH
Ludwigshafener Straße 52
6230 Frankfurt-Hoechst
Tel.: 0611/311081

Quecksilber-Bindemittel von:
Fa. Carl Roth KG
Schoemperlenstraße 1–5
7500 Karlsruhe 21
Tel.: 0721/591011
Zur Entsorgung verschütteten Quecksilbers wird eine kompl. Arbeitspackung geliefert. Das gebundene Quecksilber wird gegen Gebühr wieder vom Bindemittel abgetrennt und gereinigt.

Groß-Sammelbehälter durch:
Fa. Elwenn & Frankenbach (V = 60 l)
und
Fa. Aug. Hedinger
Heiligenwiesen 26
7000 Stuttgart 60 (Wangen)
Tel.: 0711/424011 (V = 10 l, 25 l)

Auskünfte über Sondermüll:
Min. f. Ernähr., Landwirt. u. Umwelt
Ref. Abt. Wasser- u. Abfallwirt.
(Herr Dinglinger, Tel.: 0711/6676-2465)
7000 Stuttgart 1

Anfragen nach Sondermülldeponien:
Gesell. f. Beseitigung v. Sonderabfällen i. BW
Fellbacher Straße 47
7012 Fellbach-Schmiden
Tel.: 0711/511034

Die meisten Menschen wissen nichts über die Umweltgefährdung durch Quecksilberbatterien.
Regt Sammelaktionen an!
Geht zu den Geschäften, in denen quecksilberhaltige Batterien verkauft werden, und fragt nach, ob sie die verbrauchten Batterien sammeln. Gebt die Anschriften weiter, wo man die Sammelbehälter kostenlos beziehen kann.
Fragt die Stadt- oder Gemeindeverwaltung nach Behältern für andere Batterien, die der Sondermülldeponie zugeleitet werden müssen.
Insgesamt werden in der BRD 3 Millionen Tonnen Sonderabfälle in öffentlichen Anlagen und etwa die gleiche Menge in industrieeigenen Anlagen beseitigt. Dazu kommen noch 13 Millionen Tonnen Industrieabfälle und 7 Millionen Tonnen Industrieschlämme, die nicht zusammen mit dem Hausmüll beseitigt werden dürfen.

Außer den Batterien gehören auch folgende Stoffe wegen ihrer schädlichen Auswirkung auf die Umwelt *nicht* in den Hausmüll:
- Arzneimittel (enthalten in ihrer Wirkung auf die Umwelt weitgehend unerforschte oder schädliche Stoffe)
- Farbstoffe (enthalten organische Lösungsmittel wie z. B. Terpentin, Nitroverdünnung und schwermetallhaltige Verbindungen, z. B. Cadmium-Gelb)
- Organische Lösungsmittel (entzündlich oder explosiv, teilweise giftig)
- Pflanzenbehandlungs- und Schädlingsbekämpfungsmittel (ausnahmslos giftig)
- Entwickler- oder Fixierbäder (enthalten schädliche organische Verbindungen)
- Reinigungschemikalien, z. B. Abflußreiniger und WC-Reiniger (bei einigen kann Chlorwasserstoffgas frei werden)
- Altöl (1 Liter Öl kann 1 Million Liter Wasser vergiften)

Macht eine Liste, wo in eurer Stadt die Sonderabfälle entgegengenommen werden, zum Beispiel:
- Apotheken (alte Arzneimittel)
- Tankstellen (Altöl, Autobatterien)
- Einzelhandel (Batterien)
- Kläranlagen (Altöl)
- Chemisches Lebensmitteluntersuchungsamt

Die Verbraucherberatungsstellen geben auch weitere Auskünfte über Probleme der Abfallbeseitigung.

HERTA
TYP:
NO
TYP:
NO
DÄMON
BUSCH

Unkraut

Als der Herrgott das Umkraut erschuf, das um die Nutzpflanzen herum steht, haben die Menschen das Wort nicht deutlich verstanden und denken nun, er hätte Unkraut gemeint.

Unkraut. Jeder kennt das Wort, die meisten wohl in der negativen Bedeutung.. Daß die Unkräuter sehr wohl auch eine wichtige Funktion im Garten haben, bedenken nur wenige. Am Beispiel „Brennessel" könnt ihr erkennen, wie vielseitig Unkräuter sind, sowohl als Kompostmeister als auch als Nahrung für die Menschen (siehe S. 204).
Brennesseln sind ein hervorragender Düngerveredler. Brennesselkompost lockt Regenwürmer an. Diese lockern den Boden, und der Humusgehalt erhöht sich. Deshalb sollte jeder, der einen gesunden und fruchtbaren Boden haben möchte, Brennesselkompost und Brennesseljauche benützen. Die Umgebung wird dann auch stickstoffreicher, und der Eisenhaushalt des Bodens wird in Ordnung gebracht.
Unkräuter sind standortgemäße Kräuter, Gräser, Farne, Stauden und keimende Gehölze, die zwischen Kulturpflanzen wachsen. Biologisch betrachtet, sind Unkräuter ein Mittel der Natur, ein durch Kulturfehler gestörtes Gleichgewicht im Boden wieder herzustellen.

Die Bedeutung des Unkrautes:
- Unkraut bedeckt die Bodenoberfläche und bietet deshalb Schutz vor Austrocknung, Erosion und Verschlämmung.
- Unkraut wirkt günstig auf das Bodenleben.
- Unkraut dient dem Menschen in vielfältiger Weise als Heilmittel.
- Unkraut kann verschiedentlich als biologisches Schädlingsbekämpfungsmittel eingesetzt werden.
- Unkraut zeigt dem Gärtner, welche Qualität und welche Eigenschaften sein Garten besitzt.
- Unkraut ist oft Lebensraum und Nahrungsquelle für Lebewesen, die Menschen Freude bereiten und Schadinsekten begrenzen.
- Unkraut kann zur Gründüngung und zum Mulchen verwendet werden.
- Unkraut ist zerkleinert als Kompostbeigabe vorteilhaft.
- Unkräuter sind vom wissenschaftlichen Standpunkt aus als Genreservate für gefährdete Pflanzenbestände zu betrachten.
- Unkraut kann als zusätzliches Viehfutter im Garten auch großflächiger geduldet werden.
- Unkraut kann dem Menschen als Nahrungsquelle dienen.
- Unkraut ist schön. Ein unkrautdurchsetzter Rasen riecht besser, sieht interessanter aus als Zierrasen.

– Unkraut dient als Ausgleich zu benachbarten Monokulturen.
Unkräuter sind auch züchterische Ausgangspunkte für einige Gartenformen (z. B. ist der Hederich die Wildform der Kulturpflanze Rettich).
Meistens werden Unkräuter im herkömmlichen Gartenbau mühsam und unter hohem Aufwand an Zeit und Geld bekämpft, weil sie für die Kulturen Konkurrenten um Licht, Wasser, Nährstoffe und Standraum darstellen oder auch nur den Ordnungssinn stören.

Möglichkeiten der vorbeugenden Unkrautregulierung
Es ist eine altbekannte Tatsache, daß um so weniger Unkrautprobleme auftreten, je besser der Kulturzustand der Böden – insbesondere der Humusgehalt – und je ausgewogener die Fruchtfolge ist.
Die wichtigste Voraussetzung der Unkrautabwehr ist die Verbesserung der Bodenstruktur. Entscheidend sind eine gute Humusversorgung, eine sachgemäße Bodenbearbeitung und die Art der Fruchtfolgegestaltung. In gut versorgten Kulturen ist die Konkurrenzfähigkeit der Kulturpflanzen größer. Durch eine ausgewogene Düngung mit organischen Stoffen wird das Bodenleben optimal angeregt, und die Versorgung der Kulturpflanzen verläuft harmonisch. Monokulturen fördern spezifische Unkräuter besonders stark, sie sind deshalb zu vermeiden.

Einzelmaßnahmen
- Kombination der Bodenbearbeitung mit der Unkrautbeseitigung, z. B. beim mechanischen Durchpflügen
- Verhinderung einer indirekten Versamung
- Gründüngungsdecke um die Pflanzenbestände
- Lückenlos dichte Bestände garantieren nicht nur guten Ertrag, sie ermöglichen auch eine gute Unkrautverdrängung
- Auch die Wahl des Saatzeitpunktes kann zu besseren Unkrautregulierungen dienen (z. B. hilft ein möglichst später Saatzeitpunkt bei Wintergetreide mit, das Auftreten von Windhalm zu verringern)
- Mastige Unkräuter, die besonders auf fruchtbaren Böden gedeihen, können ferngehalten werden, indem man eine magere Oberbodenschicht auflegt.

Unkrautherbarium
Brennessel, Löwenzahn, Vogelmiere, Giersch, Gänseblümchen, Klatschmohn, Kamille, Huflattich, Kornblume, Wiesenkerbel, Wilder Hederich ... werden als Unkräuter bezeichnet.
Sammelt die verschiedenen „Unkräuter“ und preßt sie in einer Pflanzenpresse.
Zwischen die einzelnen Platten legt ihr Fließpapier und dazwischen die Pflanzen. Wenn sie getrocknet sind, klebt sie auf festes Papier und beschriftet sie mit den Namen.
Vielleicht könnt ihr auch noch beschreiben, welche Bedeutung die „Unkräuter“ für den Garten, für die Menschen haben.
Sammelt von einem Unkraut Pflanzen in verschiedenen Alters- bzw. Wachstumsstufen: Z. B. preßt ihr regelmäßig jeden Sonntag vom ersten Frühlingsblatt bis zur trocknenden verblühten Pflanze jeweils eine Pflanze.
Das ergibt dann nebeneinander im Bilderrahmen das Wachstumsportrait eines Unkrautes.

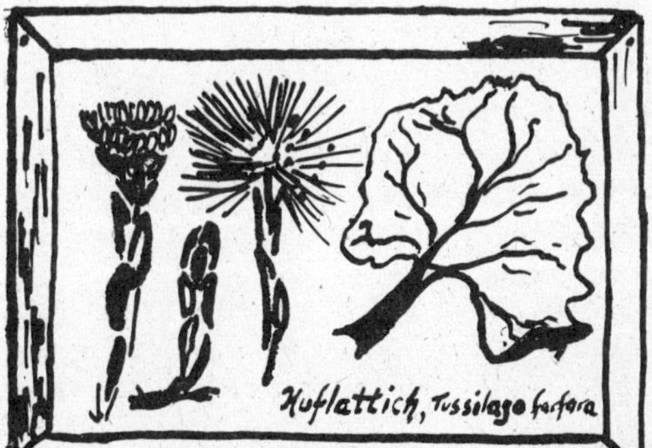

Steigerwald

Christian Rolli berichtet von einem Wochenende der Jugendgruppe Schweinfurt im Steigerwald

Der nachfolgende Bericht soll keine bloße Beschreibung von Geschehnissen sein, vielmehr möchten wir unsere Erfahrungen, die wir auf einer Wochenendfreizeit gewonnen haben, mitteilen und euch dadurch vielleicht Anregungen für ähnliche Aktivitäten bieten.
Wir sind eine relativ „neue" Jugendgruppe im BN, die sich hier in Schweinfurt zusammengefunden hat. Eine unserer ersten größeren Unternehmungen war besagte Wochenendfreizeit im nahegelegenen Steigerwald.
Zunächst mußte die Übernachtungsfrage geklärt werden. Dies stellte sich jedoch als unproblematisch heraus, da uns ein befreundeter Förster, selbst Mitglied im BN, Zugang zu einer Forsthütte verschaffen konnte, so daß wir quasi mitten im Geschehen übernachteten. Hätte das nicht geklappt, so wären wir mit Zelten auf einen nahen Campingplatz gegangen.
Wir starteten unsere Exkursion am Samstagvormittag mit der Besichtigung eines urwaldähnlichen Waldstückes. Es handelt sich hierbei um einen interessanten Versuch der Forstverwaltung: Bestimmte Waldstücke werden aus der üblichen Bewirtschaftung herausgenommen, mit dem Ziel, daß sie sich selbst natürlich verjüngen. Die Beobachtung der Eigengesetzlichkeiten gibt dem Forstamt praktische Hinweise auf die naturnahe Behandlung von Wirtschaftswäldern.
Was aber versteht man unter natürlicher Verjüngung? Nichts anderes, als daß man den Wald seinem natürlichen Wachstum überläßt, d.h. alte Bäume bleiben stehen, umgefallene Stämme verrotten an Ort und Stelle, schaffen dadurch Raum und Lebensbedingungen für Jungholz und eine beachtliche Anzahl ökologischer Nischen für alle möglichen Waldbewohner. Sicherlich ist die Tatsache, daß im Steigerwald noch alle in Deutschland heimischen Spechtarten zahlreich vorkommen, auch auf diesen Umstand zurückzuführen. Auch die Hohltaube fühlt sich hier noch wohl. Der hier vorhandene Baumbestand, eine Mischung aus Buchen und Eichen, ist übrigens der Zusammensetzung weiter Teile der ursprünglichen mitteleuropäischen Waldungen noch sehr ähnlich. Es ist nicht geplant, diese Waldteile zu einem späteren Zeitpunkt wieder zu rekultivieren.
Nach dem Mittagessen führte unser Weg zu einigen Feuchtbiotopen, kleinen, natürlichen Teichen. Obwohl wegen der fortgeschrittenen Jahreszeit (September) keine Amphibien zu sehen waren, war die nähere Betrachtung der übrigen Wasserbewohner trotzdem sehr interessant und lehrreich. Mit einem Kescher fingen wir einige Kleinfische, z.B. Moderlieschen, und bestimmten ihre Art. In der Nähe war der Flug eines Fischreihers zu beobachten.
Anschließend zeigte uns „unser Förster", der uns auf viele wissenswerte Kleinigkeiten hinwies, einen ganz besonderen Wald, den Mittelwald. In diesem Wald sind nur Baumsorten vorhanden, die vom Stock auszuschlagen vermögen, wie z.B. Hainbuche, Eiche, Feldahorn und Esche. Ein Baum wird alle 20 bis 30 Jahre in einer Höhe von etwa 10 cm vom Boden geschlagen, so daß der Stamm mit Wurzeln verbleibt und neu treiben kann. Im Mittelalter war der Mittelwald eine scheinbar nie endende Quelle für Bauholz, das man für die Fachwerkhäuser brauchte, aber auch für Brennholz, fast ein „Perpetuum mobile". Interessant ist auch, daß dieser seit jener Zeit in genossenschaftlichem Eigentum

der Dorfbewohner stehende Besitz nach einer jahrhundertealten Nutzungsregelung abgeerntet wird. Aufgrund von Untersuchungen weisen diese Mittelwälder mit über 25 Arten unter allen Waldformen die höchste Artendichte an Singvögeln auf. Sehr eindrucksvoll waren auch die Verrottungs-Geschwindigkeiten der einzelnen Laubsorten zu bewundern. Während unter den, von den Kleinstlebewesen im Boden sehr schnell verarbeiteten, leicht verdaulichen Eschenblättern der blanke Boden zu sehen war, stapften wir bei den Eichen durch eine ziemlich dicke Laubschicht.
Danach beschlossen wir den ereignisreichen Tag in der Forsthütte mit einer zünftigen Brotzeit und richteten unsere Schlafplätze her.
Am nächsten Morgen ging es zur benachbarten Ruine der Stollburg. Von diesem beliebten Aussichtspunkt hat man einen guten Blick in Richtung des kleinen Ortes Oberschwarzach. Was uns jedoch an dieser Aussicht mehr interessierte, waren die sichtbaren Folgen der Weinbergs-Bereinigung. Fast alle natürlichen Hecken wurden ersatzlos entfernt, um der Geometrie der Weinwirtschaft Platz zu schaffen. Daß die Hecken früher Platz für die natürlichen Schädlingsbekämpfer, wie Vögel, boten, ist dabei den ökologisch kurzsichtigen Winzern entgangen. Dafür verdient jetzt unsere „notleidende" Chemie-Industrie. Um die Schäden durch die jetzt besonders bei starken Regenfällen viel größeren Abschwemmungen und Erosionen zu verhindern, wurden im Tal mehrere Beton-Schlammbecken errichtet, in denen ein Teil des wertvollen Mutterbodens aufgefangen werden soll.
Am Nachmittag stand die Kontrolle von Nistkästen auf dem Programm. Dabei stellten wir anhand des vorhandenen Nestes, d.h. der Zusammensetzung des Nistmaterials und der Bauweise, mit Hilfe einer Bestimmungsbroschüre fest, welche Vogelart hier gebrütet hat. Es ließen sich kleine Vogelschicksale nachempfinden, wenn die Anzeichen darauf hindeuteten, daß die Bewohner durch irgend etwas gestört oder vertrieben wurden. Überrascht haben wir bei diesen Kontrollen auch einen kleinen Siebenschläfer, der über unsere Störung zwar sehr ärgerlich fauchte, aber trotzdem keine Anstrengungen machte, seine Unterkunft aufzugeben und zu flüchten.
Auf dem Rückweg zur Hütte machten wir noch Bekanntschaft mit einer ziemlich seltenen Baumart, dem Speierling aus der Familie der Eberesche. Wer einmal einen solchen Baum im Herbst aufsucht, sollte sich die Mühe machen, eine der kleinen apfelähnlichen Früchte zu suchen und diese zu probieren. Der wunderbar riechende, garantiert ungiftige kleine Apfel hinterläßt nämlich ein unangenehm pelziges Gefühl im Mund, was einen unwillkürlich veranlaßt, die Reste auszuspucken (altdeutsch = speien), womit auch die Herkunft des Namens zu erklären wäre.
Dieses kurze Wochenende hat uns in keine großen Abenteuer geführt, aber ich bin sicher, daß alle Beteiligten mit dem Bewußtsein nach Hause gegangen sind, etwas Schönes erlebt zu haben und der Natur wieder ein Stück näher gekommen zu sein.
Solche Aktionen sind, meiner Meinung nach, ein geeignetes Mittel, den Sinn und die Bedeutung des aktiven Naturschutzes deutlich zu machen, was sich in begleitenden Erklärungen und Diskussionen leicht belegen läßt, ohne daß das gleich schulmeisterlich wirkt. Der Erfolg der Freizeit hat uns in der Ansicht bestärkt, solche Aktionen mit neuen Teilnehmern und Themen zu wiederholen.
Was wir in Zukunft verbessern werden, ist die Ernährung bei solchen Veranstaltungen: Während bei diesem ersten Versuch noch Konventionelles gegessen wurde (vor allem aus mangelnder Vorbereitungszeit), sollen künftig alternative Ernährungsweisen geprobt werden, um auch diese Problematik bewußter zu machen.

Steingarten

Steine sind seltsam, sie fallen vom Herzen, sind im Brett oder in der Galle, dienen zum Stolpern und zum Anstoß, und sogar im Garten werden sie angebaut.

Steingärten sind einfach anzulegen. Es gibt dafür überall ein Plätzchen: vor öffentlichen Gebäuden (Schule, Sparkasse, Rathaus, usw.), in öffentlichen Parks, als Parkplatzbegrenzung. Haltet mal die Augen offen, wo es sich anbietet, einen Steingarten anzulegen. Sprecht mit Vertretern vom Gartenbauamt und macht eure Vorschläge. Oft werden nämlich standortfremde Blautannen oder exotische Bäume gepflanzt, weil es gerade modern ist, oder weil niemand auf andere Ideen kommt. Wenn eine öffentliche Anlage einen Steingarten bekommen soll, macht mit bei der Pflanzaktion. Bringt von euren Steingärten Ableger mit.

Allgemeines

Ein Garten voller Steine ist sicherlich nicht so reizvoll wie ein naturnaher Steingarten.
In einem Steingarten leben Pflanzen und Tiere, die sich an diese zumeist wärmeren und ärmeren Flächen in ihrer Lebensweise angepaßt haben. Pflanzen dieser Standorte können sich im normalen Gartenboden nur kurze Zeit behaupten, weil dort die Konkurrenz zu groß ist und sich andere Gewächse dort besser behaupten können. Es sind also hauptsächlich die Steine, die vielen Pflanzen erst die richtigen Lebensbedingungen bieten.
Wind, Regen, Frost, die Kraft des Eises und nicht zuletzt die pflanzliche Wurzelkraft selbst sorgen dafür, daß aus blankem Gestein über für Menschen nicht erlebbare Zeiträumen hinweg regelrechte Böden entstehen. Bis solche Bodenteilchen gebildet sind, können überwiegend nur diese besonderen Pflanzengesellschaften der Steinschuttfluren gedeihen. Solche Pflanzen brauchen alle eine enge Bindung an den Stein. Dieser speichert die Tageswärme und gibt sie an den Boden ab. Das Wasser findet hier gute Möglichkeiten zum Versickern. Die schädliche Staunässe kann folglich kaum auftreten.
Eine derartige Steinlandschaft läßt sich auch im Naturgarten aufbauen. Je nach den besonderen örtlichen Bedingungen unseres Grundstücks kann man naturnahe Steingärten, Steinhaufen oder zur Abstützung von abschüssigem Gelände naturgemäßes Mauerwerk aufschichten. Dadurch bieten sich für Fauna und Flora neue vielfältige Möglichkeiten bezüglich Lebensraum und Artenzusammensetzung.
Die einzelnen Mitglieder dieser Pflanzenwelt weisen in der Regel typische Merkmale auf. Einmal sind ihre Blätter bzw. ihre Lichtorgane verdickt, ihr Wuchs ist zum Teil rosettig oder ihre Oberfläche ist stärker behaart.

Steingärten

a) Die Anlage eines Steingartens im Naturgarten

Die meisten Anlagen sind durch genaue Naturbeobachtung entstanden und wirken selten künstlich. Ihr müßt darauf achten, daß ausschließlich landschaftsbezogenes Material und Gestein einer Färbung verwendet wird. Betonbruchsteine, Bauschutt o. ä. kann als Füllmaterial, das nicht sichtbar hervortritt, verwendet werden.

Steine sollten auch nicht aufrecht gesetzt werden, sondern man legt sie auf ihre flache Seite und gräbt sie etwas ein. Schichtgesteine sollten immer etwas nach hinten, also gegen den Hangverlauf geneigt werden. Die Steine können dann nicht rutschen und halten gleichzeitig das vom Hang abfließende Wasser zurück. Die größeren Brocken werden zuerst eingebaut, anschließend fügt man die kleineren Steine hinzu. Durchaus kann ein besonders markanter Steinklotz zum Blickfang werden.

Für die Anlage von Steingärten eignet sich natürlich ein Hang oder eine Böschung am besten, er ist aber auch auf flachem Gelände möglich.

Zu beachten ist, daß möglichst vielfältige Hohlräume für Tiere geschaffen werden, daß die Anlage windgeschützt ist, daß sie nach Süden hin ausgerichtet ist und daß eine möglichst geringe Beschattung vorhanden ist.

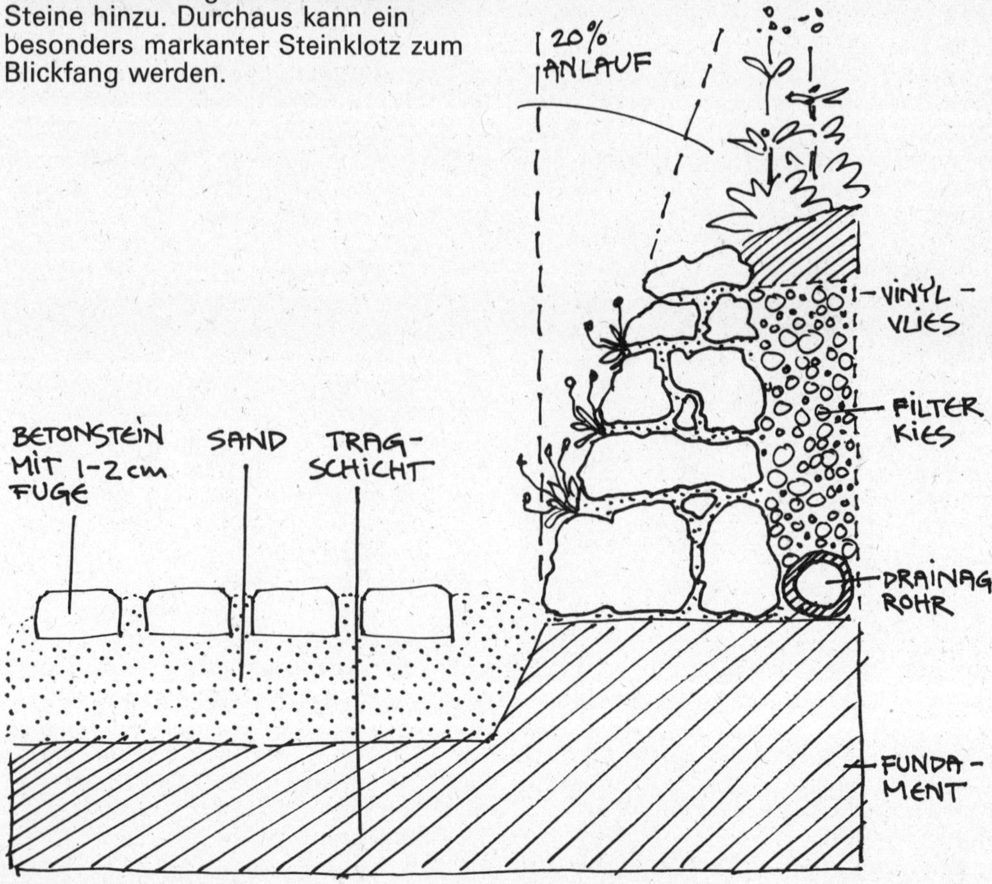

Einzelne Schritte zum Bau einer Steinanlage:

- Fundamentherstellung aus Beton nur selten notwendig; bei einfachen Trockenmauern genügt ein schwaches Fundament aus unbehauenen Steinen, die auf einem flachen Schotterbett liegen (nicht tiefer als 40 cm).
- Aufschichtung von Natursteinen mit Neigung gegen den Hang zwischen 10 bis 25 %. Die größten Steine verwendet man im unteren Drittel. Gesamthöhe nicht über 120 cm, andernfalls terrassenartig.
- Hinterfüllung und Rohrleitung, die das Sickerwasser ableitet. Die Dränrohre werden mit Kies, Sand oder Blähton umgeben.
- Etwas Lehmboden wird zwischen Steinfugen aufgebracht und bepflanzt.

b) Bepflanzung eines naturnahen Steingartens

1. *Stauden für volle Sonne auf kalkhaltigem Boden*

Blaukissen
  Aubrieta x cultorum (violett)
Gänsekresse
  Arabis caucasica (weiß)
Steinkraut
  Alyssum saxatile (gelb)
Hungerblümchen
  Draba aizoides (gelb)
Polsterphlox
  Phlox subulata (violett, rot, weiß)
Schleifenblume
  Iberis sempervirens (weiß)
Hornkraut
  Cerastium tomentosum (weiß)
Stauden-Lein
  Linum perenne (hellblau)
Steinbreche
  Saxifraga (versch.)
Mauerpfeffer
  Sedum -acre (gelb),
    -album (weiß), -reflexum (weißl.)
Katzenminze
  Nepeta x faassenii (blau)
Thymian
  Thymus serpyllum (gelbl.)
Küchenschelle
  Pulsatilla vulgaris (violett)

2. *Pflanzen im schattigen Bereich auf kalkhaltigem Boden*

Insbesondere für diesen Standort und für Mauerfugen eignen sich folgende Farne:

Mauerraute
  Asplenium ruta-muraria
Steinfeder
  Asplenium trichomanes
Schriftfarn
  Ceterach officinarum
Hirschzunge
  Phyllitis scolopendrium

Für kalklose Böden:

Rippenfarn	Blechnum spicant
Königsfarn	Osmunda regalis
Perlfarn	Onoclea sensibilis

Die größeren heimischen Waldfarne sind nur für Gehölzränder und ausgedehnte Steingartenanlagen mit schattigen Bereichen geeignet.
Allgemein gilt: Pflanzloch doppelt so groß wie Pflanzenballen. Höhere Gehölze zur Einrahmung und Schattenwurf für Farnpartien. Ein Vorschlag ist, bestimmte Teile der Anlage dem natürlichen Bewuchs zu überlassen. Oder man sät Samen geeigneter Wildpflanzen aus. Felsenbewohnende Pflanzen wie die meisten Mauerpfefferarten können bestens durch Abrißlinge vermehrt werden.

Steinhaufen, Geröllflächen, Sandpartien

Diese können ohne jeden größeren Aufwand aufgeschichtet bzw. angelegt werden. Zu verwenden sind auch hier nur landschaftsbezogene Materialien (also auf Sandboden Sandstein, auf Kalklehmboden Kalkstein – eben Gestein, das in der umgebenden Landschaft natürlicherweise vorkommt). Dazwischen können Wurzelstrünke und Geäst eingelegt werden. Auf Hohlraumreichtum ist zu achten. Als Pflanzen kann man im Naturgarten anspruchslose Geröllbesiedler einbringen oder die Fläche den natürlich sich ansiedelnden Pflanzen überlassen.

Von selbst ansiedeln können sich z.B. heimische Königskerzen.
Manche Dachwurzarten können sich einstellen, heimische Leinarten, Fetthennen (Sedum telephium), Mauerpfeffer-Arten, Schwalbenwurz, Küchenschellen, Gelber Enzian auf Kalkböden und viele andere Arten mehr können in Naturgärten heimisch werden.
Das Gestein soll voll beschienen werden, es darf keine Staunässe entstehen, Lehmboden kann bzw. sollte zwischen Gesteinen aufgetragen werden. Auf recht kalkhaltigem und steinigem Boden ermöglicht die Vegetation des sogenannten Kalkmagerrasens eine sonst nicht zu erreichende hohe Artenvielfalt und Anzahl an Insekten (Schmetterlinge). Ebenso ist der besondere Blütenreichtum ausgesprochen reizvoll.

Ökologische Bedeutung von Steinhaufen im Naturgarten

Steingärten, Steinhaufen und Geröllflächen haben gemeinsam mit ihrer Vegetation vielfältige ökologische Vorteile:

- Höhlungen dienen als Wohnräume für das Mauswiesel. Das Mauswiesel ist der Hauptfeind der Wühlmäuse.
- Es entstehen für die verschiedenen nützlichen Hummelarten wichtige Brutplätze.
- Steinhäufen sind idealer Lebensraum für Zaun-, Mauer- und Smaragdeidechse (sie bauen dort Höhlen in die zerklüftete Erde zwischen den Steinen, legen dort Eier ab, die durch die erhöhte Wärmeleitung des Gesteins natürlicherweise ausgebrütet werden; außerdem brauchen diese wechselwarmen Tiere Besonnungsplätze).
- Ebenso entsteht neuer Lebensraum für Würmer, Asseln, Spinnen und die verschiedensten Insekten als Beutetiere für geschützte Reptilien, Amphibien und Säugetiere wie Igel, Marder u.a.
- Die Steine dienen als Unterschlupf für geschützte Kröten und nützliche Laufkäfer, die schädliche Insekten vertilgen.
- Für wechselwarme Blindschleichen bieten sich Gesteinsflächen als Besonnungsplätze und Jagdgebiet an.
- Die verschiedensten Tiere suchen in Steinhaufen Überwinterungsmöglichkeiten.
- Singvögel fangen Insekten und andere Beutetiere.
- Der ausgesprochene Blütenreichtum lockt Insekten, besonders Schmetterlinge (Schwalbenschwanz, Kleiner Fuchs, Tagpfauenauge) an.
- Sandflächen dienen als „Badeplätze" für Vögel, die gerne im Sand ihr Gefieder reinigen.
- Steinflächen gelten grundsätzlich als Erweiterung der Vielfalt im eigenen Garten, was das biologische Gleichgewicht stabilisiert.

Zu beachten:

- keine chemischen Mittel im Naturgarten verspritzen
- nie Flächen abbrennen
- ausgesäter Kalkmagerrasen nicht vor der Blüte und nicht öfter als 2 × im Jahr mähen.

Streuwiesen

Zwei Dachse treffen sich in der Streuwiese. Sagt der eine: „Was willst du denn mit dem Kies?"
„Hier soll es was zu streuen geben", sagt der andere ratlos, „ich finde aber nichts, es ist hier doch gar nicht glatt."
„Es gibt hier auch nichts zu streuen. Der schlaue Fuchs sagte mir, auf dem Schild ‚Rettet die Streuwiesen' sei ein Druckfehler. Es muß heißen, ‚Streunwiesen'. Du kannst hier also getrost herumstreunen."

Wiesen sind in erster Linie Pflanzengesellschaften mit Gräsern und Kräutern, die regelmäßig gemäht werden. Artenreiche Feucht- und Trockenwiesen gedeihen im Gegensatz zu den Fettwiesen auf ungedüngtem Boden. Wiesen ohne Pflege verbuschen mit der Zeit, man muß sie einmal im Jahr, nicht vor dem Hochsommer, schneiden. Das Mähgut der Streuwiesen wurde früher als Streu für das Vieh im Stall verwendet. Streuwiesen sind oft recht feucht; durch den späten Schnitt werden Gräser und Kräuter begünstigt, die sich nur langsam entwickeln. Pfeifengrasstreuwiesen auf kalkhaltigem Untergrund sind besonders reich an schönen und seltenen Pflanzen. Zu ihnen gehören vor allem viele Orchideenarten, die Mehlprimel und zuweilen auch der blaue Frühjahrsenzian. Da in der heutigen Landwirtschaft kaum mehr Einstreumaterial benötigt wird, gehen die Flächen der Streuwiesen zurück. Sie erhalten nicht mehr die nötige und zeitgerechte Pflege.
Von größter ökologischer Bedeutung ist der Rückgang der Artenvielfalt. Das sind nicht bloß ein paar Arten, das ist schon der Grundbestand unserer Flora und Fauna. Als Hauptursachen dieses alarmierenden Artenrückgangs sind zu nennen: die Entwässerung von Mooren und Feuchtwiesen, der Ausbau von Flüssen und Bächen, die künstliche Zufuhr von Dünger auf Magerwiesen, Streuwiesen und in die Gewässer. Dazu kommt der Rückgang der Schafweide auf den Heiden; sie verbuschen oder werden aufgeforstet. Die Wildarten der Äcker, Gärten und Weinberge sind von der Saatgutreinigung, der Anwendung von Herbisziden und anderen Vertilgungsmitteln sowie vom verstärkten Maschineneinsatz betroffen.

Andrea aus Germering beschreibt eine Streuwiesen-Reinigungsaktion:

Streuwiesen mähen!
„Zur Nachahmung empfohlen"
Ein Aktionsbericht aus Germering

Am Samstag, dem 12. März 82, wurde vom BN-Germering eine Aktion zur Entfernung von letztjährigen, halbverfaulten Heu„häufchen"(es waren ganz ausgewachsene Heuhaufen) von einer Streuwiese zwischen Fischen und Dießen durchgeführt.
Um 10.00 Uhr, als wir – Caro, Bernd, Pierre, Peter und ich (Andrea) – am Platz ankamen, bei herrlichem Sonnenschein, voller Tatkraft und Arbeitseifer, die Mist-, Heu- und sonstigen Gabeln geschultert, waren schon ein ganzer Schwung Gleichgesinnter bei der Arbeit und hatten schon einige „Häufchen" am Rande der Wiese aufgetürmt.
Anfangs dachten wir, die Gummistiefel umsonst mitgenommen zu haben, da die Wiese die ersten 10 m sehr trocken schien. Als wir jedoch erstmal knöcheltief im Moorwasser standen, wurden wir schnell eines anderen belehrt. Doch nun ein paar Worte zum Zweck dieser Sache:
Die Streuwiesen = Niedermoorwiesen müssen (sollten) jedes Jahr 1 × gemäht werden, da sonst die niedere Vegetation (Orchideen und andere seltene Moorblumen) von Seggen und Weiden überwuchert würde.
Unsere Wiese ist daher auch letztes Jahr gemäht worden, wobei sich der Bauer jedoch zuviel Zeit gelassen hatte und im Spätherbst im wahrsten Sinne des Wortes versumpft ist. An Fertigmähen war nicht zu denken, geschweige denn an Entfernung des gemähten Grases. Dies war dann unsere Aufgabe zusammen mit der Schutzgemeinschaft Ammersee-Süd.
Denn die aufgehäuften Heuhügel düngen zum einen den Moorboden, was den Blumen gar nicht zusagt, so daß sie „lieber" nicht zum Vorschein kommen, zum anderen haben die Vögel, wie Brachvogel oder Kiebitz, lieber freie, große Flächen zum Nisten, da sie als Bodennister gerne „den Überblick" haben, um Feinde rechtzeitig zu erspähen.
So spuckten wir am Samstag in die Hände, um trotz eisigem Wind und Graupelschauer, die sich mit Sonne abwechselten, die Haufen auf große Bauplanen umzulagern. Diese waren am Rande mit Zugseilen versehen, an die dann die Leute gespannt wurden und zogen.
Dabei ging es natürlich nicht todernst zu, es gab öfter „Unfälle", wenn Leute, die im Wege standen, das nasse faule Schilf an den Kopf bekamen oder vor Hektik ins Wasser fielen.
Auch hatte es anfangs beim Ziehen jeder eilig, so liefen wir tiefgekrümmt los, wobei alle vom Platschen patschnaß wurden. Bis zur Mitte des Wegs gings so, dann erschlafften die Aktivitäten, und erst durch Clemens anfeuerndes „Gogogo" und ein Hauruck wurde die Arbeit fortgesetzt. Diejenigen, die später dazukamen, staunten über die hoch entwickelten Techniken, mit denen das Heu von der Plane gewälzt wurde.
Bis um ½4 Uhr war dann die Wiese ziemlich frei von Heuhaufen, und an den Seiten zogen sich Heuschlangen entlang, Zeugen unserer Anstrengung.
Während ein paar Eiserne den Rest noch erledigten, fuhren die Germeringer wieder ab. Naß, dreckig, braun von Sonne und Moorschlamm und glücklich, mal wieder was für die Umwelt getan zu haben.

Andrea

Drei Berichte von Jugendgruppen

Spechthöhlen

Michael Eilert berichtet von einer Aktion aus dem Osterlager der BN-Naturschutzjugend:

Bäume, in denen Spechte leben wird jeder Förster stehen lassen. Nur werden die Höhlen fast immer erst entdeckt, wenn der Stamm schon am Boden liegt.
Deshalb geht man dazu über, Bäume mit Spechthöhlen zu markieren, sprich mit ungiftiger Farbe am Stamm anzumalen.
Nun der Vorschlag: Angenommen ihr seid eine Jugendgruppe oder ein paar Freunde, die aktiv werden wollen. Ihr habt einen Wald mit Bäumen in der Nähe (was beim heutigen Waldsterben ja nicht mehr selbstverständlich ist!). Ihr bekommt heraus, wem der Wald gehört. Wenn er staatlich ist, wendet ihr euch ans Forstamt, wenn er Privateigentum ist, an den Besitzer. Fragt nach, ob etwas über die Spechtarten im Wald bekannt ist und ob die Spechthöhlen schon markiert worden sind, und wenn, auf welche Weise. Dann werdet ihr erfahren, ob euer Einsatz sinnvoll ist. Jeder halbwegs vernünftige Waldbesitzer und Förster wird euch die Farbe und die Anweisung über die Art der Markierung geben, vielleicht gibt er euch auch Tips, wo er schon Höhlen gesehen hat.

Wie läuft das Markieren praktisch ab?

Je mehr Leute ihr seid, desto besser! Ein paar Tips zum Auffinden der Höhlen:
Sie können 15 m und mehr über dem Boden sein. Besonders ältere Buchen und Eichen kommen in Frage. Man muß schon sehr genau und von allen Seiten die Stämme absuchen, ein Fernglas kann sehr nützlich sein. Am besten, man bildet eine Kette und deckt so größere Flächen ab. Runde Höhlenöffnungen gehören meist zu Buntspechten, Schwarzspechthöhlen sind größer und länglich. In diesen Höhlen nisten mitunter auch die Hohltaube oder der Raufußkauz, zwei sehr seltene Arten. Daher sind Schwarzspechthöhlen besonders schützenswert.
Der Baumstamm wird unten mit einer Stahlbürste etwas gesäubert, damit die Farbe länger hält, dann bringt man mit einem Pinsel eine bestimmte Markierung an. Um die Vögel beim Brutgeschäft nicht zu stören, empfiehlt es sich, die Markierung im Herbst oder besser im Winter durchzuführen. Dies hat dann noch den Vorteil, daß die Bäume kahl sind und daß man so die Höhlen leichter findet.
Auf dem Osterlager konnten wir unter fachlicher Anleitung des Försters in knapp zwei Stunden über 15 Höhlen markieren.

Wolfram Weltzer berichtet aus der Jugendgruppe Windsbach:
In Windsbach haben wir eine Gruppe von derzeit 12 Leuten im Alter von 13 bis 18 Jahren und versuchen, mehr zu handeln als zu reden. Angefangen haben wir damit im April 1982.

Infostände

Wir bauten zwei Info-Stände auf: einen bei unserem Schulfest, einen bei anderer festlicher Gelegenheit. Solche Anlässe gibt es immer wieder und praktisch in jedem Ort; Info-Stände lassen sich außerdem leicht aufbauen. Man braucht nur einiges Material und zwei oder drei Tische. Einen Info-Stand könnte also jede Jugendgruppe einmal auf die Beine stellen.

Sammlung
Was ebenso jede Jugendgruppe machen könnte (sogar sollte!) ist, bei der alljährlichen Haus- und Straßensammlung mitzuhelfen. Auch das ist völlig unschwierig. Man braucht sich nur die Sammellisten bzw. -büchsen schicken zu lassen! Der Erfolg kann sich sehen lassen. In Windsbach etwa haben wir 1982 mit nur vier Leuten ca. 700.– DM gesammelt. Diese Beispiele sollen natürlich nicht dazu dienen, die Leistungen unserer Jugendgruppe in den Himmel zu heben – auch bei uns liegt noch viel zu viel im argen – sondern sollen nur verdeutlichen, daß es wirklich leicht ist, aktiv etwas zu tun.

Baumpflanzung
Selbstverständlich darf die praktische Arbeit in der Natur nicht zu kurz kommen; schon allein, weil es einfach Spaß macht, an der frischen Luft mit Schaufeln, Heugabeln und Hacken zu hantieren. Arbeitseinsätze in Biotopen – das bedeutete für uns z. B. Umwandlung von Nadelholzmonokulturen in naturnahe Mischwälder. Das klingt schon etwas komplizierter als die bisher erwähnten Aktivitäten, ist es aber kaum. In Zusammenarbeit mit der Forstverwaltung steckten wir auf einer 0,4 ha großen Fläche Eicheln in den Waldboden, aus denen sich später ein standortgemäßer Waldbestand entwikkeln soll. Die Eicheln waren zuvor von einer Schulklasse gesammelt worden.

Streuwiesen
Hauptarbeit im Herbst war das Mähen und Abräumen von Streuwiesen. An drei Samstagen waren wir damit beschäftigt, in Kooperation mit dem Arbeitskreis Biotoppflege das Mähgut aus den Wiesen zu schaffen. Krönender Abschluß unserer letztjährigen Streuwiesen-Pflegemaßnahmen war für uns aber eine Aktion, die sich nur durchführen ließ, weil (ausnahmsweise) alle Gruppenmitglieder mit Hand anlegten: Wir organisierten selbst einen Arbeitseinsatz, um einen wertvollen Orchideenbestand zu erhalten. Mit der Sense mähten wir ein 0,4 ha großes Flachmoor, um danach das Gemähte abzuräumen und mit Hilfe eines Traktors im Wald als Dünger zu verteilen.

Ameisenzelt
Dieter Fünfstück berichtet:
An die Jugend der Naturschutz-Kreisgruppe Bad Kissingen war man im vergangenen Jahr mit der Bitte herangetreten, über einige Ameisenhaufen im Stadtwald der Kurstadt ein „Schutzdach" zu bauen; das Forstamt sagte uns Unterstützung durch Bereitstellung des Baumaterials zu.
Mitte März, als der Boden noch kühl und die Ameisen noch im „Winterschlaf" waren, trafen wir uns mit dem zuständigen Forstbeamten. Von ihm bekamen wir Maschendraht, Nägel und Krampen. Nach kurzer Fahrt waren wir bei dem Ameisenhaufen angekommen; aber von „Haufen" konnte hier keine Rede mehr sein. Fast 2 m im Durchmesser waren die Fichtennadeln verstreut und lagen nur etwa 30 cm hoch. Sogenannte „kranke Leute" hatten sich hier heilen wollen, indem sie Ameisenhaufen öffneten, die Tiere somit reizten und die Hände hineinlegten. Die Ameisensäure sollte dann die erhoffte Schmerzlinderung bringen. Ob diese Art aber den Ameisen hilft, wird zurecht bezweifelt; ihre Behausung wird dadurch zerstört.
Nun zum „Schutzdach". Das Gerüst, das aus Stangenholz besteht, wurde aus dem Wald besorgt; die breitgezogenen Haufen wieder mit den Händen und Schaufeln zusammengezogen und angehäuft. Anschließend wurde das Holz zu einer Art Spitz-Zelt über dem Ameisenhaufen zusammengestellt und mit einigen Nägeln das Ganze befestigt. Mit Krampen nagelten wir dann den Maschendraht an den einzelnen Stangen fest. Dabei durfte kein Schlupfloch übrig bleiben, denn auch Spechte sind an Ameisen und ihren Puppen interessiert.
Nach Fertigstellung wurde dann noch der festgetrampelte Boden rings um die Ameisenhaufen mit einer Hacke leicht gelockert und mit etwas Laub abgedeckt.

Wald

Die Stadtverwaltung tut jetzt was gegen sauren Regen. Alle Gartenbesitzer können sich im städtischen Bauhof – Mo – Fr 8.30 bis 11.30 Uhr – kostenfrei kleine b's abholen. Das gibt dann saubren Regen.

Der historische Wald
Ein Improvisations- und Rollenspiel, das von den Mitarbeitern der Ökostation in Bremen erfunden, geplant und durchgeführt wurde.
Macht so etwas auch mal.

Der Saal im Jagdschloß Göhrde stellte eine passende Umgebung für unseren Rückblick in das deutsche Mittelalter dar. Die Wände sind behangen mit pompösen Jagdmalereien von Hirsch und Wildsau, und den Parkettfußboden haben wir dem Waldboden gleichgemacht, indem wir Buchen- und Eichenlaub ausstreuten.
Die Gruppenteilnehmer/innen – ernsthafte Naturschützer – gleichen einer mittelalterlichen Festgesellschaft; sie sitzen an langen Tafeln bei Kerzenlicht und Festschmaus und harren der Dinge, die da kommen sollen. Nun verteilen wir unsere Regieanweisungszettel - es ist dabei dem Zufall überlassen, wem welche Rolle zukommt. In Minutenschnelle ist der Saal erfüllt mit geschäftigem Murmeln. Die Schauspieler streben zu den Requisiten, und es entsteht ein buntes Treiben von rosaschnäuzigen Säuen, blätter- und bucheckerbehangenen menschlichen Bäumen, pappschwertbewaffneten Soldaten usw. Kissen werden vor die Bäuche geschoben, Gesichter bemalt, Stiefel angezogen. Ohne Übergang sind wir plötzlich im Spiel. Die Hauptaktion besteht allerdings nicht in der geschichtlichen Aufarbeitung der damaligen Konflikte, die zwischen König, Kirche und Untergebenen, sprich Bauern, herrschten, sondern aus der Verselbständigung des Viehzeugs. Da von König, Bauer und Kirche keine spielangebenden Reaktionen erfolgen, ergreifen die Schweine selbst die Initiative. Die Wildschweine rufen mit Schrifttafeln zum Aufstand gegen das Hausschwein auf. Die Hausschweine, die vorher damit beschäftigt waren, die Bäume umzuwerfen, rotten sich jetzt zusammen und suchen unter ihnen Schutz. Der Wald ist allerdings nur darauf bedacht, seinen Frieden zu bewahren, und schließt sich zu einem engen Kreis zusammen, aus dem jedes Hausschwein vertrieben wird. – Es ist ein heilloses Durcheinander, und von Seiten der Herrschenden passiert leider überhaupt nichts. Das Spiel endet damit, daß der König abgesetzt wird . . . und mit einer allgemeinen Ratlosigkeit. „Aha, und was passiert jetzt?! Soll das etwa schon alles gewesen sein?! Was bietet denn die Ökostation morgen zum „Historischen Wald" an?" Ja, das ist alles gewesen: unser Beitrag zu diesem „ökopädagogischen" Wochenendseminar. Mich hat es stutzig gemacht, daß keiner auf den Gedanken kam, die Idee dieser Art des Lernens aufzugreifen und

gedanklich oder spielerisch fortzuführen.
Was sollte im Spiel „Historischer Wald" deutlich werden – warum gelang das nicht?
Ziel unseres Rollenspiels war es, die Nutzungsansprüche des Menschen an den Wald früherer Jahrhunderte – speziell des ausgehenden Mittelalters (13.–15. Jahrh.) – zu verdeutlichen. Wir strebten über die Rollenverteilung ein zeitweises Hineinversetzen der Seminarteilnehmer in diese Zeit an. Die Mitglieder sollten also nur durch Anweisungszettel und Verkleidung vorbereitet und – ohne ein ausgeprägtes Hintergrundwissen über das späte Mittelalter zu besitzen – zu Spielsituationen angeregt werden, die die Interessenkonflikte und Gemeinsamkeiten zwischen Bauernstand, Adel bzw. Geistlichkeit und dem Herrscherhaus in Bezug auf den Wald wiederspiegelten. Daß das Ergebnis unserer Bemühungen letztendlich eher einem „Happening" glich, daß nach Beendigung der Aktion kaum einer wußte, worum es in dem Spiel gegangen war, lag sicherlich an einer fehlenden allgemeinen Einführung in die Spielsituation und an nicht ausreichend deutlichen Regieanweisungen unsererseits. Beispielsweise wußten einige Hauptakteure offensichtlich nicht, welche Interessen sie zu vertreten hatten. Außerdem fehlte es einigen Erwachsenen auch an Phantasie und Mut, eine Rolle konsequent und aktiv zu spielen. Bei entsprechend gründlicher Einführung dürfte dieses Problem bei Kindern nicht in dem Maße auftreten.

Der Wald im ausgehenden Mittelalter

Historische Voraussetzungen und Vorüberlegungen zum Rollenspiel
Bei den Vorüberlegungen zum Rollenspiel stellten wir fest, daß es nicht möglich und auch nicht sinnvoll ist, eine Situation historisch exakt im Spiel darzustellen. Wir einigten uns darauf, Zusammenhänge zu vereinfachen, um die Darstellbarkeit der historischen Situation für die Mitspieler zu gewährleisten. Die Probleme, die im Spiel deutlich werden sollten, sind so über mehrere Jahrhunderte verteilte, immer wieder auftretende Konflikte um die Nutzung des Waldes in der spätmittelalterlichen Gesellschaft Mitteleuropas. Den Grundkonflikt zwischen Feudalherren (vertreten durch König und Königin, Adel und Geistlichkeit) und Bauernstand um das Recht der Waldnutzung, d.h. die unterschiedlichen Ansprüche der Stände an den Wald und die Machthierarchie im Mittelalter aufzuzeigen, waren Hauptziel des Rollenspiels. Besonders berücksichtigt wurde dabei der Interessenkonflikt von Jagd (Feudalherren) und Viehmast (Bauern), weil sich daraus eine übersichtliche, leicht zu durchschauende Ausgangsposition für die Spielteilnehmer ergab.
Die Bauern nahmen den damals allgegenwärtigen Wald in erster Linie als „Weidewald" für ihre Schweine, Ziegen und Schafe in Anspruch – deckten also einen wichtigen Teil ihres Nahrungsbedarfs über das Mästen der Haustiere mit den Früchten der Bäume (Bucheckern, Eicheln).
Das „Dechelgeld", der Pachtpreis für den Schweineeintrieb, war das erste bare Geld, das Grundherren aus dem Wald herausholten. Im Gegensatz zu dieser Nutzungsart stand das Interesse der Feudalherren an einem Wald, der ausschließlich der Jagd vorbehalten war. In „Bannwäldern" wurden alle anderen Eingriffe zugunsten der Hohen Jagd – vornehmlich auf Rot- und Schwarzwild – verhindert. Der Nutzungskonflikt zwischen Feudalherren, die die Jagd als gesellschaftlich hochrangigen Faktor und als ihr Privileg einschätzten, und Bauern, die auf die Schweinemast im Wald existentiell angewiesen sind, sollte im Mittelpunkt des Rollenspiels stehen. Um das Spiel übersichtlich zu halten, wurden andere Nutzungsansprüche der Menschen jener Zeit an den Wald unberücksichtigt gelassen:
flächenhafte Rodungen zur Gewinnung neuen Ackerlandes, der steigende

Bedarf an Bau- und Brennholz durch die wachsende Bevölkerung und das Aufblühen der Städte, die einsetzende Nutzung des Holzes als Energieträger in Bergbau, Metallverhüttung, Salzsud und Glasherstellung. Die Klarstellung der Machtverhältnisse mit dem König als oberstem Feudalherren und Inhaber der Militärgewalt, dem höheren und niederen Adel als Grundherren des Landes und Gefolgsleute des Königs und dem praktisch rechtlosen und ständig in der Existenz bedrohten Bauernstand mit seinen unentbehrlichen Haustieren, war ein weiteres Ziel unserer Planung. Besonders die Stellung der niederen Geistlichkeit (Abt, Mönch) bietet durch die doppelte Interessenlage (Dechelgeld von den Bauern einerseits – Gefolgschaft zum jagdliebenden König und Bischof andererseits) die Voraussetzung zu Interaktionen der verschiedenen Standesgruppen. Die Eindeutigkeit der Interessenlage bei fast allen Spielgruppen sollte zu Konflikten und dem Versuch der Lösung dieser Probleme führen.

Anweisungen für die Spieler/innen

König und Königin

Du befindest dich im 14. Jahrhundert. Dir gehört fast ganz Deutschland und auch der deutsche Wald. Du hast die Verfügungsgewalt über die Ländereien gegen einen Treueid an Adel (Fürsten, Herzöge, Grafen) und Kirche (Bischöfe und Äbte) verliehen. Adel und Kirche stützen dich in deiner Macht. Die Kirche sorgt besonders für dein Seelenheil. Die größte Gefahr für deine Herrschaft stellt ein Bann des Papstes dar. Du kannst Adel und Kirche Weisungen geben. Dir zur Seite stehen außerdem einige Soldaten, die deine Befehle durchsetzen. Die Bauern gehören zu den Ländereien, sie haben keine Rechte. Dieser Wald ist als Lehen an die Kirche vergeben. Die Kirche läßt das Land von Bauern bewirtschaften und bekommt von ihnen Naturalabgaben und Dienste. Als König/in brauchst du dich nicht körperlich zu betätigen. Du läßt dich von deinen Leuten umhegen und umsorgen. Zum Zeitvertreib lädst du Bischof und Abt zur königlichen Jagd auf Rot- und Schwarzwild ein. Auf der Jagd wirst du feststellen, daß das Wild verschwunden ist. Statt dessen siehst du nur verfressene niedere Hausschweine, die den Wald zuschande richten. Nun suche dir Requisiten und befehle deinen Soldaten, zu dir zu kommen. Wenn du deine Interessen gefährdet siehst, greife ins Spiel ein, und zeige, wer der Herr im Wald ist!

Soldat
Du bist ein Soldat des Königs im 14. Jahrhundert. Du hast seinen Befehlen zu gehorchen und hast diese auch nicht in Frage zu stellen. Es würde dir eine Ehre sein, dein Leben für ihn zu lassen. Du stehst ständig in Bereitschaft. Geh jetzt zu den Requisiten. Du hast eine halbe Stunde Zeit, dich als Soldat zu verkleiden. Geh dann zu deinem König.

Rotwild (Hirsche)
Du bist ein Hirsch im 14. Jahrhundert. König, Adel und Geistlichkeit sind deine Beschützer im Wettbewerb um die Nahrung des Waldes mit den Hausschweinen der Bauern. Nur wenn dafür gesorgt wird, daß die Hausschweine dir nicht die Eicheln und Bucheckern vor der Nase wegfressen, kann dein Geschlecht sich ungefährdet vermehren und zum Stolz der Landesherren heranwachsen.
Geh jetzt zu den Requisiten: Du hast eine halbe Stunde Zeit, Hirsch/Hirschkuh zu werden. Dann gehe in den Wald und suche Nahrung.

Wildschweine
Du bist ein Wildschwein im 14. Jahrhundert. König, Adel und Geistlichkeit sind deine Beschützer im Wettbewerb um die Nahrung des Waldes mit deinen zu Knechten des Menschen gewordenen Vettern, den Hausschweinen. Es muß dafür gesorgt werden, daß diese heruntergekommenen Schmarotzer von Eicheln und Bucheckern ferngehalten werden. Der stolzen Rasse der wilden Schweine soll die Zukunft gehören! Geh jetzt zu den Requisiten. Du hast eine halbe Stunde Zeit, Wildschwein zu werden. Dann gehe in den Wald und suche Nahrung.

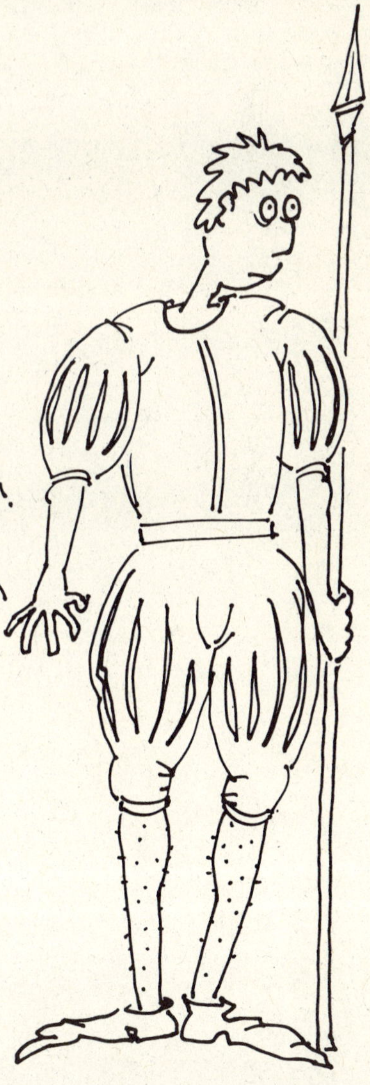

Bischof
Im mittelalterlichen Staat des 14. Jahrhundert hast du als Bischof eine wichtige Aufgabe. Nicht nur fürs Gebet wirst du gebraucht, vielmehr dazu, den Besitz des Königs zu verwalten. Weil der König Angst um sein Seelenheil hat, ist er darauf bedacht, daß du ihm immer wohlgesonnen bist. Denn du bist ein Vertreter des Papstes hier im Lande, und der König fürchtet sehr, mit einem Bann belegt zu werden. So bist du zum Grundherren großer Wälder geworden, in denen du zusammen mit dem König Wildschweine und Hirsche jagst. Kleinere Waldgebiete überläßt du den Bauern, damit sie ihre Schweine zur Mast hineintreiben. Dafür müssen sie dir ein Pachtgeld zahlen. Das Geld brauchst du nicht selbst einzutreiben, dafür hast du Abt und Mönche. Geh nun zu den Requisiten: Eine halbe Stunde Zeit hast du, dich als Bischof herzurichten.

Abt
Du befindest dich im 14. Jahrhundert. Als Abt wirst du nicht nur für das Gebet gebraucht, sondern auch dazu, den Besitz des Königs, den er der Kirche als Lehen überlassen hat, zu verwalten. Du mußt die Anordnungen des Bischofs befolgen. Deine Aufgabe ist es, die Bauern in Schach zu halten. Dafür führst du ein sattes Leben und bekommst noch Anerkennung von Bischof und König. Es kann schon einmal vorkommen, daß du ein paar Bauern aus den königlichen Wäldern vertreiben mußt, sollten sie versuchen, ihre Schweine hier fressen zu lassen; in diesen Wäldern, die einzig dazu da sind, daß die hohen Herrschaften Hirsche und Wildschweine jagen. Kleinere Waldgebiete stehen den Bauern für die Schweinemast zur Verfügung, wenn sie dafür Pachtgeld zahlen. Deine, dir untergebenen Mönche treiben das Pachtgeld ein und sorgen für dein leibliches Wohl. Sie erzählen den Bauern, alles, was der König und die Kirche tun, käme von Gottes Gnaden, und daß sie bei Ungehorsamkeit nicht in den Himmel kommen. Wenn sie nicht wollen, greifst du schon mal härter durch – das bist du deinem Bischof und dem lieben Gott schuldig. Geh nun zu den Requisiten. Du hast eine halbe Stunde Zeit, dich als Abt herzurichten. Dann walte deines Amtes.

Mönch
Du befindest dich im 14. Jahrhundert. Als Mitglied eines Klosters bis du dem Abt zu Gehorsam verpflichtet. Wenn du nicht gerade betest, arbeitest du im Klostergarten, damit ihr Mönche genug zu essen habt, und damit für den Abt und Bischof fürstliche Mahlzeiten bereitet werden können. Deine Aufgabe besteht weiterhin darin, den Bauern das Pachtgeld für den Schweineeintrieb zur Mast im Wald abzunehmen und dem Abt zu bringen. Den Bauern erzählst du, daß alles, was König und Kirche tun, von Gottes Gnade her kommt; sie bräuchten nur zu gehorchen, dann kämen sie in den Himmel. Dem König gehören große Waldgebiete, in denen er, die Fürsten und die Bischöfe Wildschweine und Hirsche jagen. Den Bauern ist es verboten, diese Wälder zu betreten. Geh nun zu den Requisiten: Du hast eine halbe Stunde Zeit, dich als Mönch herzurichten.

Bauer
Du bist ein Bauer im 14. Jahrhundert. Neben deinem kleinen Hof mit Äckern betreibst du Schweinemast. Die Schweine treibst du in den Wald, damit sie dort Futter suchen können. Du hast dafür gebetet, daß es in diesem Jahr viele Eicheln und Bucheckern geben wird. Aber der Wald gehört dir nicht, sondern dem König, vertreten durch den Abt und seine Mönche. Bist du nicht gehorsam, so wird Gott dich strafen. Du hast jetzt eine halbe Stunde Zeit, dich als Bauer zu kleiden. Dann beginnt die erste Szene, du treibst die Schweine in den Wald.

Baum
Du bist ein Baum im 14. Jahrhundert. Du kannst dir aussuchen, ob du eine Eiche oder Buche sein möchtest. Jedenfalls bist du wahrscheinlich gewaltig groß und trägst viele Eicheln oder Bucheckern, die für das Nachwachsen junger Bäume notwendig sind. Geh nun zu den Requisiten und stell dich als Baum im Wald auf.

Schwein
Als im Frühjahr ein guter Fruchtansatz an den Bäumen zu erkennen war, haben die Bauern dafür gesorgt, daß ihr euch kräftig vermehren konntet. Für sie ist es ein Segen, wenn es so viele Eicheln und Bucheckern gibt wie dieses Jahr. Ihr werdet zu Hunderten in den Wald getrieben, um euch dick und satt zu fressen. Geht nun zu den Requisiten, richtet euch schweinemäßig her und achtet darauf, was der Bauer euch für Anweisungen gibt.

Ziege
Da die Bauern kein Weideland haben, aber im Wald der Tisch reich gedeckt ist, werdet ihr dorthin getrieben. Dort warten leckere Buchen- und Eichenzweige darauf, von euch gefressen zu werden. Geht nun zu den Requisiten und wartet, was der Bauer mit euch vorhat.

Waldsterben

Früher machte die Natur aus kranken Wäldern Kohle, das dauerte umständlich lange. Heute machen wir industriell aus Kohle wieder kranke Wälder, damit wird doch nur der alte Zustand wiederhergestellt!

Ausmaß des Waldsterbens
Schadensmerkmale
Im Juli/August 1983 wurden bundesweit Erhebungen über den Schadensumfang des Waldsterbens durchgeführt. Die schockierenden Zahlen, die im Oktober 1983 veröffentlicht wurden, übertrafen alle negativen Erwartungen.

35 % des deutschen Waldes sind bereits geschädigt.
Dies entspricht einer Waldfläche von ca. 2,5 Millionen Hektar. Auf Landes-, regionaler und örtlicher Ebene sind Unterschiede im Schadensumfang zu verzeichnen.

In *Baden-Württemberg* sind 50 Prozent der Waldbestände erkrankt, dies sind 645 000 Hektar. Am stärksten geschädigt ist hier die Tanne, deren Bestände nur noch zu 21 Prozent gesund sind. Die Fichte, die in Baden-Württemberg 40 Prozent der Waldfläche bedeckt, zeigt Schäden an 52 Prozent ihres Bestandes.

32 Prozent der Kiefern sind erkrankt. Auch die Laubbaumarten, und hier vor allem die Buche, bleiben nicht vom Waldsterben verschont. Ein Drittel ist bereits krank.

Bayern verzeichnet Schäden auf durchschnittlich 42 Prozent seiner Waldfläche.

In *Nordrhein-Westfalen* ist jeder dritte Nadelbaum Opfer des Waldsterbens, und in *Rheinland-Pfalz* ist fast ein Viertel (23,5 Prozent) der Wälder geschädigt.

Die Zahlenangaben der erkrankten Bäume ließen sich für das ganze Bundesgebiet erweitern.
Kurz zusammengefaßt, ergibt die Schadensaufnahme, daß kein einziges Bundesland vom Waldsterben verschont geblieben ist. Nahezu alle forstlich bedeutenden Baumarten sind betroffen. Am meisten bedroht ist die Weißtanne, bei der praktisch kein völlig gesunder Bestand mehr zu finden ist. Es gibt Orte, an denen 100 Prozent der Weißtannen erkrankt sind.
Die Zahlen, die noch im Herbst 1982 mit 8 Prozent Schäden angegeben wurden, sind schon wieder veraltet, wenn ihr dieses Buch in Händen haltet. Da sich an der Schadstoffsituation nichts geändert hat und nach der momentanen politischen und rechtlichen Situation in den nächsten 5 bis 10 Jahren keine entscheidende Verbesserung der Luftbelastung zu erwarten ist, werden die Schäden in unseren Wäldern weiter zunehmen.

Schadensmerkmale
Für den Laien und auch oftmals für den Fachmann ist es manchmal nicht ganz einfach, die Schäden zu erkennen, da schwach geschädigte Bäume zunächst beim flüchtigen Hinsehen gesund aussehen.
Nachstehend einige „typische“ Merkmale zum Erkennen von Schäden:

Tanne
Die Tanne hat normalerweise 10 bis 12 Nadeljahrgänge. Das Schadbild ist bestimmt durch einen Nadelabfall von unten nach oben und von innen nach außen, d.h. die älteren Nadeljahrgänge verfärben sich allmählich und fallen ab. Nur noch die jüngsten Jahrgänge bleiben grün. Die Verfärbung und der Verlust der Nadeln ist nicht jahreszeitlich bedingt. Durch den Nadelabfall wird die Krone durchsichtig, die Benadelung der Kronenspitzen bleibt zunächst intakt. Die Krone selbst ist abgeflacht und bildet auch bei jüngeren Bäumen ein sogenanntes „Storchennest“ aus, d.h. die Seitentriebe wachsen normal weiter, während der Höhentrieb gar nicht mehr oder nur wenig wächst. So ergibt sich das Bild einer abgeflachten Baumkrone.
Nur bei alten Bäumen ist aber ein solches Storchennest natürlich. Die äußeren Schadbilder an den Tannen findet man in allen Altersklassen, hauptgeschädigt sind die über 60-jährigen Bestände.

Neben den äußerlich sichtbaren Symptomen können kranke Tannen einen krankhaften Naßkern ausbilden, der im Gegensatz zum natürlichen Kern eine unregelmäßige Begrenzung hat und weit in das Splintholz reichen kann. Der Naßkern hat einen unangenehmen Geruch und kann die Wasserversorgung des Baumes stören.
Häufig tritt auch eine Bildung von Wasserreisern ein (Äste, die sich aus einem schlafenden Auge am Stamm entwickeln). Hierdurch versucht der Baum die in der Krone verlorene Nadelmasse auszugleichen. Die Rinde kann sich im Kronenbereich bei kranken, noch nicht toten Bäumen ablösen.
Durch den Verlust der Nadeln, den Naßkern sowie die anderen möglichen Schäden wird die Tanne geschwächt, und Folgeschäden (z.B. durch Borkenkäferbefall, Hallimasch, Sturm- und Schneeschäden) sind möglich.

Fichte
Ähnlich wie bei der Tanne ist das Schadbild der Fichte durch Nadelverlust und eine darauf folgende Kronenverlichtung gekennzeichnet. Auch hier sind meist die älteren Nadeljahrgänge zuerst betroffen. Die Schädigung des Baumes geht von innen nach außen und von unten nach oben. Die Fichte hat im Normalfall 6 bis 7 Nadeljahrgänge. Fichten aller Altersstufen sind betroffen. Auch nicht verfärbte, also grüne Nadeln werden vom Baum abgeworfen. Bei der mittleren Schadstufe findet man die Seitenzweige 2. Ordnung oft hängend und teilweise entnadelt. Bei der gesunden Fichte sind diese kleinen Äste nicht deutlich sichtbar.
Die Fichte kann jedoch auch „untypische“ Schadbilder zeigen. So kann es auch zuerst zu einem Absterben der Krone kommen oder einem Absterben kurz unterhalb der Krone. Wurzeluntersuchungen an geschädigten Fichten zeigen Schäden im Feinwurzelbereich der Bäume. Hierdurch, sowie durch die Entnadelung ist die Lebenskraft der Bäume geschwächt. Wie die Tanne ist auch die Fichte durch Sekundärschäden gefährdet.

Kiefer
Auch hier zeigt sich eine Verlichtung der Krone, ausgelöst durch Nadelabfall. Das Längenwachstum von Trieben und Nadeln kann nachlassen. Die Kiefer behält ihre Nadeln im Normalfall 3 bis 4 Jahre. Bei geschädigten Bäumen finden sich nur noch 1 bis 2 Nadeljahrgänge. Die Nadeln verfärben sich gelblichbraun und fallen ab. Auch das Feinwurzelsystem kann geschädigt sein.

Buche
Der Kronenbereich verlichtet sich durch spärliche Belaubung, und es kann zum Absterben von Kronenteilen kommen. Der Blattabfall beginnt bereits vorzeitig im Herbst, und das Austreiben im Frühjahr verzögert sich. Die erkrankten Blätter sind lederartig und klappen nach oben zusammen. Hinzu können Blattnekrosen auftreten (das Absterben ganzer Gewebebezirke), die sich durch braune Flecken auf den Blättern zeigen.

Die Naturverjüngung ist gestört, kann Wurzelschäden aufweisen oder bei starken Schäden ganz ausfallen.

andere Laubbäume
Diese zeigen ähnliche Krankheitssymptome wie die Buche.

Die Ursachen des Waldsterbens
Es ist inzwischen wissenschaftlich unumstritten, daß die Luftbelastung mit Schadstoffen die Ursache des Waldsterbens ist.
Die Hauptverursacher sind Schwefeldioxid und Stickoxide, die auf mehrere Arten die Bäume schädigen können:

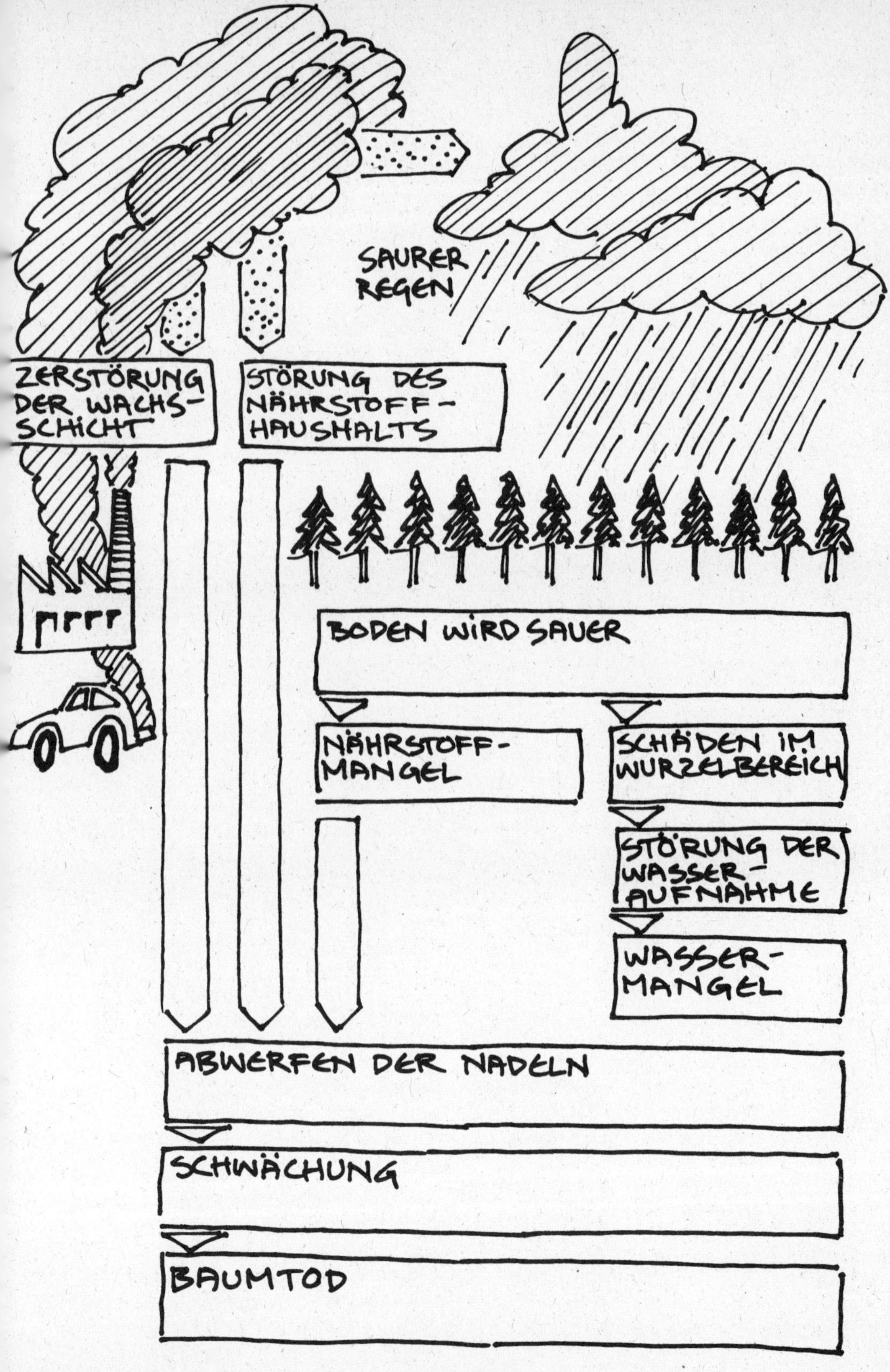
SAURER REGEN
ZERSTÖRUNG DER WACHS-SCHICHT
STÖRUNG DES NÄHRSTOFF-HAUSHALTS
BODEN WIRD SAUER
NÄHRSTOFF-MANGEL
SCHÄDEN IM WURZELBEREICH
STÖRUNG DER WASSER-AUFNAHME
WASSER-MANGEL
ABWERFEN DER NADELN
SCHWÄCHUNG
BAUMTOD

Schwefeldioxid
Bei der Verbrennung von sogenannten fossilen Brennstoffen, wie Kohle und Öl, entsteht Schwefeldioxid. Wird dieses nicht durch Filterung zurückgehalten, entweicht es in die Atmosphäre. Von 1950 bis 1972 hat sich der Ausstoß von Schwefeldioxid in der Bundesrepublik auf 3,6 Tonnen jährlich verdoppelt. Würde man diese Menge Schwefeldioxid gleichmäßig verteilen, so kommt man auf 58 kg pro Einwohner und 80 kg je Hektar.

Stickoxide
In der Bundesrepublik werden 3,1 Millionen Tonnen Stickoxide emittiert, von denen 45 Prozent aus Autoabgasen stammen.
Während die Schwefeldioxidemissionen seit 1978 gleichgeblieben sind, steigen die Emissionen der Stickoxide durch die erhöhte Anzahl von Kraftfahrzeugen weiter an.
Wie gelangen nun diese Schadstoffe in die Atmosphäre und können unsere Wälder schädigen:
Die emittierten Gase (Schwefeldioxid und Stickoxide) werden zum einen mit dem Wind wegtransportiert, zum anderen werden sie mit der umgebenden Reinluft vermischt und verdünnt, so daß ihre Konzentration abnimmt.
Emissionen von Autoabgasen werden weniger weit transportiert als Emissionen von den hohen Kaminen der Kraftwerke und Fabriken.
Die Windgeschwindigkeit ist in den hohen Luftschichten sehr viel größer als am Boden.
Die Schornsteine unserer Kraftwerke sind seit den 60-er Jahren teilweise bis 5 mal höher gebaut worden. Aus einem hohen Kamin können die Emissionen, je nach Wetterlage, bis 3000 m hoch steigen und sich dann weiträumig über Hunderte von Kilometern verteilen.
Die Luftsituation im Nahbereich ist zwar besser geworden (Stichwort: „Der Himmel über der Ruhr muß sauber werden"), jedoch wurde bei der „Hochschornsteinpolitik" nicht beachtet, daß nun der natürliche Lebensraum über die ganze Bundesrepublik und auch über die Grenzen hinweg belastet wird. So können z.B. Schadstoffe innerhalb von 36 Stunden die Strecke Ruhrgebiet-Südskandinavien zurücklegen, wo dann das niedergehende Schwefeldioxid die Seen versauert.

Schadwirkungen auf den Wald
Die Luftschadstoffe können direkt (z.B. Blattschädigung) oder indirekt (Bodenversauerung) auf die Bäume einwirken.

Direkte Wirkungen
Die Gase dringen durch die Spaltöffnungen in die Nadeln oder Blätter ein. Durch diese Spaltöffnungen werden normalerweise Kohlendioxid, Sauerstoff und Wasser mit der Umgebung ausgetauscht (Atmung).
In den Pflanzenzellen entsteht durch die Verbindung mit der Zellflüssigkeit Säure, die die Zellsubstanz zerstört.
Auch geringe Mengen an sauren Gasen können das Wachstum hemmen, lähmen den Schließzellenmechanismus der Spaltöffnungen usw. Wenn die Spaltöffnungen bei Trockenperioden nicht mehr geschlossen werden, vertrocknen die Bäume.
Die Gase können auch im Niederschlagswasser gelöst und in Säuren umgewandelt werden (z.B. Schwefeldioxid SO_2 in schwefelige Säure H2SO3 oder Schwefelsäure H2SO4).
Das gleiche entsteht auch an feuchten Blättern oder Nadeln. Diese Säuren zerstören die Wachsschicht der Nadeln und Blätter, dringen in das Innere der Nadeln und Blätter ein und waschen die Nährstoffe aus.

Saurer Regen
Von *saurem Regen* spricht man, wenn die Niederschläge (Regen, Schnee) einen pH-Wert von kleiner als 5,6

aufweisen. Dies ist der normale Wert von unbelastetem Regen. Heute bewegen sich die durchschnittlichen pH-Werte der Niederschläge in der Bundesrepublik zwischen pH 4,0 und 4,5.
Der absolute Rekord wurde am 20. April 1974 in Schottland mit pH 2,4 gemessen. Das ist saurer als Essig.

Saurer als Essig
Der Regen, der auf den Waldboden durch die Kronen der Bäume fällt, hat meist einen niedrigeren pH-Wert als derjenige im Freiland, da er die Schadstoffe, die auf den Blättern lagern, abwäscht. Im Schwarzwald wurden schon Werte von pH 2,8 gemessen.

Indirekte Wirkungen
Als indirekte Wirkung bzeichnet man die Wirkung über versauerte Waldböden, bedingt durch langjährigen Eintrag von sauren Niederschlägen. Hier erfolgt eine verstärkte Auswaschung von Nährstoffen wie Calcium, Kalium und Magnesium, die der Baum aber für sein Wachstum benötigt.
Prof. Ulrich aus Göttingen vertritt die These, daß durch die sauren Niederschläge im Boden gebundene Aluminiumionen freigesetzt werden, die für die Pflanzen sehr giftig sind und die Feinwurzeln der Pflanzen schädigen, die der Baum zur Nahrungs- und Wasseraufnahme braucht.
Es wird angenommen, daß die Schäden unserer Wälder zu 2/3 durch direkte Schäden und zu 1/3 durch indirekte (Bodenversauerung) herrühren, was jedoch örtlich unterschiedlich sein kann.
So hat z.B. die Untersuchung von Prof. Reichelt im Gebiet Schwarzwald-Baar-Heuberg in Baden-Württemberg auf verschiedenen Böden keine Unterschiede im Krankheitsbild von Tanne und Fichte gezeigt.
Neben Schwefeldioxid und Stickoxiden können noch weitere Schadstoffe unsere Wälder schädigen: Fluor und Chlorwasserstoffe, Schwermetalle (Cadmium und Blei usw.), Photooxidantien (OZON, PAN).

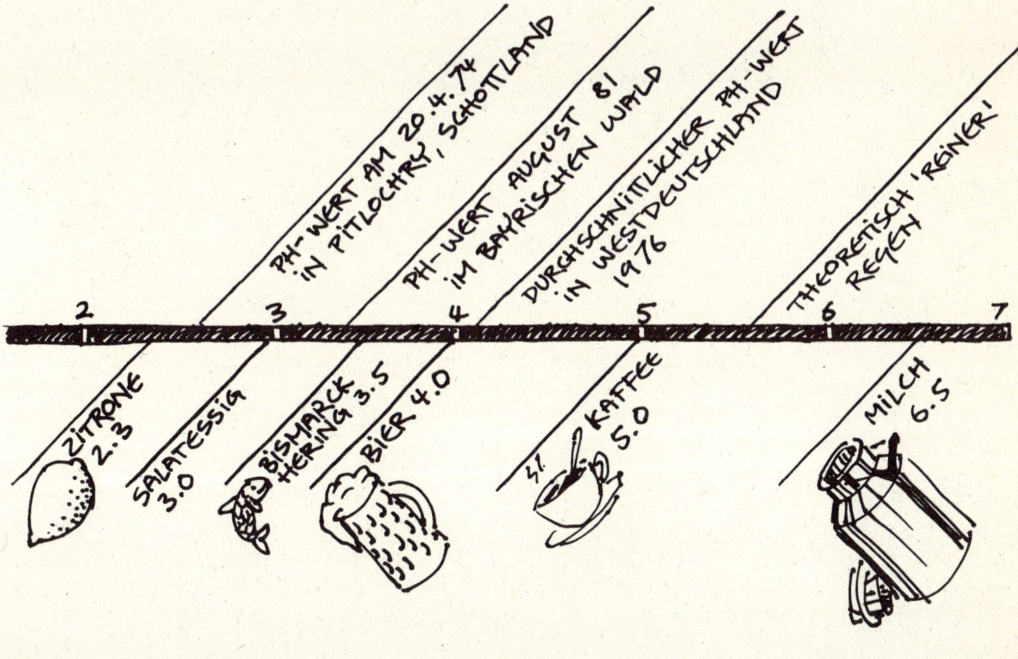

Ozon
Ozon ist der wichtigste Vertreter des Photo-Smogs („Schönwetter-Smog"). Es kann mit dem Wind mehrere Stunden lang unzerstört weit transportiert werden und somit entlegene Waldflächen erreichen. Letzteres trifft in noch stärkerem Maße für Stickstoffoxide zu, aus denen zusammen mit Kohlenwasserstoffverunreinigungen unter Einfluß des Sonnenlichtes in der Luft Ozon entsteht. Ozon kann aber auch über weitab liegenden Wäldern aus ferntransportierten Stickstoffoxiden und dort bereits natürlich vorhandenen Kohlenwasserstoffgehalten der Luft gebildet werden.
Durch die allgemeine Schwächung des Waldes können verstärkt Sekundärschädigungen eintreten:
- Pilze
- Insekten (Borkenkäfer usw.)
- Bakterien und Viren
- Frostempfindlichkeit

Selbst geringe Mengen von Schadstoffen können Bäume schädigen, auch wenn lange Zeit keine äußeren Anzeichen zu sehen waren.
Bei vielen erkrankten Bäumen ist ein Rückgang des Dickenwachstums (zu ersehen an der Jahrringbreite) schon 10 bis 20 Jahre vor den äußeren Anzeichen einer Erkrankung zu beobachten.
Der internationale Verband Forstlicher Versuchsanstalten (IUFRO) hat für Nadelbäume folgende Grenzwerte empfohlen:
Fichte auf normalen Standorten:
- Langzeitwert 50 Mikrogramm/Kubikmeter Luft
- Kurzzeitwert 150 Mikrogramm/Kubikmeter Luft

Fichte auf kritischen Standorten und für Tanne:
- Langzeitwert 25 Mikrogramm/Kubikmeter Luft
- Kurzzeitwert 75 Mikrogramm/Kubikmeter Luft

Dagegen steht unsere Technische Anleitung zur Reinhaltung der Luft, die folgende Werte erlaubt:
- Langzeitwert 140 Mikrogramm/Kubikmeter Luft
- Kurzzeitwert 400 Mikrogramm/Kubikmeter Luft

Literatur:
Ministerium für Ernährung, Landwirtschaft, Umwelt und Forsten Baden-Württemberg: Walderkrankung und Immissionseinflüsse, Stuttgart 1983
GRIESSHAMMER, R.: Letzte Chance für den Wald?, BUND-Information 26, Freiburg 1983
REICHELT, G.: Wie krank ist unser Wald?, BUND-Information 25, Freiburg 1982
Umweltbundesamt: Luftvermutzung durch Schwefeldioxid, Berlin 1980
AFZ-Sonderheft zum Erkennen von Immission-Schäden an Waldbäumen 1983
BML, Formblatt zur Erfassung von Waldschäden, 1982

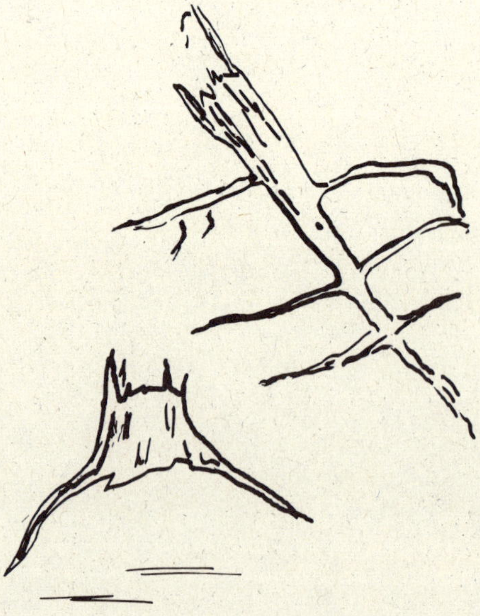

Aktionen zum Thema „Waldsterben" sind oft sehr theoretisch. Ein Gespräch über Bäume dient oft auch als Ventil der Angst über die nicht mehr zu verdrängende Umweltmisere.
Aber steht nicht am Anfang das Walderlebnis? – Viele reden nämlich über das Waldsterben und wissen nicht, was Wald bedeutet.
Der Wald ist mehr als die Summe seiner Bäume. Wir müssen erst begreifen, was Wald eigentlich ist, um wirklich wach zu werden gegen das Waldsterben.
Bei eurer Aktion zum Thema „Wald" könnt ihr die ganzen Dinge, die's in und um den Wald gibt, sammeln, darstellen. Ihr könnt mit Waldkräutern kochen, Waldmärchen vortragen, Spielzeug aus Holz basteln, Flöten basteln, mit Blättern drucken, Baumscheiben polieren. Euren Ideen sind da keine Grenzen gesteckt.
Es darf aber nicht dabei bleiben. Macht bei eurer Aktion auf die akute Bedrohung des Waldes aufmerksam, indem ihr z.B. die Baumscheibe von einem gesunden Baum der Baumscheibe eines kranken Baumes gegenüberstellt. Oder indem ihr testet, wie sauer der saure Regen eigentlich ist: Verteilt saure Mostäpfel und erzählt den Leuten, die den Mund verziehen, weil der Apfel so sauer ist, daß die Bäume diese Säure aushalten sollen.

Das Baumbuch
Ein „besonderer" Baum auf dem Schulhof, im Park oder im Wald wird ausgewählt und während eines ganzen Jahres beobachtet. Alle Beobachtungen und Erlebnisse werden in einem Heft festgehalten:
- Baumbestimmung und Beschreibung in Wort und Bild (Zeichnung, Foto, ...)
- Beobachtung: Wann treibt er aus? Wann blüht er? Wann trägt er Früchte? ...
- Sammeln von Blättern und Früchten für das Baumbuch
- Rindenabdruck: Ein reißfestes, nicht zu dickes unbedrucktes Papier fest gegen die Rinde drücken. Mit einem weichen Bleistift oder einem Wachsmalstift vorsichtig über das Papier reiben, bis das Rindenmuster sichtbar wird.
- Baumvermessung: Umfang, Höhe, Alte Faustregel für Altersbestimmung: 2,5 cm Umfang in Schulterhöhe entsprechen ungefähr einem Jahr
- Welche Tiere leben auf dem Baum?
- Ein Baumfest veranstalten.

Der Baum in der Literatur
B. Brecht, Herr K. und die Natur
Befragt über sein Verhältnis zur Natur, sagte Herr K.: „Ich würde gern mitunter aus dem Haus tretend ein paar Bäume sehen. Besonders da sie durch ihr der Tages- und Jahreszeit entsprechendes Andersaussehen einen so besonderen Grad von Realität erreichen. Auch verwirrt es uns in den Städten mit der Zeit, immer nur Gebrauchsgegenstände zu sehen, Häuser und Bahnen, die unbewohnt leer, unbenutzt sinnlos wären. Unsere eigentümliche Gesellschaftsordnung läßt uns ja auch die Menschen zu solchen Gebrauchsgegenständen zählen, und da haben Bäume wenigstens für mich, der ich kein Schreiner bin, etwas beruhigend Selbständiges, von mir Absehendes, und ich hoffe sogar, sie haben selbst für die Schreiner einiges an sich, was nicht verwertet werden kann." „Warum fahren Sie, wenn Sie Bäume sehen wollen, nicht einfach manchmal ins Freie?" fragte man ihn. Herr Keuner antwortete erstaunt: „Ich habe gesagt, ich möchte sie sehen aus dem Hause tretend." (Herr K. sagte auch: „Es ist nötig für uns, von der Natur einen sparsamen Gebrauch zu machen. Ohne Arbeit in der Natur weilend, gerät man leicht in einen krankhaften Zustand, etwas wie Fieber befällt einen.")

Bäume in alten Mythen und Sagen

Graben wir mal nach Mythen und Sagen über Bäume in alten Büchern. Es gibt viele regionale Geschichten darüber – auch in eurer Umgebung. Euch macht es bestimmt auch viel, Spaß in alten Büchern, Stadtarchiven, ... zu suchen und geheimnisvollen Geschichten von Bäumen auf die Spur zu kommen.

– Eichen sollst du weichen,
– Buchen sollst du suchen,
kannst du Linden grad nicht finden.

Viele Eichen waren bei den Germanen Donar, dem Gewitter- und Kriegsgott, unterstellt. Seine Eichen liebkoste Donar besonders gern mit Blitzen, was für die Germanen die Gegenwart des Gottes bedeutete. Eichen stehen mit Vorliebe auf Kreuzungspunkten von Wasseradern, über denen bevorzugt der Blitz einschlägt. Ihre langen Pfahlwurzeln bohren sich tief in die Erde, bis sie Wasser gefunden haben, und bilden dadurch einen mächtigen Blitzableiter.

Schüler müssen mühsam das heutige Buchstaben-ABC lernen. Eine sagenhafte Geschichte ist, wie aus den alten Buchenstaben unsere heutigen Buchstaben wurden. Dazu beigetragen hat jedenfalls die Buche mit ihrer besonders glatten Rinde. Aber nicht nur Namen, Herze und Pfeile wurden in die Rinde eingeritzt, sondern Zaubersprüche und magische Buchstaben. Es waren die Buchstaben der kultischen Schrift der Germanen, die sie runa nannten, das Geheimnis. In bestimmter Folge aneinandergereiht, hatten diese geheimen Zeichen die Kraft zu heilen, zu schützen und die Zukunft vorauszusagen. Das Alphabet enthielt ursprünglich 24 Buchstaben, die ausschließlich zu kultischen Zwecken gebraucht wurden. Vor einer wichtigen Entscheidung befragte man das Orakel aus Buchenstäben, auf die die geheimen Schriftzeichen geritzt waren.

Kennt ihr die sagenumwobenen Baumriesen, die Bau-m-werke, die Tassilo-Linde in Wessobrunn, die Donar-Eichen bei Kassel, einsame Wetterfichten im Gebirge, verwunschene Eiben, ...?

Kennzeichnung von SO_2-geschädigten Bäumen

„Zur Nachahmung empfohlen"

Bericht einer Jugendgruppe:

Einen Info-Stand hat sicher jede Jugendgruppe schon einmal auf die Beine gestellt. Oft aber reagiert die Bevölkerung nicht darauf. Deshalb versuchte die Jugengruppe Windsbach bei ihrer letzten Aktion, die Leute durch Schilder mit der Aufschrift: „HIER stirbt ein Baum" auf unseren Info-Stand aufmerksam zu machen. Durch die Schilder im Format Din A 5, die man am besten in kleineren Gruppierungen anbringt, wird den Wanderern zu Bewußtsein gebracht, wie schlimm es um unseren Wald steht. Es empfiehlt sich nicht, die Schilder gleichmäßig über die Strecke verteilt aufzuhängen, da die meisten Waldbesucher dann glauben, das Baumsterben beschränke sich nur auf diese wenigen Bäume. Bringt man dagegen mehrere Schilder auf engem Raum an, so sehen sie, daß schon ganze Baumgruppen absterben. Darüberhinaus gewöhnt man sich bei gleichmäßiger Verteilung leichter an das Gelb im Wald. Wir verwendeten nämlich gelben Karton. Eine andere leuchtende Farbe tut's natürlich auch. Außerdem ist es von Vorteil, wenn man das „HIER" sehr groß schreibt, weil es die Leute zu genauerem Hinsehen anregt und neugierig macht. Den größten Erfolg bringen die Schilder natürlich an viel begangenen Wegen, wie z.B. an Trimm-Dich-Pfaden oder Wanderwegen in Fremdenverkehrsregionen, sowie an Langlaufloipen.

Wir führten eine solche Aktion anläßlich des Volkswandertages durch. Darauf wurden wir an unserem am Ziel aufgebauten Stand immer wieder von Leute auf die Schilder angesprochen. So konnten wir von einem vollen Erfolg sprechen, obwohl es eine kleine Panne gab: Manche „Naturfreunde" regten sich nämlich über eine solche „Landschaftsverschandelung" auf und rissen die Schilder herunter. Deshalb ist es ratsam, sie hoch genug aufzuhängen, wenn die Aktion etwas bewirken soll.

DK

Baumscheiben

Kalifornien (USA) ist ein Land für Rekord-Bäume: Dort steht der älteste noch lebende Baum der Welt. Eine Grannenkiefer, die 4600 Jahre alt ist. (Wie lange gibt es den Menschen?) Auch der größte vermessene Baum steht dort: Er hat 111,6 Meter Höhe und 13,41 Meter Umfang.

Bäume werden alt – oft uralt
Hättest du gedacht, daß der Baum, auf den du hinaufkletterst, älter als deine Oma oder gar Ur-Oma sein kann? 100 Jahre sind für eine Eiche nicht viel, und eine Linde kann 500 oder gar 1000 Jahre alt werden, wenn man sie nicht vorher fällt. Und das Tolle an diesen alten Wesen ist, daß man noch immer um sie herumtollen, auf sie hinaufklettern, ihre Früchte und Blätter sammeln, eine Schaukel an ihnen aufhängen und sich in ihrem Schatten ausruhen kann, obwohl sie schon so alt sind.
Frag doch mal die Bäume, wie alt sie sind, und was sie alles in ihrem langen Leben durchgemacht haben. Du kannst es leicht herausfinden, denn ein Baum wächst nicht nur in die Höhe, sondern er wird auch jedes Jahr ein bißchen dicker. Jahr für Jahr bildet er außen, direkt unter der Rinde, einen neuen Jahrring aus. War es ein gutes Jahr, so konnte er viel wachsen und der Jahrring ist besonders dick – war es ein schlechtes, so ist er entsprechend dünner.
Finde nun heraus, wie dick der Baum ist.
Das geht leicht, indem du ein Bandmaß oder eine Schnur um den Baumstamm legst und den Umfang des Baumes mißt. Du kannst auch deine Arme dazu nehmen, wenn du vorher deine Armspanne ermittelst.

Pro Jahr nimmt ein Baum zwischen 2 und 3 cm an Umfang zu. Dies ist ein grober Schätzwert, denn nicht alle Bäume wachsen gleich schnell. Teile nun den Umfang des Baumes durch 2 und 3, und du erhältst das ungefähre Alter des Baumes.
Beispiel: Umfang = 200 cm.
200 : 2 = 100 Jahre
200 : 3 = 66 Jahre
Unser Baum ist zwischen 66 und 100 Jahre alt.

Wir können nun in den Wald gehen und alle Bäume fragen, wie alt sie sind. Interessant ist dieses Fragespiel auch auf alten Friedhöfen oder Kirchplätzen. Die Linde dort wurde wahrscheinlich gepflanzt, als die Kirche gebaut wurde. Anhand der Grabsteine oder einer Inschrift in der Kirche kannst du herausfinden, wann das gewesen ist. Der Baum kann dir aber noch mehr sagen.
Besorge dir beim Förster oder Waldarbeiter ein paar Baumscheiben, möglichst von verschiedenen Bäumen; vielleicht auch von einigen, die krank waren oder durch den sauren Regen geschädigt. Du kannst nun ganz einfach das Alter des Baumes bestimmen, indem du die Jahrringe zählst.
1. Trockne die Baumscheiben. Am besten geht das, wenn du sie an einem warmen Ort an der Luft trocknen läßt.

Wenn das Holz sehr naß ist, kann es mehrere Wochen dauern.
2. Damit du die Jahrringe gut erkennen kannst, muß das Holz geschliffen werden. Gehe damit zum Schreiner und frage ihn, ob er mit seinem Bandschleifgerät die Scheibe glattschleift. Sonst mußt du mit grobem Schmirgelpapier vorschleifen. Zum Nachschleifen besorge dir ein ganz feines Schmirgelpapier, und nun schmirgle, bis du die Spuren von der Maschine oder vom groben Papier nicht mehr siehst.
3. Nimm einen Lappen und poliere die Fläche. Besonders schön wird sie, wenn du mit fettiger Schafwolle (ungewaschen) oder Leinöl polierst.
Die Jahrringe treten jetzt ganz deutlich als abwechselndes Muster von hellen und dunklen Ringen hervor.
Bäume haben verschiedene Jahrringmuster. Manche haben wunderschöne Zeichnungen zwischen den Jahrringen, z. B. Ulme, Esche oder Eiche.
Mit einer Lupe kannst du die Jahrringe noch genauer beobachten. Nadelbäume haben andere Jahrringe als Laubbäume. Breite Jahrringe zeigen, daß die Bedingungen für den Baum gut waren, schmale Jahrringe zeigen schlechte Jahre an. Viele Bäume zeigen in den letzten 30–40 Jahren ein deutlich vermindertes Wachstum. Umweltverschmutzung ist der Grund dafür.
Versuche an verschiedenen Baumscheiben das Muster der Jahrringbreiten zu vergleichen. Dazu reicht es, die Verhältnisse der Jahrringe zueinander aufzuschreiben.
Ihr notiert also ein +, wenn der folgende jüngere Jahrring dicker ist als der vorhergehende ältere, ein –, wenn er dünner ist, ein — wenn er viel dünner ist, und ein 0, wenn kein Unterschied zu erkennen ist. Das geht mit einer Lupe und gutem Augenmaß sehr schnell.
Versucht auch die Wetterseite des Baumes zu finden (falls er eine hat). An ihr sind die Jahrringmuster in den Verhältnissen gleich, der Zuwachs (die absolute Dicke der Ringe) ist jedoch geringer.
Findet ihr an einer Baumscheibe alte Ereignisse wieder? Kalte Winter, trockene Sommer? Gute Jahre? Fragt eure Eltern, Großeltern und den Förster nach solchen extremen Wetterbedingungen.
Eine Baumscheibe könnt ihr auch mit Datumschildern an den entsprechenden Jahresringen versehen, die besondere Ereignisse wiedergeben: 1912 gepflanzt, 1914–18 erster Weltkrieg 19?? Mutters, Vaters Geburtsjahr, 1939–45 zweiter Weltkrieg, 1965 Straße geteert, 19?? eigenes Geburtsjahr usw.
Wenn ihr Baumscheiben aus einem Industriebereich oder auch aus der Abwindfahne eurer Ölheizung habt, könnt ihr an dem mangelnden Zuwachs durch die Schadstoffe in der Luft sehr gut zeigen, wie Bäume heute belastet werden. Für eure Ausstellung zum Thema Saurer Regen und für Aktionen zum Thema Waldschutz geben Baumscheiben viele Anstöße zum Nachdenken.

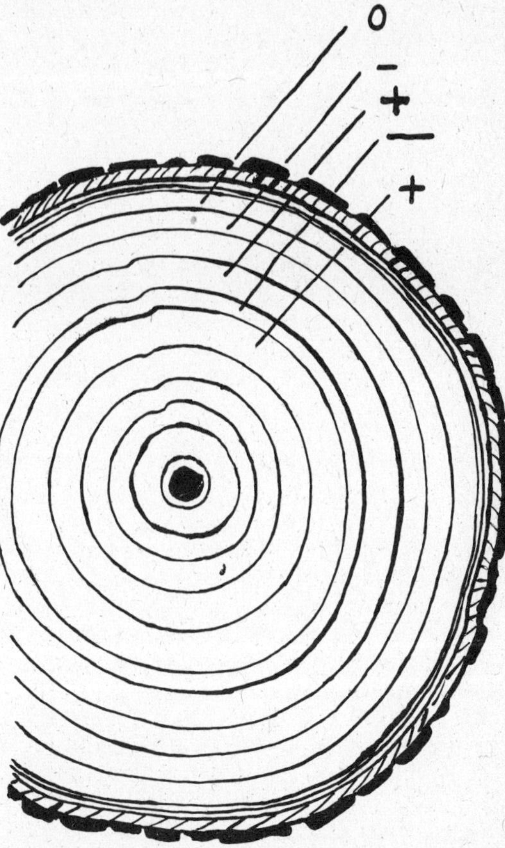

Holzschutz

Die größte wirtschaftliche Bedeutung haben die Holzwürmer im Antiquitätenhandel. Sie ermöglichen es, einen völlig zerfressenen wertlosen Schrank billig zu kaufen – und ihn dann genauso als wertvolles Stück mit deutlicher Altersgarantie teuer zu verkaufen.

Holz ist Nahrungsmittel für viele Würmer, Käfer, Pilze etc. Nur gibt es Orte, wo wir Holz nutzen und es uns daher nicht wegfressen lassen wollen. Solche Probleme habt ihr beim Gartenzaun, in Möbeln, in der Holzverschalung usw. Hier ist eine Zusammenstellung, die Heiko für uns gemacht hat, mit vielen Tips, die ihr selber ausprobieren oder auch weitersagen könnt:
„Hände weg vom Carbolineum!" Es ist zwar preiswert, bewirkt aber bei Hautkontakt Hautschäden und beim Einatmen entzündliche Veränderungen der Atemwege und Bronchien. Vom Xylamon und Sadolin ganz zu schweigen, da sie auch als Fraß und ausgasende Gifte wirken.
Mit „biologischen Holzschutzmitteln" wirst du befallenes Holz wohl kaum sofort von Schädlingen befreien können, aber auf Dauer wird es auch möglich sein, den Befall zu vermindern. Die Holzschädlinge halten sich im Holz nur für bestimmte Zeit auf, nämlich im Entwicklungsstadium der Larve. Zur Befruchtung und zur Eiablage müssen die Käfer aus dem Holz raus. Die Verweildauer von „Holzwürmern" bzw. gewöhnlichen Nagekäfern beträgt 1–3 Jahre, beim Hausbock 3–6 Jahre. Bei den umweltfreundlichen Holzschutzmitteln geht es auf der einen Seite darum, die Eiablage zu erschweren; durch Verdichtung der Oberfläche z.B. mit Bienenwachs oder Leinöl wird das erreicht. Auf der anderen Seite soll das Holz für die Schädlinge uninteressant gemacht werden, und zwar durch Zerstörung bzw. Veränderung der Inhaltsstoffe oder Ablagerung anderer Inhaltsstoffe, z.B. mit Soda, Pottasche, Borax, Holzteer, Holzessig, Leinöl.

Leinöl: Leinöl ist sowohl für den Innenbereich als auch für den Außenbereich geeignet. Für Bauteile oder Möbel, die der Witterung nicht so stark ausgesetzt sind, reicht es auch als einzelnes Mittel aus, z.B. für Fußböden, Innentüren, Wandverkleidungen. Es festigt die Oberfläche des Holzes und verringert die Wasseraufnahmefähigkeit. Der im Handel erhältliche Leinölfirnis ist meist mit einem Bleisikativ (Trockenmittel) versetzt und daher nicht so zu empfehlen. Bei Livos oder Stapehr erhältst du bleifreien Leinölfirnis, der auch nicht wesentlich teurer ist.
Fußböden werden zuerst gereinigt oder geschliffen und entstaubt, dann mit einem Grundieröl (1 Teil Leinölfirnis und 1 Teil Balsamterpentinöl) gestrichen; der Überstand wird nach 20–30 Minuten mit einem Lappen entfernt. !!ACHTUNG!! Lappen, die mit Leinölfirnis getränkt sind, können sich selbst entzünden; am besten gleich verbrennen.

Der zweite Anstrich erfolgt mit 2 Teilen L. und 1 Teil B. Bei Arbeiten mit Balsamterpentinöl Gummihandschuhe tragen und gut lüften.

Borax: Wirkt fungizid, insektizid und flammhemmend, wird jedoch vom Regen ausgewaschen, muß also in diesen Bereichen mit Leinöl nachbehandelt werden. Die 5–10% Lösung sollte in heißem Wasser angerührt und auch heiß verarbeitet werden. Auch Boraxlauge sollte nur mit Gummihandschuhen verarbeitet werden!

Ein weiteres Mittel ist eine *Rindenimprägnierung*. Man stellt eine 5%ige Sodalauge aus 250 g Soda und 5 l Wasser her, läßt es aufkochen und wirft beim Abkühlen 250–500 g frische Rinde hinein. Diese Mischung läßt man 4 Wochen in einem offenen Gefäß stehen, danach wird sie eine Stunde lang gekocht. Anschließend Rindenteile abfiltern, noch mit 10% Borax versetzen und heiß auftragen. Einen Feuer- und Holzschutz-Anstrich für den Innenbereich erhält man durch Anstrich mit 1 Teil Wasserglas und 1 Teil 10%iger Boraxlösung (oder 20 Teile Wasser, 3 Teile Borax und 2 ¼ Teile Bittersalz). Falls ihr noch mehr über Holzschutz und Anstrichfarben erfahren möchtet, kann ich euch ein vor kurzem erschienenes Buch empfehlen:

Peter Weissenfeld:
„Holzschutz ohne Gift?",
Öko-Verlag, ISBN 3-922964-12-5.
120 S. 14,80 DM

Bezugsquellen: Livos Pflanzenfarben, Neustädter Str. 23–25, D-3123 Bodenteich, Tel.: 05824/1088.
Stapeler Bio Holzschutz H. Dechewitz, 2724 Horstedt/Stapel, Moorweg 29. Tel.: 04288/639.

Erläuterungen:
Soda: chemische Formel Na_2CO_3, Natriumkarbonat. Soda gibt es in der Natur in reiner Form an den Ufern von „Natron"- Seen in Ägypten und Venezuela. Soda wird seit etwa 1800 großtechnisch künstlich hergestellt.
Pottasche: chemische Formel K_2CO_3 Kaliumkarbonat. Früher wurde aus Pflanzenasche in großen Töpfen durch Auslaugung Pottasche hergestellt.
Bittersalz: chemische Formel $MgCl_2 \cdot 7\ H_2O$, Magnesiumchlorid mit 7 Molekülen Kristallwasser. Das Salz Magnesiumchlorid bindet beim Eintrocknen aus der wässrigen Lösung pro Molekül sieben Moleküle Wasser. Bittersalz schmeckt bitter.
Borax: chemische Formel $Na_2B_4O_7 \cdot 10\ H_2O$. Borax gibt es als natürliches Mineral, z.B. am Ufer eines Salzsees in Tibet. Borax wirkt schwach desinfizierend.
Holzessig: ist chemisch eine Mischung aus Essig, Alkoholen, Phenolen und vielen anderen desinfizierenden Stoffen. Holzessiggeist entsteht, wenn Holz unter Luftabschluß trocken erhitzt wird (leichter Holzteer).

Fassadengrün

Klettermaxe hält auf Berufsehre, er hat aus dem Gewinn vom letzten Diebstahl 1000 Kletterpflanzen für die Fassadenbegrünung dem Naturschutzverein gespendet. Für das Geld hätte er schließlich auch eine Leiter kaufen können.

Pflanzen als biologische „Stadtklima-Geräte" sind kostenlos, sauber, lautlos, schalldämpfend und staubschluckend. Wir bauen aber in den Städten Häuser, die größer als Bäume sind, Häuser, die die Stadtlüftung behindern und die Schlechtluft umwirbeln.
Dabei wird gegen die natürlichen Läufe, gegen die Natur gearbeitet und nicht mit ihr. Anstatt Häuser und Städte zu bauen, um uns *gegen* die Natur zu schützen, sollten wir *mit* der Natur bauen und damit auch *für* uns.
Fangen wir gleich mit Fassadenbegrünung an!
Eine Wand kann auf verschiedene Art bewachsen werden:

1. selbständige Wurzelkletterer
2. Gerüstranker
3. Spalierbewuchs
4. Heckenwände
5. hängenden Bewuchs.

1. Die Selbstkletterer brauchen keine Gerüsthilfen. Sie klettern mit Hilfe kleiner Würzelchen, die selbst in die kleinsten Wandzwischenräume eindringen, oder mit Hilfe von Haftscheiben, mit denen sich die Pflanzen verankern. Sie bilden einen gleichmäßigen, geschlossenen, schuppenartigen Blatteppich aus, der je nach Art auch immergrün sein kann. Sie wachsen langsamer als die Gerüstranker und müssen kaum geschnitten werden. Sie eignen sich besonders für hohe, schwer erreichbare Fassaden. Efeu, Heimisches Geißblatt und Weinreben sind Selbstkletterer.

2. Gerüstranker drehen sich um Drähte, Schnüre, Latten usw. und wachsen daran hoch, oder sie klettern mit Hilfe ihrer Ranken an den Gegenständen. Sie neigen dazu, wild und wirr zu wachsen, und müssen oft geschnitten werden. Da die meisten Blattwerfer sind, ist auf eine dichte Verflechtung der Triebe zu achten, um auch im Winter ausreichenden Klimaschutz zu erhalten. Zu den Gerüstrankern gehören auch eine Reihe einjähriger Gemüsepflanzen, wie Bohnen oder Erbsen. Sie wachsen sehr schnell und bringen durch das günstige Hauswandklima einen guten Ertrag. Das Gerüst kann auch eine Schnur oder Reisiggeflecht sein.
Schlangenknöterich und Wicken sind Gerüstranker.

3. Im wesentlichen gehören zum Spalierbewuchs alle Obstbaumsorten und einjährige Gemüse- und Kräuterkulturen, die angebunden werden müssen, z.B. an Balkongeländer, Holzgitterwände usw. Das Gerüst hat kaum Gewichtslast, aber oft große Windkräfte aufzunehmen.
Feuerdorn, Tomaten und Obstbäume sind Vertreter von Spalierbewuchs.

4. Hecken, Sträucher und Bäume können selbständig eine zweite Mauer vor der Wand ausbilden, die ohne

Kontakt mit der Wand hochwachsen und entsprechend den Fenster- und Türöffnungen ausgeschnitten werden. Traditionelle Beispiele gibt es in der Eifel und in Dänemark. Hecken können durch regelmäßigen Schnitt recht dicht werden und Klein- und Nebengebäude – wie Schuppen, Unterstände und Wartehäuschen – ersetzen.

5. Speziell hängende Arten bieten die Möglichkeit, selbst dort, wo kein durchwurzelbarer Boden zu finden ist, von oben die Fassade zu begrünen.

Südseite: Auf jeden Fall günstig ist blattabwerfender Bewuchs, um die Gebäudeerwärmung durch die Wintersonne zu ermöglichen.

Die außerordentlich günstige Sonneneinstrahlung kann mit Fruchtmauern von Obst-, Wein-, Gemüse- und Kräutersorten genutzt werden.

Westseite: im allgemeinen bei uns die Wetterseite. Am besten ist selbstkletternder Bewuchs als dichter Teppich. Dichte Gerüstberankung mit Abstand vor der Fassade zur Durchlüftung vor allem bei schlechter Wandqualität gibt auch im Winterhalbjahr einen dichten Schutz. Ist die Wand windgeschützt, so eignen sich ähnliche Nutzbepflanzungen wie an der Südwand.

Ostseite: Da diese Wände meist im Regenschatten liegen und durch die Morgensonne der nächtliche Tauniederschlag schnell verdunstet, trocknen sie leicht aus. Wähle eine entsprechende Art aus und gieße sie im Aufwachsstadium.

Nordseite: Wähle nur Schattengewächse aus, z.B. Efeu oder Geißblatt. Heckenwände ergeben ein gutes Wind- und Wärmeschutzpolster.

Bericht einer Jugendgruppe

Die Jugendgruppe München hat eine Fassadenbegrünungs-Aktion gemacht. Rolf Becker berichtet:

Jeder findet es schön, wenn Kletterpflanzen wie Efeu oder wilder Wein kahle Wände mit ihrem dichten, sattgrünen Blattwerk bedecken und beleben. Auch ist dies eine der einfachsten Möglichkeiten, etwas Natur in die Stadt zu bringen, wo meistens immer noch Beton und Asphalt das trostlose Bild beherrschen. Kein Wunder, wenn jede Woche Tausende von Stadtbewohnern in die Naherholungsgebiete entfliehen.

Die Pflanzen müssen nur gegossen werden und benötigen ein ganz kleines Stückchen offener Erde zum Wurzeln. Aber irgendwie paßt es den Hausbesitzern nicht, ein paar Quadratmeter ihrer ordentlichen sauberen, monotonen toten Hauswand an so eine lebensstrotzende, wildwuchernde Pflanze abzutreten. Oder die Leute glauben immer noch das völlig falsche Märchen, Kletterpflanzen würden Putz auffressen.

Um solche Vorurteile zu widerlegen und den Leuten die vielseitigen Vorteile von Pflanzenfassaden nahezubringen, werden wir Infostände, Informationsmaterial und weitere Aktionen organisieren und zur Fassadenbegrünung aufrufen. Vor allem mit der Hilfe von Andi Pöllinger werden wir auch möglichst viele Pflanzaktionen selber durchführen und suchen dafür Hausbesitzer, die damit einverstanden sind.

Am 11. und 12. Juni stand unser erster Infostand zur Aktion Grüne Wände beim Stadtteilfest Maxvorstadt am Roncalliplatz, und am selben Samstag wurde unsere erste Pflanzaktion vom WDR gefilmt. Wir arbeiten mit der Gruppe Urbanes Wohnen in München zusammen, und unsere Aktion wird von der Stadt München, dem Zentralverband Gartenbau und dem Bayrischen Landesverband für Gartenbau und Landespflege unterstützt. Die überzeugenden Argumente für Pflanzenfassaden haben wir auf unserem Flugblatt so zusammengefaßt:

Wärmeisolation: Eine dicht wachsende Kletterpflanze bildet mit ihren Blättern einen Pflanzenpelz und ein stehendes Luftpolster zwischen Pflanze und Wand, die den Wärmeverlust an der Außenwand um bis zu 30% vermindern.

Schallschutz: Der Pflanzenteppich an Fassaden schluckt den Straßenlärm, der sonst an den kahlen Wänden

reflektiert wird und sich ungedämpft ausbreitet.
Luftreinigung: An der Wachsschicht der Blätter bleibt Staub aus der Luft hängen und wird vom Regen abgewaschen oder von der Pflanze gebunden. Ebenso binden die Pflanzen auch Schadstoffe.
Gebäudeschutz: Der Pflanzenmantel schützt den Putz, indem er Regen, Nässe, Sonnenstrahlung und Wind abhält. Die Angst, daß Kletterpflanzen den Putz zerstören würden, ist unbegründet, da die Haftwurzeln nur an der Oberfläche haften und sogar der Wand Feuchtigkeit entziehen. Im übrigen bezeugen Häuser mit sehr altem Pflanzenbewuchs, daß die Fassadenbegrünung auch auf lange Zeit schützend und nicht schädigend wirkt. Außerdem entziehen die weitverzweigten Wurzeln dem Boden Wasser und schützen damit auch Kellerwände vor Feuchtigkeit.
Hitzeschutz: Der Pflanzenpelz reflektiert und absorbiert im Sommer die Sonneneinstrahlung beträchtlich, es entsteht im Haus ein ausgeglicheneres Klima.
Sauerstoffproduktion: Die Kletterpflanzen entnehmen der Luft Kohlendioxid, geben dafür Sauerstoff ab und verbessern damit die Atemluft in der Stadt.

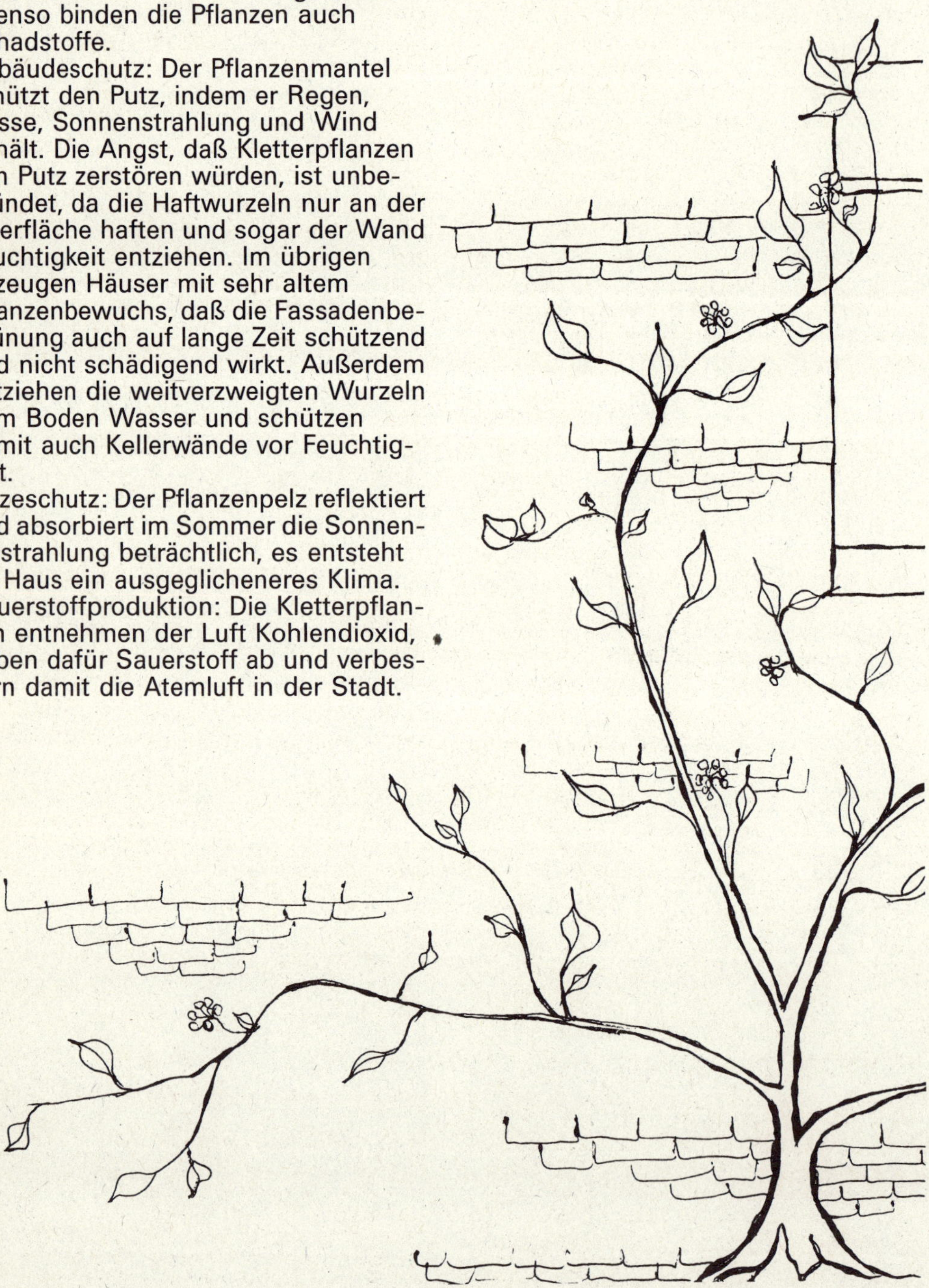

Fassadenlehrpfad in		Rundweg in Minuten mit dem Fahrrad / zu Fuß	
	Straße/Haus	Pflanzenarten	Alter, Fläche / Besonderes
1			
2			
3			
4			
5			
6			
7			
zur Ergänzung auf diese Seite ein passendes Blatt ankleben			

Lärm

Beate steht auf dem Balkon ihrer Wohnung an der Hauptverkehrsstraße. Sie schreit zu ihren Nachbarn auf dem Nebenbalkon hinüber: „Es ist zu laut hier, bei dem Verkehr."
Die Nachbarn zucken die Schultern und machen mit den Händen einen Ruf-Trichter: „Wir verstehen nichts, es ist zu laut hier bei dem Verkehr."

Lärm Straßenlärm Verkehrslärm Flugzeuglärm laute Musik Preßlufthammer Krach Getöse Hupen Arbeitslärm Baustellenlärm Freizeitlärm Maschinenlärm Fußballplatzlärm Schiffahrtslärm Motorradlärm Gebrüll Kompressorenlärm

Diese Liste läßt sich beliebig vergrößern. Fünf Sinne hat der Mensch. Doch oft wird das Gehör dabei an letzter Stelle genannt. Wohl einfach deshalb, weil uns das Hören so selbstverständlich ist.
Das gesunde Gehör ist ununterbrochen, das ganze Leben lang aufnahmebereit: Solange wir wach sind, empfängt es einen Strom von Botschaften, die gefiltert und geordnet werden, die gespeichert werden oder ein unmittelbares Handeln auslösen. Selbst während des Schlafs ruht der Gehörsinn nicht – nur wacht dann unser Nervensystem darüber, welche Botschaften vom Gehör ins Bewußtsein dringen und unseren Schlaf unterbrechen dürfen. Schließe deine Augen für eine Weile und höre, welche Geräusche um dich herum sind. Als Lärm gilt nun jede Art von Schall, der von Menschen als Störung und Belästigung empfunden wird. Da jeder Mensch unterschiedlich empfindlich auf Geräusche reagiert, ist diese Definition ziemlich vage.
Gemessen wird der Schalldruck, den eine Schallwelle auf das Trommelfell ausübt. Als Meßgröße für den Schalldruckpegel wird dabei das Dezibel – abgekürzt dB (A) – verwendet.
Der Schalldruck ist eine rein physikalische Größe, die für das menschliche Ohr eigentlich nicht günstig ist. Deswegen verändert man diese Größe mit einer Korrektur; die häufigste „Bewertung" wird mit (A) gekennzeichnet.
Die Schwelle der Hörbarkeit von Geräuschen liegt bei 0 dB (A).
Schallereignisse über 130 dB (A) empfinden die Menschen als schmerzhaft.

Alltagsgeräusche:

Blätterrauschen	10–40 dB
Flüstern	30 dB
Weckerticken in 1 m Entfernung	25–35 dB
Atemgeräusch eines Schlafenden	25 dB
Laute Unterhaltung	75 dB
PKW-Geräusch am Fahrbahnrand bei 50 km/h	70–80 dB
bei 100 km/h	80–90 dB
Preßlufthammer, 7 m Entfernung	110 dB
Düsenflugzeug 50–100 m	110 dB

Die Zunahme um 10 dB nimmst du als doppelte Lautstärke wahr.

Ein alltäglicher Tag?
– Mit 65 bis 80 dB reißt uns das Rasseln des Weckers aus dem Schlaf.

– Mit 70–90 dB des Rasierapparates und 70 dB der Kaffeemühle beginnen wir das Tageswerk.
– Dann lassen wir uns mit 50–70 dB Radiomusik berieseln.
– Auf dem Weg zur Schule oder zur Arbeit dröhnen uns dann 80 dB Verkehrslärm entgegen.
– Manche sind dann am Arbeitsplatz stundenlang 80–90 dB und kurzzeitig auch viel mehr ausgesetzt.
– Zwischendurch erschrecken uns 110 dB eines Düsenflugzeugs.
– Abends dann ins Bierzelt zum Erholen bei 80 dB oder in die Disco bei 100 dB.
– Oder vielleicht doch lieber vor dem Fernsehapparat 70 dB.
– Und dann lassen wir uns mit 25–35 dB von unserem Wecker wieder in den Schlaf ticken.

Geh mal einen Tag mit offenen Ohren herum. Welche Geräusche sind dauernd um dich? Auf welche hörst du schon gar nicht mehr? Wann stört dich ein Geräusch? Wann findest du es angenehm? Nimm mal z. B. den Verkehrslärm. Mit Kassettenrecorder und Mikrofon könnt ihr einfache Versuche dazu machen.
Um Geräusche gut aufzunehmen, brauchst du ein Richtmikrofon. Du kannst es aus einem normalen Mikrofon und ½ Kunststoffball zusammenbasteln.
Der halbe Ball wirkt wie unsere Ohrmuschel, die wir auch in Richtung eines Geräusches halten können, um besonders deutlich zu hören. Bei Tieren, die wild lebend ihre Feinde oder ihre Beute von weitem hören müssen, sind die Ohren oft beeindruckend groß und beweglich.

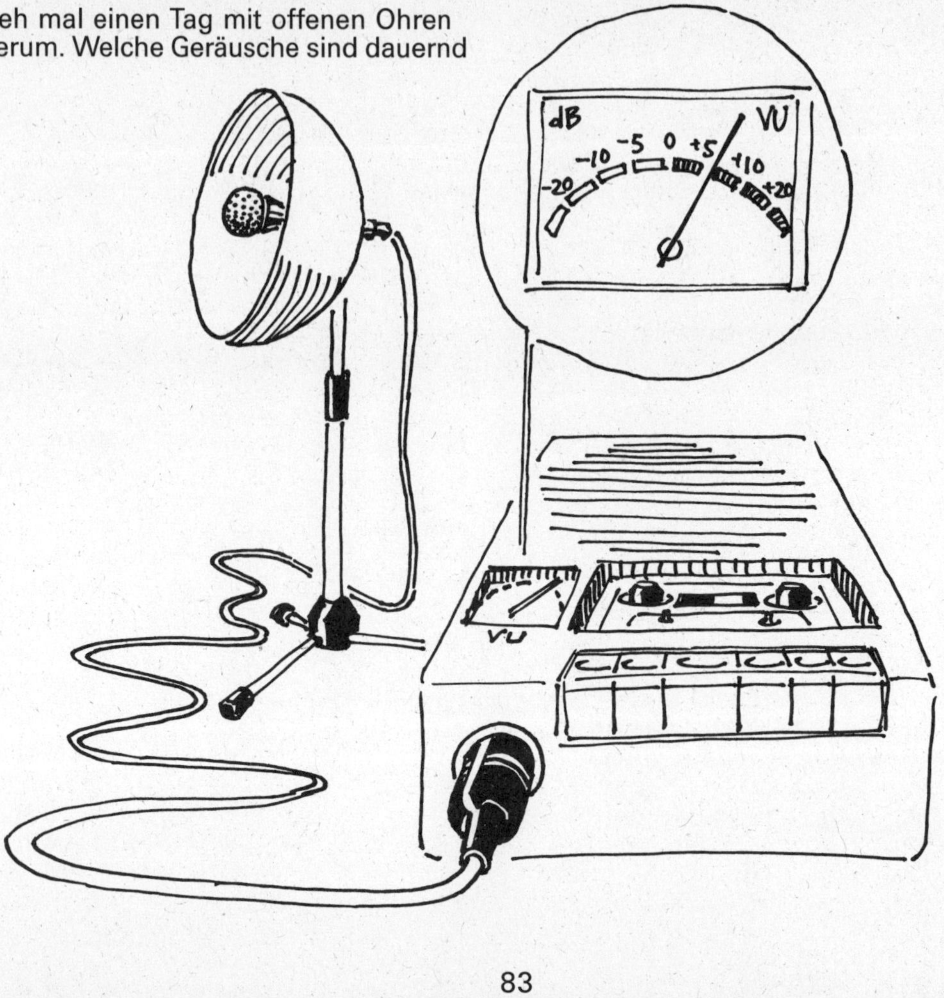

Und nun die Anleitung zum Bau eines physikalischen Ohres:

1. Teile den Kunststoffball in zwei Hälften.
2. Mache in eine Hälfte ein Loch, damit das Mikrofon durchgesteckt werden kann.
3. Halte das Richtmikrofon in die Richtung einer Schallquelle und schalte deinen Kassettenrecorder auf Aufnahme.

Nimm als Schallquelle z.B. einen laufenden Rasenmäher in etwa 50 Meter Entfernung. Stelle dich mit deinem Mikrofon so, daß du hinter dem Rasenmäher viel freies Feld hast. Du darfst nämlich keine Schallreflexionen mitmessen.

4. Versuche nun durch Hin- und Herschieben des Mikrofons die beste Stellung im Kunststoffball zu bekommen, d.h. die beste Verstärkung des gewünschten Geräuschs. Stell dich an eine befahrene Straße und nimm den Verkehrslärm direkt auf. Beobachte den Aussteuerungspegel des Kassettenrecorders. Schalte nicht auf automatische Aussteuerung. An manchen Kassettenrecordern kannst du die dB-Zahl direkt ablesen.

Es gibt auch Aufnahmegeräte ohne markierte Skala. Verstelle dann den Aufnahmeregler so, daß der Zeiger des Anzeigeinstrumentes auf 0 dB oder auf der Grenze zwischen dem grünen und roten Bereich steht.

5. Für die Stellung des Drehknopfes oder Schieberreglers kannst du eine eigene Skala aus Millimeterpapier aufkleben. Die Meßwerte sind nun nicht absolut in dB (A) abzulesen, sondern relativ zueinander zu vergleichen. Für unsere einfachen Versuche zum Lärm reicht der Vergleich der Werte untereinander aus.

Miß denselben Straßenlärm hinter einer Hecke oder einem Baum: Wie verändert sich der Schallpegel? Vor einer Betonmauer: Wieviel Lärm reflektiert sie? Miß denselben Verkehrslärm von einer Wohnung aus, beobachte den Schallpegel: Wie sieht es mit Einfachfenster, Isolierfenster, Verbundfenster aus?

Schreibt ein „Protokoll" (zu zweit geht das besser), in dem ihr zu einer Messung die Schallquelle, Entfernung, vorhandene Schallisolierungen und auch mögliche Reflexionen notiert.

Macht eure Hörerlebnisse und Untersuchungen öffentlich. Macht andere auf eure Ergebnisse aufmerksam. Es gibt viel zu wenige, die aktiv hören.

Für eine Aktion zum Thema Lärm könnt ihr anhand eurer Untersuchungen mit dem Kassettenrecorder darstellen, welche Materialien schalldämmend sind und welche nicht, wie eine gute lärmisolierte Wohnung aussieht, was an der Straße verändert werden kann, damit es zu weniger Lärmbelästigung kommt. Eine Collage mit Bildern von Dingen, die Lärm machen, und auf der anderen Seite von Dingen, die angenehme Töne von sich geben, unterstreicht eure Dokumentation.

Lärm ist keine Macht des Schicksals, sondern von den Menschen gemacht: Oft dröhnt das Radio während einer Unterhaltung. Das Radio hat auch eine Aus-Taste. Wenn man sie drückt, braucht man nicht so laut zu reden.

Viele Musikveranstaltungen sind einfach zu laut. Man kann die einzelnen Instrumente nicht mehr unterscheiden, von Musikgenuß ist gar keine Rede mehr. Ich denke, daß es unnötig ist, am nächsten Morgen noch ein Dröhnen im Kopf zu hören, das wohlbemerkt nicht vom Alkohol, sondern von der Musik kommt. Redet mit den Musikern. Sie sind auf das Gehör des Publikums angewiesen, da sie auf der Bühne die Lautstärke nicht hören.

Hochtourig betriebene Mopeds und Mofas machen einen unnötigen Lärm. Man kann sich auch ganz aktiv für Möglichkeiten der Verkehrsberuhigung einsetzen.

Lärmbewußt autofahren, das heißt:
– maßvolles Beschleunigen
– nicht unnötig den Motor leerlaufen lassen
– niedertouriges Fahren, also im hohen Gang
– vorgeschriebene Geschwindigkeit einhalten, besonders in Wohngebieten.

LÄRM
Rata
tata!!
RÖDEL
RÖDEL
DONNER
DONNER
HUUUP!
WÄH!
Abb. 27

Straßenverkehr

Willi ist dick wie ein Faß und holt sich Rat beim Arzt. Der sagt: „Geh zur Kur nach Baden-Baden, dann wird es besser." Acht Wochen später ist Willi wieder beim Arzt, um sich zu beschweren, er sei sogar noch dicker geworden. Doch der Arzt rechtfertigt sich: „Geh zur Kur, habe ich gesagt, aber bist du gegangen? Ins Auto hast du dich gesetzt und bist gefahren, da bist du selber schuld!"

Jeder Blick auf eine Straßenkarte zeigt, daß unser Land von einem mehr oder weniger dichten Netz von Verkehrswegen überzogen ist. Wert und Nutzen solcher Kommunikationsadern für die Qualität unseres Lebens sollen durchaus anerkannt und nicht prinzipiell bestritten werden. Es ist aber allerhöchste Zeit, dem Nutzen des Verkehrswegebaus auch diejenigen Folgen – durch den Verkehr sterben jährlich über 13.000 Menschen – gegenüberzustellen, die sich als nachteilig für bestimmte andere Bereiche unseres Lebens erweisen.

Zunächst ist festzustellen, daß jede Verkehrsader Raum beansprucht, der im wesentlichen anderer Nutzung verlorengeht, und unser Raum ist bekanntlich nicht vermehrbar. Betrachtet man die Entwicklung der letzten 20 Jahre, so stellt man fest, daß die Verkehrsflächen exponentiell zunehmen, besonders deutlich seit 1970, während die Bevölkerungszahl der Bundesrepublik stagniert oder sogar sinkt. Seit 1960 wird in der Bundesrepublik täglich eine Fläche von 50 Hektar für den Straßenbau verbraucht.

Heute entfallen auf je 1.000 qkm Fläche in der Bundesrepublik fast 700 km überörtliche Verkehrsstraßen. Insgesamt sind bisher 6.250 qkm Fläche für den Straßenverkehr asphaltiert worden. Das ist doppelt soviel wie die Fläche des Saarlandes. Zu diesen 6.250 qkm müssen weitere 80.000 qkm (200 m beidseits der Straße) als nur „eingeschränkt nutzbares Umfeld" aufgrund der Umweltbelastungen durch den Straßenverkehr (z. B. Lärm) hinzugerechnet werden.

Jede Straße bedeutet eine Zerschneidung der Landschaft. Diese trennende Wirkung ist oft so stark, daß sich beiderseits der Straße selbst in einheitlichen Landschaften gänzlich unterschiedliche Nutzungen entwickeln. Das gilt für die Land- und Forstwirtschaft ebenso wie für die Nutzung als Siedlungsraum oder als Erholungsraum. Außerdem sind Straßen bedeutsame Ausbreitungsschranken für viele Tiere, weniger für Pflanzen. Das gilt für die meisten bodenbewohnenden Arten, speziell für viele Gliedertiere, z. B. Spinnen und Insekten. Aber auch Wirbeltiere sind davon betroffen. Der jährliche Verlust an Säugern durch Straßentod beläuft sich in der Bundesrepublik beim Rotwild auf 7%, beim Schwarzwild auf 5% und beim Hasen immerhin auf 12%. Für den zu Tausenden getöteten Igel und viele Kleinsäugerarten liegen leider keine Zahlen vor. In England rechnet man mit einem jährlichen Verlust von 2,5 bis 3 Millionen Vögeln auf den Straßen.

Mag bei den genannten Arten offen-

bleiben, ob die Verluste an die biologische Substanz des Bestandes gehen, also zur wirklichen Bestandsverminderung führen, so ist das für bestimmte Amphibienarten ganz gewiß. Eine Population von Erdkröten, die zur Laichwanderung eine Straße überquert, wird je nach Verkehrsdichte durchschnittlich innerhalb von 4 bis 8 Jahren ausgerottet.
Da unsere Straßen ein Netz bilden, schließen sie unzerschnittene Flächen ein, die man auch als Inseln ansehen kann, weil sie wegen der erschwerten Ausbreitungs- und Wanderungsbedingungen eindeutigen Isolationseffekten unterliegen. Man darf von einer „Verinselung" der Landschaft sprechen. Das Ausmaß dieser Verinselung zeigt jede Straßenkarte.
Die Inselgröße ist von der Besiedlungsdichte und diese von den naturräumlichen Voraussetzungen abhängig; sie ist daher durchschnittlich in den einzelnen Landschaftseinheiten verschieden groß. Sie beträgt für den klassischen Erholungsraum Schwarzwald rund 12 qkm, für einen angrenzenden, intensiv landwirtschaftlich genutzten Raum rund 6 qkm und für den noch relativ einsamen Raum der Südwestalb immerhin rund 14 qkm. In dem mittelstädtischen Verdichtungsbereich im Umland der Doppelstadt Villingen-Schwenningen (Baden-Württemberg) beträgt die durchschnittliche Inselgröße nur etwa 2,6 qkm (siehe Abbildung).
Bislang haben wir nur den direkten Landschaftsverbrauch durch Straßenbau und einige seiner Folgen betrachtet. Der Straßenverkehr wirkt aber mit folgenden Schadfaktoren auf den Naturkreislauf und die Landschaft ein:
1. Durch Abgase (chemische und biochemische Einwirkung auf Mensch, Pflanzen, Tierwelt und Boden). Die Autofahrer verbrauchen 28 Prozent des Mineralöls und verbrennen es zu 420 Milliarden Kubikmeter Abgasen. Annähernd 50% der Stickoxidemissionen in der Bundesrepublik Deutschland werden durch die Auspuffrohre der Kraftfahrzeuge geblasen. Gleichfalls auf den Verkehr zurückzuführen sind 70% des Gesamtausstoßes an Kohlenmonoxid und 40% der Gesamtemission an Kohlenwasserstoffen.
2. Durch Abriebstoffe von Fahrzeugen, besonders von Reifen und von Straßenbelag, sowie durch Korrosionswirkung an den Fahrzeugen (mechanische Teilchen mit teilweise chemischer Wirkung ähnlich 1. und teilweise krebserregenden Stoffen).
3. Durch Öl- und Benzinreste (Gefährdung und Verunreinigung von Boden und Grundwasser).
4. Durch Auftausalze (mechanische Sprengwirkung und Schädigung bzw. Vernichtung von Pflanzen und Tieren).
5. Durch Fahrzeuge bei Unfällen (mechanische Zerstörung etwa von Bäumen).
Die Wirkungen der Schadstoffe auf die Umgebung der Straße, die oft landwirtschaftlich genutzt wird, sind weit gefährlicher als die durch Lärm oder den sogenannten „einfachen Unfall" (also nur mechanische Folgen, ohne den Austritt von Benzin oder Öl). Die Anreicherung der genannten Schadstoffe in Pflanzen für die Nahrungserzeugung (Nutzpflanzen) oder im Boden kann langfristig zu echter und gefährlicher Umweltzerstörung führen, selbst wenn gegenwärtig die festgestellten Werte unbedenklich erscheinen. Denn im Gegensatz zu Abwasser und Abgasen ist es bisher nicht möglich, den Boden auf technische Weise von den Umweltbelastungen zu reinigen.
So wirkt sich die winterliche Straßensalzung auf Pflanzen und Boden in einem Bereich von 20 Meter bis über 200 Meter beidseits der Straße mit einer jährlich fortschreitenden Bodenversalzung von einigen Dezimetern aus.
Bleianreicherungen sind besonders längs Straßen mit hoher Verkehrsdichte bis zu 50 Meter, maximal bis zu 200 Meter Entfernung beidseits der Straße nachzuweisen (Bleigehalte bis 700 ppm). Mit zunehmendem Bleiangebot im Boden steigt auch der Bleigehalt in der Pflanze (bis 300 ppm).

Eine Anreicherung von Cadmium ist bei Regenwürmern bis 50 Meter beidseits von Straßen zu belegen, eine weitere Anreicherung über die Nahrungskette erscheint damit sicher. Das Cadmium wird über die Verbrennung von Motorölen (mittlerer Cadmiumgehalt 0,5 ppm) eingetragen, ferner natürlich über den Abrieb der Gummireifen. Der Cadmiumgehalt des Gummis (20 bis 90 ppm) kommt von der Anwendung von Zinkverbindungen bei der Vulkanisierung. Cadmium wird wie Zink von den Pflanzen leicht aufgenommen. Entsprechend weit reichen auch Kohlenwasserstoffe sowie der Reifen- und der Straßenabrieb. So setzt die Biologische Bundesanstalt für Land- und Forstwirtschaft einen Belastungsgürtel I „mit erkennbaren Schäden" auf 50 Meter beiderseits der Straße an. Realistischer ist der Belastungsgürtel II mit 200 bis 250 Metern beidseitig angesetzt.
Das würde die Größe der erwähnten tatsächlich intakten und unbelasteten Inseln zwischen den Straßen erheblich einengen. Der wirkliche Raumverbrauch des Straßenbaus durch Belastung und Entwertung der Landschaft würde um den Faktor 10 bis 50 steigen. Bisher durchgeführte Messungen lassen zudem erkennen, daß unterschiedliche meteorologische Bedingungen einen großen Einfluß auf die Schadstoffkonzentrationen in Straßennähe ausüben. So unterscheiden sich z.B. die gleichzeitig rechts und linksseitig einer Autobahn gemessenen Immissionen um ein Vielfaches. Bei Inversionswetterlagen (mit sehr austauscharmen Atmosphärenschichtungen) liegen die Schadstoffkonzentrationen in 100 Meter Entfernung von der Quelle noch auf dem gleichen Niveau wie bei normalen Wetterlagen in 10 Meter Entfernung.
Nimmt man noch den Verkehrslärm hinzu, der ja gerade für Erholungsräume von wesentlicher Bedeutung ist, so sieht die Bilanz noch erheblich ungünstiger aus. Die Lärmemission ist zwar u.a. abhängig von der Verkehrsfrequenz und von der Bodenbedeckung, doch sind die Lärmbänder selbst an Straßen mit weniger als 4000 Kraftfahrzeugen pro Tag noch immer 200 Meter auf jeder Seite breit, und stärker frequentierte Straßen entwickeln Lärmbänder von bis zu 500 Meter beidseits. Dabei spielt die lärmdämmende Wirkung der Bodenbedeckung nur eine untergeordnete Rolle. Somit kann man sich ausrechnen, was von den „Inseln der Ruhe" zwischen den Straßen übrigbleibt. Man wird auch in einem klassischen Erholungsgebiet kaum eine Insel finden, in welcher man auch nur eine Stunde lärmfrei wandern kann.

Messung der Geschwindigkeit und der Verkehrsdichte

Ein paar von euch können die Geschwindigkeitsmessung machen, die anderen die Verkehrsdichte messen. Am besten ist's, wenn ihr die Tabellen schon zu Hause angelegt habt. Dann müßt ihr nur noch die Uhrzeit und die Striche pro Fahrzeug eintragen. Wechselt ungefähr alle Viertelstunden das Papier, d.h. nicht zu viele Striche auf eine Seite machen, da sonst das Auszählen erschwert wird.
Vergleicht die Ergebnisse miteinander. Werden die Geschwindigkeitsbegrenzungen eingehalten? Könnt ihr eine Einschätzung machen, wohin die Menschen mit dem Fahrzeug fahren – Stadtverkehr oder Fernverkehr? Wie könnte eine Verkehrsberuhigung aussehen? Wieviele Fahrradfahrer gab es – welche Verbesserung könnt ihr euch für Fahrradfahrer vorstellen? Könnt ihr einschätzen, ob nur eine Person im Auto war oder mehrere?
Wertet eure Ergebnisse aus und tragt sie in der Stadtratsitzung vor. Eine Tabelle über die ausgerechnete Verkehrsdichte und die Geschwindigkeit unterstreicht euer Anliegen und verdeutlicht es.
Wenn eine neue Straße oder eine Straßenvergrößerung geplant ist, wird oft mit der immer höher werdenden Verkehrsdichte argumentiert. Beim genaueren Betrachten der Argumente

kannst du oft erkennen, daß dazu ältere Statistiken herangezogen werden. Macht eine aktuelle Verkehrszählung und Geschwindigkeitsmessung. Ihr bekommt so einen Überblick über das, was auf der Straße abläuft, und könnt sichere Daten aufweisen.
Untersucht eine Straße zu unterschiedlichen Zeiten: morgens, Hauptberufsverkehr, nachmittags, abends usw. Sucht euch einen günstigen Platz aus, wo ihr den Verkehr beobachtet – ihr könnt die Messung auch 100–200 m neben der Straße durchführen, es stinkt da nicht so sehr.
Du brauchst: eine Stoppuhr, Schreibzeug, vorher angefertigte Tabellen. Stecke nun für die Geschwindigkeitsmessung 100 m oder 200 m an der Straße ab, merke dir die Begrenzung: ein Baum oder ein Hausgiebel z. B. Miß nun, wieviel Sekunden das Auto für diese Strecke braucht.

km/h	100 m	200 m
10	36 sec.	72 sec.
20	18	36
30	12	24
40	9	18
50	7,2	14,4
60	6	12
70	5,1	10,2
80	4,5	9
90	4,0	8
100	3,6	7,2
110	3,27	6,54
120	3	6
130	2,77	5,54
140	2,57	5,14
150	2,4	4,8
160	2,25	4,5
170	2,11	4,22

Trotzdem – Autofahren?
Für das Auto, so scheint es, ist uns nichts zu teuer. Bereitwillig nehmen wir eine Verdoppelung des Benzinpreises hin, ohne daß sich dadurch die Anzahl der gefahrenen Kilometer auf den Straßen der Bundesrepublik wesentlich verringern würde. Immer noch werden nicht wiederherzustellende, einmalige Landschaften für Autobahnen geopfert, ohne auch nur einen handfesten Beweis für ihren ökonomischen Nutzen zu haben. Dabei bleiben die sogenannten „sozialen Kosten" des Autoverkehrs noch unberücksichtigt (Unfallkosten, Lärmschutzanlagen, Verkehrssicherungsanlagen etc.).
Ist euch bekannt, daß der Kraftfahrzeugverkehr bei Berücksichtigung der durch ihn verursachten sozialen Kosten sich nur zu einem Viertel selbst trägt, also drei Viertel der Kosten von der Allgemeinheit aufgebracht werden müssen?
60% aller innerstädtischen Wege sind in der Bundesrepublik nicht länger als drei Kilometer. Dennoch werden 39% dieser Wege mit dem Auto zurückgelegt. Gerade in den Großstädten hat daher die Luftverschmutzung ein erschreckend hohes Ausmaß angenommen. Dazu haben die 24 Millionen in der Bundesrepublik angemeldeten Kraftfahrzeuge wesentlich beigetragen. Unsere Kraftfahrzeuge verbrauchen Jahr für Jahr ein Viertel des gesamten Mineralöls. Doch die Zeiten des großen Ölrausches sind vorbei! Die Autoproduktion verbraucht riesige Mengen von Rohstoffen; mit den ausrangierten Autos ergeben sich enorme Abfallprobleme.
Worauf der „Trotzdem-Autofahrer" wenigstens achten sollte, zeigen wir unter den folgenden Punkten auf:
1. Erdöl ist ein kostbarer und erschöpflicher Rohstoff. Und Benzin ist teuer. Deshalb: Schon beim Kauf Ihres Wagens sollten Sie auf den Benzinverbrauch achten. Wenn der Motor technisch einwandfrei und richtig eingestellt ist, sind das die besten Voraussetzungen für einen günstigen Kraftstoffverbrauch.
Deshalb sollte regelmäßig die Vergaser- und Zündeinstellung kontrolliert werden, ebenso wie die Verschmutzung des Luftfilters. Ist der Luftfilter verschmutzt, muß er entweder gereinigt oder erneuert werden. Der Benzinverbrauch sinkt, wenn verbrauchte Zündkerzen erneuert werden.

Achten Sie beim Kauf auf eine elektronische Zündanlage, weil dadurch die Abgaswerte konstant auf niedrigem Wert gehalten werden. Achten Sie auch auf asbestfreie Bremsbeläge. Dadurch können keine krebserregenden Asbestfasern durch die Bremsvorgänge in die Umwelt gelangen. Legen Sie Wert auf ein energiesparendes 5-Gang-Getriebe, weil damit die Drehzahlen niedriger, der Spritverbrauch geringer, die Abgase und der Lärm deutlich herabgesetzt werden. Achten Sie auch auf einen günstigen Luftwiderstand (cw-Wert kleiner als 0,33) und auf Motorabschaltung im Leerlauf.

2. Niedriger Luftdruck in den Reifen steigert den Benzinverbrauch. Der Rollwiderstand der Reifen wird größer. Der Abrieb der Reifen erhöht sich.
Deshalb: Prüfen Sie regelmäßig den Luftdruck Ihrer Autoreifen. Bei Beladung des Fahrzeugs sollten Sie den Reifendruck entsprechend der Betriebsanleitung erhöhen, um damit den Kraftstoffverbrauch günstig zu beeinflussen.

3. Autofahrer sind Kavaliere der Straße, oder?
Deshalb: Nur im äußersten Notfall hupen. Kein unnötiges Hochjagen des Motors, vor allem nicht in den niedrigen Gängen. Kein „sportliches" Spiel mit dem Gaspedal vor Ampeln und bei ähnlichen Gelegenheiten. Auch keine „Lärm-Korrekturen" am Auspuff. Sie können mehr Kilometer mit weniger Sprit fahren, wenn Sie den ersten Gang nur zum Anfahren benutzen (nur eine halbe Wagenlänge lang). Möglichst früh hochschalten und möglichst immer im mittleren Drehzahlbereich fahren. Das erreichen Sie durch rechtzeitiges Hoch- bzw. Zurückschalten. Zu starkes Beschleunigen und unnötiges Bremsen führen auch zu erhöhtem Kraftstoffverbrauch.

4. Benzin sparen können Sie auch dadurch, daß Sie den Motor vor Antritt der Fahrt nicht erst lange warmlaufen lassen, sondern gleich losfahren. Auch unnötiger Ballast steigert den Benzinverbrauch. Montieren Sie also unbenutzte Dachständer oder Skihalter ab, und lassen Sie unnötige Gegenstände nicht im Kofferraum liegen. Wer mit leerem Dachgepäckträger fährt, verbraucht 12% mehr Sprit; mit beladenem Gepäckträger schafft man ca. 20 – 25% Mehrverbrauch.
Bei 100 kg Zuladung verbrauchen Sie auf 100 km rund 1 Liter Kraftstoff mehr. Entrümpeln Sie also gelegentlich Ihren Kofferraum.
Wer mit Höchstgeschwindigkeit auf der Autobahn fährt, verbraucht ebenfalls unverhältnismäßig mehr Benzin. Halten Sie sich an „Tempo 100".

5. Abgase verursachen Krankheiten bei Mensch und Pflanze, Zerstörungen an Gebäuden und so weiter.
Deshalb: Sagen Sie Ihrem Autohändler, daß Sie mehr Wert auf niedrige Abgaswerte, geringen Treibstoffverbrauch und verschleißfreie Konstruktion legen als auf modischen Zierrat und technische Spielereien.

6. Die Luft in Städten und Verdichtungsgebieten ist manchmal zum Schneiden dick. Jedermann muß mithelfen, die Luft zu entlasten. Gerade auch Autofahrer.
Deshalb: Bei längeren Stops (Bahnschranke, Einkauf, Stauungen, längere Ampelperiode) Motor abstellen. Bei drei Minuten Leerlauf verbraucht der Motor soviel Kraftstoff wie bei 1 km freier Fahrt. Schon nach einer halben Minute Leerlauf hat Ihr Motor mehr Abgase produziert als durch Abschalten und erneutes Anlassen!
Autofahrer verbrennen den Kraftstoff im Jahr zu 420 Milliarden Kubikmetern (420.000.000.000 cbm) Abgasen und schlucken den größten Teil dieser Autoabgase auch noch selbst.

7. Wenn Sie die Raumkapazität Ihres Autos voll nutzen und zu viert täglich die gleiche Strecke fahren, können Sie leicht bis zu 70% der Fahrkosten einsparen und die Umwelt spürbar entlasten.
Deshalb: Bilden Sie Fahrgemeinschaften! Hören Sie sich deshalb am Arbeitsplatz und in der Nachbarschaft einmal um, ob jemand zusammen mit Ihnen fahren könnte, oder ob Sie selbst bei einem Kollegen mitfahren können.

8. Auch für Fahrgemeinschaften gilt die Kilometerpauschale! Jeder Arbeitnehmer kann für Fahrten, die er mit seinem eigenen Wagen zwischen Wohnung und Arbeitsstätte macht, einen Pau schalbetrag von 0,42 DM pro Kilometer als Werbungskosten von der Steuer absetzen. Wer sich von anderen mitnehmen läßt und dem Fahrzeughalter dafür seinen Anteil an den Fahrtkosten erstattet, kann gegenüber seinem Finanzamt denjenigen Betrag steuerlich geltend machen, den er hierfür entrichtet hat.

9. Unbestreitbar kann Lärm zu Gesundheitsgefährdungen führen. Man mißt Lärm in Dezibel = dB (A). Die früher übliche Bezeichnung „Phon" wird nicht mehr benutzt. Hier einige Beispiele für Schallpegel:

Kraftwagen	80–90 dB (A)
Preßlufthammer	90–100 dB (A)
Düsenflugzeug	120–130 dB (A)

Unter allen Lärmbelästigungen zählt der Verkehrslärm zu den am meisten verbreiteten Lärmursachen. Durch bewußte Fahrweise läßt sich der Lärm im Stadtverkehr erheblich verringern.

Deshalb: – Halten Sie die vorgeschriebene Geschwindigkeit ein.
- Beschleunigen Sie maßvoll, bremsen Sie sachte.
- Fahren Sie niedertourig, also im hohen Gang, hohe Motordrehzahlen meiden,
- Vermeiden Sie unnötige Überholmanöver,
- Vermeiden Sie Türenschlagen.

10. Auch im Auto haben Aschenbecher eine bestimmte Funktion. Sie sind nicht zur Zierde da.
Deshalb: Zigarettenkippen und Bonbonpapier nicht aus dem Fenster werfen! Auch den Ascher in der nächsten Mülltonne entleeren!

11. Gibt es in Ihrem Wagen einen Abfalleimer?
Solche Abfallbehälter gibt es an Tankstellen oder in Fachgeschäften. Man kann sich jedoch auch selbst (billiger) helfen: Nehmen Sie eine kleinere Plastiktüte und befestigen Sie diese mit einem breiten Klebestreifen (z.B. tesa-pack) auf der „hinteren" oberen Kante der Tüte, z.B. an der Autotür. In Zukunft wissen Sie dann genau, wohin Sie ihre Abfälle tun: nicht aus dem Fenster werfen, sondern in den Abfallbehälter.

12. Stadtfahrten mit dem Auto sind teuer, kosten viel Zeit, strapazieren Nerven, machen aggressiv, verstopfen die Straßen, verschwenden Energie und verpesten die Luft. Besonders umweltbelastend und teuer sind Kurzstreckenfahrten. Ein kalter Motor verbraucht gut und gerne bis zu 40% mehr Sprit als normal und verpestet dabei unnötig die Luft.
Deshalb: Benutzen Sie lieber öffentliche Verkehrsmittel oder noch besser: Gehen Sie mal wieder zu Fuß oder nehmen Sie für kurze Strecken mal das Fahrrad. Das ist nicht nur umweltschonend, sondern auch noch billig und gesund.

13. Der ADAC hat ausgerechnet, daß an verkaufsoffenen Samstagen allein der Parkplatzsuchverkehr bis zu 75% des gesamten Straßenverkehrs ausmacht. Im zähflüssigen Stadtverkehr mit häufigem Anhalten und Anfahren sind die Abgasemissionen und der Benzinverbrauch extrem hoch.
Deshalb: Machen Sie Ihre Einkaufsfahrten in die Stadt am besten mit öffentlichen Verkehrsmitteln. Dabei sparen Sie viel Zeit, Geld (z.B. Parkgebühren) und Nerven . . .

14. Das „Park & Ride"-System soll die Innenstädte vom Autoverkehr entlasten. Nutzen Sie diese Möglichkeit, die schon in vielen Städten angeboten wird: Stellen Sie ihr Auto auf den eigens dafür eingerichteten Parkplätzen an den Stadtgrenzen ab und fahren Sie anschließend mit den öffentlichen Verkehrsmitteln in die Innenstadt.

15. Der Mensch atmet nicht nur durch Nase und Mund, sondern auch durch die Haut. Auf diese Weise können in beträchtlichem Maße Schadstoffe und Umweltgifte in den Körper gelangen.
Deshalb: Waschen Sie Ihre Hände nicht in Kraftfahrzeugbenzin! (Für Beschäftigte im Kraftfahrzeughandwerk wichtig).

Vermeiden Sie den Kontakt mit organischen Lösungsmitteln, vor allem mit dem krebserregenden Benzol. Schützen Sie Ihre Haut vor Malfarben und Farbverdünnungsmitteln. Vermeiden Sie beim Tanken das Einatmen von Benzindämpfen.

16. Autobenzin enthält immer noch stark gesundheitsgefährdende Stoffe. Wenn es im Tank erwärmt wird – und das ist auch im winterlichen Fahrbetrieb möglich –, dehnt es sich aus, kann überlaufen und als Benzindampf in die Lungen geraten. Dann wird durch Kohlenwasserstoffe und organische Bleiverbindungen der menschliche Organismus belastet.
Deshalb: Beim Tanken nie bis zur „Halskrause“ füllen lassen, vor allem nicht an heißen Tagen. Sagen Sie dies dem Tankwart rechtzeitig! Vermeiden Sie das Verschütten von Benzin. Prüfen Sie die Dichtheit Ihrer Kraftstoffleitung.

17. Öl schädigt nicht nur das Wasser, es vernichtet auch alles Leben im Boden.
Deshalb: Wenn Sie schon den Ölwechsel selbst vornehmen, schütten Sie das Altöl nicht einfach weg. Bringen Sie es zur nächsten Tankstelle.

18. Schwarze Flecke auf Park- und Abstellplätzen oder in der Garage sind ein Zeichen dafür, daß Ihr Wagen Öl verliert.
Deshalb: Kontrollieren Sie öfter mal den Standplatz Ihres Autos. Und lassen Sie den Wagen sofort überprüfen, wenn Sie solche Ölflecke entdecken. (Wenn Sie über Nacht einen großen Bogen Papier unter Ihrem Fahrzeug ausbreiten, so können Sie am nächsten Morgen genau die Flecken sehen, die über Nacht neu aufgetreten sind. Lassen Sie Ihr Auto in der Werkstatt ggf. auf undichte Stellen untersuchen!)

19. Die Landschaft ist für alle da. Sie dient uns zur Erholung und nicht etwa als Müllabladeplatz.
Deshalb: Werfen Sie alte Reifen nicht einfach in den Wald! Die Bußgelder sind hoch (bis 1000 DM). Kaufen Sie nur dort neue Reifen, wo Sie Ihre alten zurücklassen dürfen.

20. Das Auto braucht nicht jede Woche poliert zu werden. Denn bei jeder Autowäsche werden auch Benzin- und Ölreste abgeschwemmt. Diese gelangen meist ins Abwasser und verseuchen es (ein Tropfen Öl z. B. macht eine Million Tropfen Wasser auf Dauer ungenießbar!).
Deshalb: Wenn schon Autowäsche, dann dort, wo ein Öl- und Benzinabscheider vorhanden ist: an Tankstellen und Waschgaragen.
Übrigens ist es verboten, das Auto in der freien Landschaft zu waschen!

21. Kfz-Batterien enthalten umweltschädliche Stoffe wie Blei und Schwefelsäure.
Deshalb: Geben Sie Ihre verbrauchte Batterie stets dem Händler zurück!
Bei der Motorwäsche entsteht eine umweltbelastende Wasser-Öl-Emulsion.
Deshalb: Lassen Sie die Motorwäsche nur in der Werkstatt oder an der Tankstelle vornehmen. Dort gibt es spezielle Ölabscheider.

22. Metallic-Lackierungen belasten beim Auftragen die Umwelt durch hohe Lösungsmittel-Abgase. Diese enthalten u. a. aromatische Kohlenwasserstoffe und sind sehr gesundheitsschädlich. Überprüfen Sie deshalb, ob Ihr Fahrzeug unbedingt eine Metallic-Lackierung braucht.

23. Planen Sie die Urlaubsreise mit dem Auto so, daß Sie Staus nach Möglichkeit vermeiden. Prüfen Sie, ob Sie mit einem Autoreisezug nicht schneller und bequemer ans Ziel kommen. Das erspart Ihnen nicht nur viel Streß, sondern ist auch noch umweltfreundlicher. Oder vielleicht planen Sie mal eine Radtour oder eine Urlaubswanderung . . .

24. Umweltfreundliches Autogas. Nach einer Stellungnahme des „Rates von Sachverständigen für Umweltfragen“ sprechen für den Einsatz von Autoflüssiggas als Kraftstoff eindeutige Umweltschutzgründe. Zwar ist die Stickoxidemission etwa gleich hoch wie beim Benzinbetrieb, andere Schadstofffemissionen sind jedoch niedriger, bzw. überhaupt nicht vorhanden:

- deutlich weniger (bis zu 80%) Kohlenmonoxid
- teilweise weniger unverbrannte Kohlenwasserstoffe
- so gut wie keine Schwefeloxide und Rußanteile
- kein Blei.

Flüssiggas (internationale Bezeichnung LPG = Liquified Petroleum Gas) fällt in der Raffinerie bei der Verarbeitung des Rohöls an. Die künftigen LPG-Quellen befinden sich in den Erdöl- und Erdgasförderländern. Denn die bei der Rohölförderung frei werdenden Gase werden künftig nicht mehr nutzlos abgefackelt, sondern mehr und mehr in besonderen Anlagen gesammelt und aufbereitet.
Was spricht noch für Autogas?
- Preiswertes Tanken auch in Urlaubsländern, insbesondere Italien, Holland, Dänemark (Autogas kostet derzeit noch unter DM 1.–/Liter).
- Möglichkeit zum Umschalten auf Benzin
- Längere Lebensdauer des Motors durch rückstandsfreie und vollständige Verbrennung – keine Ölverdünnung in der Kaltstartphase.
- Besonders umweltfreundliche Emissionen – sehr geringer CO-Anteil, kein Blei
- Wirtschaftlicher Einsatz insbesondere bei großvolumigen Fahrzeugen.

Nachteile:
- Beim Inneneinbau reduziert sich der verfügbare Kofferraum.
- Das Leergewicht des Fahrzeugs erhöht sich.
- Hin und wieder muß man einen Umweg zur nächsten Autogas-Tankstelle in Kauf nehmen.
- Kurzfristige Amortisation erst bei höherer Fahrleistung.
- Etwas geringere Höchstgeschwindigkeit (ca. 5–10 km/h).

25. Zukunftsperspektive: Katalysator. Ein Katalysator ist nichts weiter als ein luftdurchlässiger Keramikkörper, dessen poröse Substanz eine große Oberfläche hat, die mit einer dünnen Platinschicht überzogen ist. Bleifreies Benzin ist aber die Voraussetzung dafür, daß der Katalysator nicht in seiner Wirkung beeinträchtigt wird. Sorgen Sie dafür, daß schnellstmöglich bleifreies Benzin auf den Markt kommt: Schreiben Sie Leserbriefe, erkundigen Sie sich nach dem Einbau von Katalysatoren. Ab 1986 sollen nach der neuen Gesetzesvorlage Kraftfahrzeuge nur noch mit Katalysator zugelassen werden. Giftige Kohlenmonoxide, Kohlenwasserstoffe und Stickoxide werden zu 90% in praktisch ungefährliches Kohlendioxid, Stickstoff und Wasser umgesetzt. Der Benzinverbrauch bleibt nach Einbau des Katalysators in etwa gleich hoch. Die Kosten liegen bei ca. 600 DM. Er ist also vergleichsweise nicht teurer als ein Schiebedach.

Literaturhinweise:

1. „Was Sie schon immer über Auto und Umwelt wissen wollten", Umweltbundesamt, Bismarckplatz 1, 1000 Berlin 33, 1980.
2. „Was Sie schon immer über Umweltschutz wissen wollten", 1980, Bundesministerium des Innern, Bonn; Kohlhammer Verlag, Stuttgart.
3. „50 Tips für jedermann", Informationsbroschüre des Hessischen Umweltministerium, Pressereferat, 6200 Wiesbaden.
4. „Mehr Kilometer mit weniger Benzin", Herausgegeben vom Bundesministerium für Wirtschaft, 1978, Postfach, 5300 Bonn-Duisdorf.
5. „Auto und Umwelt. Fahren wir in die Sackgasse?" Broschüre des Umweltbundesamtes, Bismarckplatz 1, 1000 Berlin 33.
6. „Umweltfreundliche Produkte", Informative Schrift der Verbraucherzentralen Baden-Württemberg, Hamburg und Niedersachsen. DM 4.–, 5. Aufl. 1983, ISBN 3-922 940 09-9.
7. „Die Auto-Dämmerung", Hg.: Michael Busse, Fischer alternativ Taschenbuch Nr. 4040
8. „Verkehrs-Fibel", BUND-Info Nr. 6.
9. „Führerschein? Um Himmels Willen nein!", Artikel aus „natur"-Zeitschrift von Horst Stern, Heft Nr. 11/1981

Ökogruppe

Stellt euch eine einsame Waldlichtung in verschiedenen Ländern vor:
7 Finnen sammeln Blaubeeren und Holz für die Sauna.
7 Franzosen machen erst mal ein Picknick.
7 Engländer malen Schilder: Privatgelände.
7 Deutsche gründen einen neuen Umweltschutzverein.

Wie kann man als einzelner eine Ökogruppe ins Leben rufen?
Viele Menschen – ihr vielleicht auch – wollen im Natur- und Umweltschutz etwas machen, doch als einzelner ist es langweilig, macht keinen Spaß, und man kann auch nicht viel erreichen. Wir haben nun ein paar Punkte gesammelt, die es euch leichter machen sollen, eine Gruppe zu gründen.
Schlechte Erfahrungen muß nicht jeder wiederholen, gute Ideen müssen nicht immer wieder neu entwickelt werden. Peter aus Franken hat für euch seine Erfahrungen aufgeschrieben.

Guten Tag, Leute,
ich bin 19 Jahre alt und möchte euch davon berichten, welche Probleme bei der Gründung unserer Jugendgruppe aufgetreten sind, und wie diese vielleicht von Anfang an zu vermeiden wären.
Denn es geht schon mit der Frage los, wie ich mögliche Gruppenmitglieder am besten erreiche, und was ich tun kann, daß die sich dann auch zu einem ersten Kontakttreffen hinbequemt fühlen. Ich kann dabei den verschiedenen Arten der Schriftform (Briefe, Handzettel, Aufrufe) nur eine sehr eingeschränkte Wirkung zubilligen. Falls dann doch jemand kommen sollte, so ist dies wohl nur ein glücklicher Zufall. Ebenfalls nicht besonders wirkungsvoll ist das Anschreiben von Jugendlichen, die bereits Mitglieder in einer Naturschutzorganisation sind. Die meisten Leute für unsere Jugendgruppe habe ich gewonnen, indem ich sie direkt ansprach, z.B. im eigenen Bekanntenkreis, in der Schulklasse o.ä.
Beim ersten Treffen erstaunte mich, daß von den Anwesenden keine eigenen Vorstellungen kamen, wie unsere zukünftige Arbeit aussehen könnte. Am besten ist es wohl, gleich selbst interessante Informationen und Aktionen anzubieten, die nicht so sehr viel Mühe machen.
Bei diesen ersten Treffen wurde deutlich, daß viele Jugendliche, die genügend Zeit hätten, um sich im Naturschutz zu engagieren, selbst nicht genügend motiviert sind, um ihren faulen Arsch aufzuheben und etwas für ihre Umwelt zu tun. Dies ist wirklich die Hauptschwierigkeit bei der Gründung einer Jugendgruppe. Die Gruppe bildet sich also nicht allein dadurch, daß ein paar Leute sich treffen. Da macht sich schnell Resignation breit: Alles zog sich schleppend hin, keiner dachte mit, keiner machte was von sich aus, alle warteten auf den Senf, den der „Leiter" von sich zu geben hatte.
Bei einem etwaigen Neuanfang werde ich dies sicherlich dadurch zu verhindern suchen, daß ich, zumindest am Anfang, möglichst viele Themen

anbiete, die ich ganz einfach gestalte, so daß jeder den Inhalt mit seinen fünf Sinnen nachvollziehen kann. Ich könnte den in jeden Menschen vorhandenen Spiel- und Forschertrieb wecken und der Phantasie der Leute weitgehend ihren Lauf lassen. Es kommt hier nicht so sehr auf die wissenschaftliche Herangehensweise an die Probleme im Umwelt- und Naturschutz an, sondern darauf, daß die ganze Sache Spaß macht. Ebenfalls würde ich jetzt beim ersten Treffen von Anfang an bedenken, daß wir alle Menschen sind, die ihre eigenen Probleme und Interessen haben. Ich darf nicht vergessen, daß manche von uns in einem bestimmten Alter (ca. 13–16) so sehr mit sich selber beschäftigt sind, daß sie nicht oder nur sehr begrenzt im Naturschutz arbeiten können. Warum dies so ist, muß ich wohl nicht näher erläutern. Es gibt aber auch Leute, die sich schon so stark für andere ebenso berechtigte Ziele wie Frieden, Gesundheit, Kirche, Sport, Gewerkschaft, Musik und andere Vereine einsetzen, daß sie keine Zeit für Naturschutzaufgaben haben. Auch hier muß ich zur Schonung der eigenen Nerven tolerant genug sein, dies zu verstehen.

Ist nun eine – im Idealfall – begeisterte Truppe zusammengekommen, deren Tatendrang nicht mehr zu bremsen ist, so bedeutet dies noch lange nicht Friede – Freude – Eierkuchen. Denn ein weiteres Problem, das bei mir aufgetreten ist, ist die Tatsache, daß bei den meisten Leuten am Anfang der Wissensstand gleich Null war, und sie deshalb keine eigenen Impulse geben konnten. Hier werde ich jetzt viel behutsamer vorgehen, damit sie sich nicht überfordert fühlen und dann wieder abspringen.

Besonders viel Geduld war nötig beim Besprechen der Dinge, die wir in der Gruppe machen wollten. Grundfalsch war es, den „Führungsstil" zu ändern und weniger demokratisch zu entscheiden; dadurch wurden alle noch passiver. Wir müssen gemeinsam eine Entscheidung über unsere Vorhaben und Pläne treffen.

Ein anderes ziemlich großes Hindernis am Anfang der Arbeit sind die fehlenden Connections. Hier müßt ihr euch wirklich dahinterklemmen, wenn ihr wirkungsvoll arbeiten wollt. Setzt euch mit den anderen Naturschutzgruppen in Verbindung, mit anderen örtlichen Vereinen, mit der Presse, mit Jugendverbänden, mit dem Kreisjugendring (sehr wichtig!) und mit den Schulen. Im letzteren Falle solltet ihr aber immer fertiges Material liefern können, denn Lehrer lieben Anregungen nur, wenn sie eine Arbeitsersparnis damit verbinden können.

Nicht unterschätzen solltet ihr auch die Kostenfrage. Es gibt zwar gerade in der Jugendarbeit viele Möglichkeiten, kostensparend zu arbeiten, da ja mit einfachen Mitteln gearbeitet werden soll. Wir hatten aber z.B. schon ca. 40 DM Portokosten für ein Vierteljahr, 39,80 DM mußten wir für ein Buch über Gewässergüte hinlegen, 300 DM waren für ein Seminar zu berappen usw. Mit höheren Kosten ist auch bei Froschaktionen, Anlegen von Tümpeln und ähnlichem zu rechnen. Da aber der Naturschutz Aufgabe der öffentlichen Hand ist, lassen sich für solche Vorhaben bei staatlichen Stellen wie Straßenbauämtern, Wasserwirtschaftsämtern, Gemeinden, Bezirksregierung usw. Gelder loseisen, so daß ihr dann meistens auch ziemlich kostendeckend arbeiten könnt. Zuschüsse bekommt ihr auch bei den Jugendorganisationen der Naturschutzverbände und den Kreisgruppen.

Wenn ihr diese Punkte beachtet, sollte die ganze Sache schon besser funktionieren.

Servus und viel Glück wünscht
Peter Hüttner

So erzählte Peter uns von seinen Erfahrungen und Plänen mit der Gründung einer Ökogruppe.
Wir haben wichtige Punkte aufgelistet und ergänzt:

I. *Vorbereitung*
1. Am besten ist es, wenn ihr ein paar Freunde und Freundinnen von der Idee „Ökogruppe" begeistert und dann gemeinsam die Vorbereitung macht, aber allein geht's natürlich auch.
2. Wo könnt ihr euch beim ersten Mal treffen?
- Schule (Lehrer oder Hausmeister nach einem Raum fragen, Termin ausmachen.)
- Jugendheim
- Volkshochschule
- Gemeindehaus
- Bürgerhaus
- privat (Wieviel Leute können dann höchstens kommen? Die Eltern informieren und um Erlaubnis fragen.)

3. Ist die Raumfrage geklärt, Plakate malen und kurz beschreiben, was ihr vorhabt; Ort und Uhrzeit des ersten Treffs nicht vergessen.
4. a) Plakate aufhängen
- am schwarzen Brett der Schule
- im Jugendheim
- im Gemeindehaus ...

b) interessierte Freunde und Bekannte ansprechen
- Lehrer
- kleine Zeitungsnotiz in der Lokalzeitung, kostet kein Geld!

5. Ansprechen oder Anschreiben der schon bestehenden Arbeitsgruppen zum Umwelt- und Naturschutz in der Umgebung: BUND, DBV (Deutscher Bund für Vogelschutz), DNR (Deutscher Naturschutzring), Naturfreundejugend, Stadtjugendring, Jugendhaus, Ökologiezentrum, Kirchen ...
- Gibt es Jugendgruppen in diesen Vereinen oder Institutionen, die zu Ökothemen arbeiten? Wann treffen sie sich? Zu welchem Thema arbeiten sie?
- Treff- und Zeitpunkt von eurem ersten Gruppentreffen mitteilen.
- Besteht eine Möglichkeit der Zusammenarbeit?

II. *Wie kann man das erste Ökogruppentreffen gestalten?*
1. Kennenlernen: Name, woher ihr kommt, ...
2. Auf einer großen Wandzeitung (alte Plakate zusammenkleben) eine Wunschliste über Themen und über gemeinsame Aktionen zusammenstellen.
- Welche Themen wollt ihr euch erarbeiten?
- Wie könnt ihr den Bezug zu eurer Stadt/eurem Dorf herstellen?

3. Reihenfolge der Aktionen und Themen festlegen.
4. Wie wollt ihr weitermachen?
- Wie oft könnt ihr euch treffen?
- Wo?
- Welche Personen könnt ihr noch ansprechen?
- Wie sieht eine Zusammenarbeit mit schon bestehenden Gruppen aus?

5. Organisatorische Details:
- Zusammenfassen der einzelnen Punkte.
- Wer übernimmt welche Aufgabe?
- Termin für das nächste Treffen ausmachen: Welches Thema? Wer bereitet es vor?

Einige Selbstverständlichkeiten dürft ihr natürlich nicht vergessen: pünktlich kommen, anderen zuhören, beim Thema bleiben, Meinungen und Fakten unterscheiden, weniger Informierten helfen, gemeinsame Entschlüsse fassen, Absprachen einhalten usw.

Das „Gruppen-Buch"
Häufig gibt es bei zwei Problemen in Ökogruppen großes Chaos: zu viele Projekte laufen parallel, keiner überschaut alles und niemand findet etwas wieder.
Für die Übersicht zu euren Aktivitäten hilft euch ein einfaches Gruppen-Buch, in dem ihr eure Aktionen, die geplanten und die laufenden, aufschreibt; das ergibt eure Projektliste.
Vorteile einer Projektliste:
- Bei den regelmäßigen Zusammenkünften der Gruppe kann die Liste z.B.

herumgegeben werden. Jeder, dem ein dringendes und realisierbares Projekt eingefallen ist, schreibt es in die Liste.
- Bei solchen Treffen kann anhand der Liste in begrenzter Zeit (!) eine kurze Bilanz der Gruppentätigkeit gezogen werden.
- In die Projektliste wird das Projekt (kurz formuliert) mit laufender Nummer und Datum eingetragen.
- Die Liste kann ständig auf dem Tisch liegen.
- Gruppenmitglieder suchen sich einzelne Projekte aus, an denen sie intensiver mitarbeiten (nicht mehr „jeder macht alles“).
- Ein „Neuling“ oder Interessent sieht anhand der Liste, was getan wird und was es (eben auch für ihn) zu tun gibt.
- Er könnte zur Mitarbeit motiviert werden, weil er schnell einen „Durchblick“ hat.
- Ein Projekt wird nicht vergessen, halbfertig geplante Aktionen verschwinden nicht.
- Projektlisten können mit Nachbargruppen, oder innerhalb des BUND e.V., ausgetauscht werden. So ist leicht gegenseitiger Erfahrungsaustausch möglich.
- Anhand der Listen können Anfragen schnell an die erfahrenen Projekt-Bearbeiter weitergegeben werden.
- Bei der Bearbeitung eines Projektes wird in dem chronologisch geführten Aktionsbericht der Stand der Arbeit sichtbar.
- Zur überschaubaren Arbeit gehört Routine (so wie das Abreißen des Kalenderblattes). Dieses Gruppen-Projektbuch kann Aufwand und Wirkung unserer Arbeit optimieren.

Die Projektliste liegt bei jeder Plenumssitzung aus. Jeder Teilnehmer, dem ein Problem einfällt, das die Gruppe bearbeiten könnte, schreibt diese Idee als Projekt nieder. Die Projekte werden durchnumeriert.
So hat der Leser einen Überblick über die bereits bearbeiteten und die noch nicht bearbeiteten Projekte.
Der Eintragende muß nicht mit dem Bearbeiter übereinstimmen. Die Spalte „Bearbeiter“ kann auch offengelassen werden, bis sich ein Gruppenmitglied für dieses Thema interessiert und bereit ist, Leiter dieses Projektes zu werden.

Beispiel einer Projektliste

Nr.	Datum	Bezeichnung	Bearbeiter	Enddatum
1	20. 6.	Gruppenteilnehmerliste erstellen	Hans	27. 6.
2	20. 6.	Fahrradwegschilder malen	Wiebke	
3	20. 6.	Biobrot backen		
4	27. 6.	Flugblatt gegen die Verbreiterung der Landstraße	Iris	30. 6.
5	11. 7.	Flugblätter verteilen	Ralf	12. 7.
6	18. 7.	Aluminiumsammelaktion starten		

Hat ein Gruppenteilnehmer ein Projekt übernommen, ist er der Projektleiter, der auch gleichzeitig das Projektprotokoll schreibt.
Hier genügen, anders als im Plenumsprotokoll, nur Stichworte. Die Aktionen und Gedankengänge der Projektgruppe sind für andere festzuhalten und schnell wiederzugeben. So läßt sich für einen „Neuling" mit einem Blick das Projekt und alles, was bisher dafür getan wurde, leicht überschauen. Deshalb sind die jeweiligen Projektprotokolle bei allen Sitzungen mitzubringen:

Beispiel eines Projektprotokolls

Projekt Nr. 2 Datum	Bezeichnung: Fahrradwegschildermalen — Bearbeiterin: Wiebke Überschneidungen mit: Nr. 4: Flugblatt gegen Verbr. der Landstraße Aktion
20. 6.	Vorschlag im Plenum gemacht, da der Radweg Horlacherstraße als solcher keine Kennzeichnung hat
21. 6.	Erster Projektgruppentreff bei Walter mit Susi und Ralf
22. 6.	Befahrung des Radweges, Abchecken, wo die Schilder am besten sichtbar sind
24. 6.	Walter kauft grüne Farbe, Ralf beschafft Holzbretter, die gleich mit Eifer zugeschnitten und grün bemalt werden Regina ist neu dazugekommen
29. 6.	Nachdem die Grundierung trocken ist, malt Regina weiße Fahrräder und die Aufschrift Fahrradweg auf
30. 6.	3 Schilder aufgestellt/Presse verständigt

Und nun zum zweiten Chaos-macher: Wie ordnen wir unsere Flugblätter, Zettel, Zeitungsausschnitte, Broschüren, Notizen, usw.? Hier ist ein Vorschlag, den wir selbst mit Erfolg ausprobiert haben:
Sammelt leere Tomatenkisten beim Supermarkt oder beim Gemüsehändler. Im Frühsommer gibt es viele davon, und meistens umsonst. Fragt dann beim Farbenhandel nach einer überalterten und deswegen billigen grünen Farbe oder Holzbeize. Damit streicht ihr eine Längsseite oder eine Breitseite der Kiste farbig an – das sieht ein wenig schöner aus. An die farbige Seite heftet ihr ein Schildchen mit dem Thema aus Natur und Umwelt, zu dem ihr Material in die Kisten legt. Die Kisten stapelt ihr in Türmen übereinander, durch die Zwischenräume werft ihr die Zettel und Materialien in die richtigen Kisten.
So habt ihr ein bewegliches billiges und ausreichend großes Anbauregal.

Nun zu den Themen, die ihr für euer „Archiv" einrichten könnt. Eine mögliche Untergliederung der Themen aus dem Bereich Mensch und Umwelt stellen wir hier vor:

Zusammenstellung der Themen aus dem Bereich Mensch und Umwelt

1. Umwelt – Modelle

(Allgemeine Überlegungen, Theorien, Vorstellungen, Erklärungen . . .)

Schöpfung, Ethik, Verantwortung
Lebensqualität
Humanökologie
Freiheit
Vernetzung, Regelkreise
Weltmodelle
Raumschiff Erde

Krise, Umweltmisere
Zivilisation, Wohlstand
Automatisierung
Wachstum
Fortschritt
Globale Probleme
Utopie, Zukunft, Ökotopia
Umdenken, Wendepunkt
Alptraum
Überleben, Selbstmordprogramm

2. Umwelt – Technik

Atmosphäre, Luft
Luftverunreinigung
Luftreinhaltung
Schadenswirkungen
Meßtechnik
Gesetze
Verordnungen, Strafen

Wasser, Weltwasserbilanz
Trinkwasser
Wasseraufbereitung
Gewässerschutz
Gewässergütebestimmung
– Verunreinigungen
– Schadenswirkungen
– Meßtechnik
Abwasserwirtschaft
Brauchwasser
Regenwasser

Boden
Bodenarten, Bodennutzung
– Verunreinigungen
Schadenswirkungen
Erosien, Verdichtung
Bodenschutzprogramme

Abfall
Abfallvermeidung
Abfallwirtschaft
Abfallbeseitigung
Abfallverwertung
Pro Mehrweg

Lärm
Arbeitsplatzbelastung
Lärm bei Wohnen und Freizeit
Schallschutz
Verkehrslärm
Schadenswirkungen

Radioaktivität
Natürliche Quellen
Künstliche Quellen
Röntgenstrahlen
Strahlenschäden
Atombombenschäden
Isotope aus Atomanlagen
Atom-Müll
Strahlenschutz
Katastrophenplanung

Lebensmittel
Lebensmittelhygiene
Lebensmittelanalytik
Fremdstoffe
Lebensmittelrecht

Umweltchemikalien
im Haushalt
in der Arbeitswelt
Pflanzenbehandlungsmittel
Plaste
Metalle
Schadenswirkungen
Vermeidungskonzepte
Rechtsverordnungen

3. Soziale Umwelt

Wohnen – Milieu
Wohnbedürfnisse, Wohnformen
Wohnformen
Vereinsamung

Gesundheitswesen
Vorsorge
Hygiene
Krankenversorgung
Krankenhauswesen
Umeltmedizin
Epidemiologie
Rehabilitation
Drogen und Sucht

Bildung und Erziehung
Kindergarten
Schule
Jugenderziehung
Hochschulen
Erwachsenenbildung
Umwelt-Lernorte
Medien – Pädagogik

Lebensformen
Familie
Gemeinschaften
Emanzipation

Soziale Randgruppen
Behinderte
Ausländer
Aussteiger

Freizeit
- bedürfnisse
- verhalten
- möglichkeiten

Arbeit
Arbeitsplatz
Arbeitsbedingungen
- schutz
- medizin
Humanisierung der Arbeitswelt

Industrie
Industriegesellschaft
Sachzwänge der Industrialisierung

4. Räumliche Entwicklung
Raumplanung
Städtebau
Wohnbau
Sanierungen
Denkmalpflege
Ökologisches Bauen
Infrastruktur
Fußgänger
Fahrradverkehr
Bahnverkehr
Autoverkehr
Flugverkehr

5. Natur und Landschaft
Landespflege
Landwirtschaft
Massentierhaltung
Ökologischer Landbau
Forstwirtschaft
Naturschutz
Biotopschutz
(Moor, Feuchtgebiete, Wald, Wattenmeer, Trockenrasen)
Artenschutz
(Pflanzen: Orchideen, Unkräuter, ...
Tiere: Frösche, Wale, Störche, ...
Landschaftsökologie
Landschaftsgestaltung

6. Ressourcen
Sonnenenergie
Windenergie
Biogas
fossile Brennstoffe
Energiespeicher
Wärmepumpen
Atomenergie
Energiewirtschaft
- versorgung
- verbrauch
- sparen
neue Energiequellen
Rohstoffe
- verbrauch
- geographie
- versorgung
Ernährung
Welternährung

7. Gesellschaft
Politik
- Institutionen
- Parteien
Wirtschaft
- Nationalökonomie
- alternative Ökonomie
- dritte Welt
Militär
- Rüstung
- Kriegsdienstverweigerung
- Truppenübungsplätze
Staatsform
Normen
Recht
- Naturschutzrecht
- Umweltgesetzgebung

Umdenken...
Trinkwasser
Überleben oder Selbstmordprogramm?
Abfall
Boden
Lebensmittel
LÄRM
Verantwortung!
Radioaktivität
Schöpfung...
Gesundheit
Luftreinhaltung

Ideentorte

Mark Twain würde wissen, wie Aktionsideen sind. Sie mögen es nicht, wenn jemand intensiv nach ihnen sucht, hektisch und drängelig. Dann verstecken sie sich und sind unwillig.
Aktionsideen müßt ihr fröhlich aufmuntern und mit Phantasie heranlocken, dann lassen sie sich leicht fangen.

Wie entwickelt oder findet jemand Ideen für eine geplante Aktion? Ob in der Schule oder bei Gruppenaktionen; immer sind es neben der Erfahrung einzelner oder langfristiger Planung wieder die spontanen Ideen- und Gedankenkombinationen, die fruchtbare Hilfe sind und Spaß machen. Solche spontanen Einfälle benötigen oft eine ruhige Atmosphäre mit Freiraum für das Denken und vielleicht auch die *Ideentorte.* Auf den sechs Ringen der Torte sind Aktionsarten, verwendete Medien, Zielgruppen, Zeitpunkte, Orte verzeichnet.
Durch Gegeneinander-Drehen der Ringe ergeben sich sehr viele Kombinationen, die euch auf Ideen bringen können.

Probiert es mal aus, ihr habt bestimmt viel zu lachen dabei, und die guten Ideen kommen auch.
Ihr müßt nur sechs unterschiedlich große Scheiben aus dickerem Papier ausschneiden, die gemeinsame Mitte mit einer Schraube fixieren und die Scheiben beschriften.
Und schon kann sich die Ideentorte drehen.

Einige erdrehte Aktionen mögen sinnlos erscheinen oder zu teuer oder undurchführbar sein. Aber vieles, was ihr da erdreht, wird bei euch möglich sein. Wir drehen an der Scheibe und setzen die richtigen Tortenstücke zusammen: Zum Thema „Gift in Lebensmitteln“

1. Ring Aktionsthemen

Ökologie	Erholung	Gesundheit	Wachstum
Kernenergie	Biogas	Windenergie	Sonnenenergie
Kochen	Tourismus	Fischerei	Forstwirtschaft
Lärm	Recycling	Energiesparen	Gemüse
Baum	Grünfläche	Tiere	Kräuter
Umwelterziehung	Gewässer	Arbeitsplätze	Landwirtschaft
Waschmittel	Verkehr	Müll	Naturschutzgesetze
Auf- und Nachrüstung	Abgase	Luft	Pflanzen
usw. . . .			

2. Ring Aktionsart

Fahrrad	Kaffeefahrt	Kochkurs	Proben Messungen
Stadtrundfahrt	Fernsehen Vorort	Mal- und Zeichenwettbe.	Musik
Aufklärung Wald, Wiesen Parkputzaktion	Patenschaft Ökowitze	Verkauf Autofreier Sonntag	Theater Öko-Disney Land
Studienfahrt Dokumentation	Vertreterbesuche Umschläge	Umweltführung Kurzmitteilung	Straßenmusik Wand- und Straßenmalerei
Ökoparty mit Verkauf	eigene Forschung	Rote Liste	Luftballon Wettbewerb
usw. . . .			

3. Ring Verwendete Medien

Wandzeitung	Pressemappe	Infomappe	Flugblatt
Broschüre	Aufstellung	Plakat	Wände bemalen
Piktogramme	Prominente	Laser auf Wolken	Anleitung
Spielzeug	Wundertüte	Kino	Rundfunk
Aufkleber	Fernsehen	Film	Dias
Urkunden	Infostand	Briefpapier	Werbeträger
Türschild	Stempel	Comics	Multi-Medias-Show
Rundbrief	Landkarten	Scherzartikel	Satzung
usw. . . .			

4. Ring Zeitpunkte

Arbeitszeit	Schulzeit	Ferien	Ostern
Weihnachten	Mahlzeit	Sonntag	Werktag
Markttag	Später	Sofort	Nachts
Demnächst	5 von 12	1. April	Ernte
Aussaat	Bestellzeit	Manöver	Wahlkampf
Legislaturperiode	Fahrzeit	Oktoberfest	Heizperiode
Saure Gurken Zeit	Heizperiode	Fernsehzeit	6. März 83
Halbzeit	Mittsommernacht	immer	einmal
usw. . . .			

5. Ring Orte

Müllplatz	im Watt	in der Stadt	auf der Alm
im Stadtrat	zu Hause	Kläranlage	im Kino
auf dem Bauernhof		Meßstation	im Laden
Vereine	am Bahnhof	Clubs	im Weinberg
am Arbeitsplatz	privat	Geschäftsstelle	Büro
Amt	Marktplatz	im Wald	auf der Wiese
Schule	Kiosk	Banken	öffentliche
usw. ...			

6. Ring Zielgruppe

Arbeiter	Angestellte	Prominente	Vereine
Schriftsteller	Soldaten	Aussteller	Mitglieder
Studenten	Einzelhändler	Politiker	Ökologen
Landwirte	Fischer	Bauherren	Lehrer
Beamte	Patienten	Kinder	Gewerkschaften
Hausfrauen	Rentner	KKW-Gegner	Verbraucher
Hausmänner			
Gartenbesitzer	Minderheiten	Jugendliche	Sportler
Ökologen	Nichtmitglieder	Selbständige	Handwerker
usw. ...			

finden wir einen „Mal- und Zeichenwettbewerb". Ihr fordert dazu auf mit dem Medium „Stempel". Stattfinden soll die Aktion mehrmals in Wartezimmern, und mitmachen sollen besonders Kinder und Jugendliche. Das wäre eine Aktion, zu der wir den Text des Stempels ausdenken müssen. Und worauf wollen wir im Wartezimmer stempeln? Wieviele Wartezimmer gibt es bei euch in der Nähe, und wird dort über Gift in Lebensmitteln nachgedacht?
Aber nun, wenn euch die Aktion bildlich vor Augen steht und machbar erscheint, wird es erst spannend. Wir verändern einzelne Tortenstücke: Die Scheibe mit „Medien", die unsere Information weitertragen sollen, wird weitergedreht. Statt eines Stempels sind auch andere Medien einsetzbar – Flugblatt, Prospekt, Informationsmappe, Postkarten, Plakate, Ausstellung.
Überlegt nun, welche Zielgruppe ihr mit jedem dieser verschiedenen Medien besonders gut ansprecht – und warum?
Weiterhin probiert dann, den Zeitpunkt im Tortenstück zu verdrehen, aber alle anderen Positionen festzuhalten. Wie muß die Aktion aussehen, wenn sie zu anderen Zeiten stattfinden soll?
Wenn einige unserer Vorschläge in den Tortenstücken bei euch nicht möglich sind und nie passen, ersetzt sie durch andere Ideen, die ihr gemeinsam finden könnt.

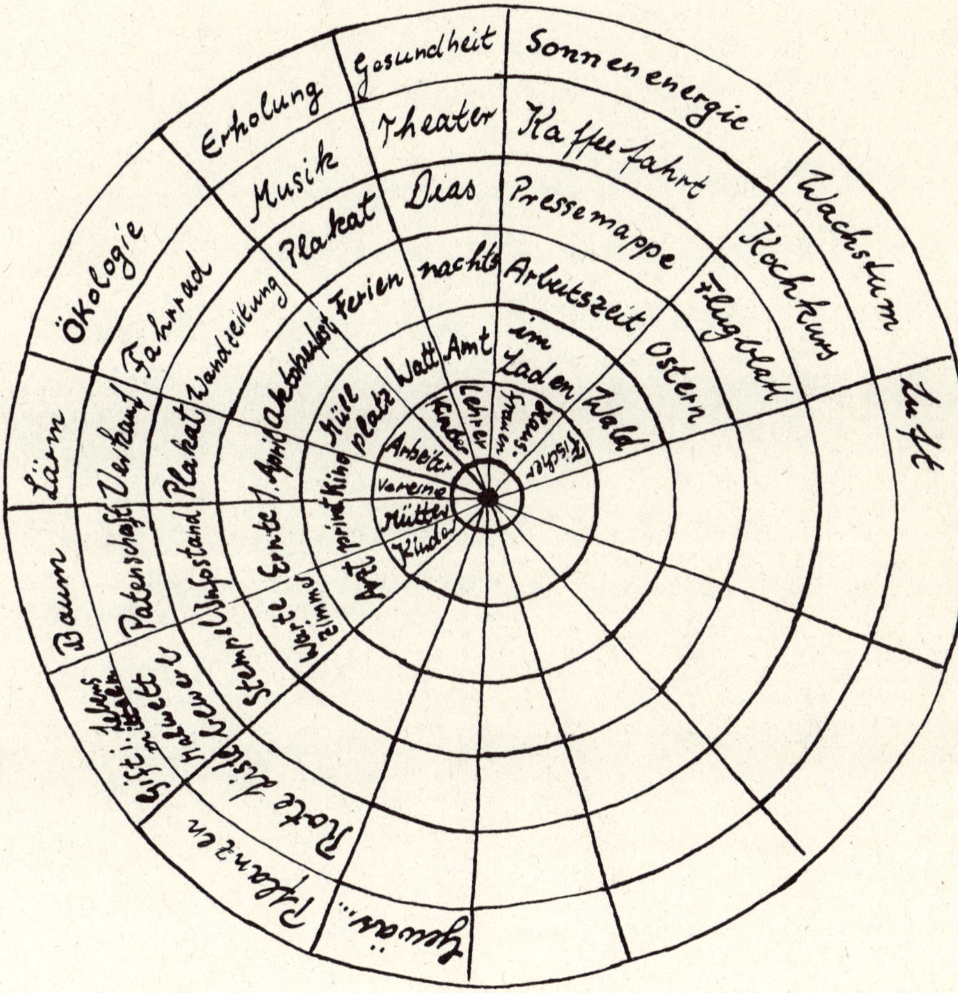

Gesundheit
Sonnenenergie
Erholung
Theater
Kaffeefahrt
Musik
Dias
Pressemappe
Wachstum
Ökologie
Plakat
Fahrrad
nachts
Arbeitszeit
Rockkurs
Ferien
Flugblatt
Wandzeitung
Amt
im Laden
Osten
Watt
Lehrer
Wald
Luft
Lärm
Verkauf
Plakat
Müllplatz
Kinder
Arbeiter
Fischer
Vereine
Mütter
Kinder
Patenschaft
Ernte
Baum
Amt
Wartezimmer
Pflanzen
Rote Liste

Gruppenalltag

Eins zwei drei im
Sauseschritt,
es eilt die Zeit,
wir eilen mit.

Aktivitäten der Bund Naturschutz
Jugendorganisation Gruppe Kitzingen ab Mai 1979

3. Juni 79
Delegation bei der Fahrraddemonstration zum freiwilligen autofreien Sonntag in Erlangen: per Zug nach Neustadt/Aisch, von dort mit Fahrrad weiter bis Erlangen (ca. 35 km). Dort Stadtbesichtigung per Fahrrad, Teilnahme an der Kundgebung vor ca. 5000 Radlern aus der ganzen BRD.

Sept. 79
Informationsstand bei Kitzinger Weinfest: Kaum Interesse der Bevölkerung (allerdings auch schwacher Besuch des Weinfestes).

19. 10. 79
Delegation bei der Eröffnung der „Europaratskampagne zum Schutz der einheimischen Tier- und Pflanzenwelt" in Erlangen. Delegierte enttäuscht von der Rede des Bundeskanzlers, dagegen überzeugt von den Ausführungen Hubert Weinzierls.

1.–4. Nov. 1979
Teilnahme von drei Mitgliedern an der Jugendvertreterversammlung in Kehlheim: Verabschiedung des Grundsatzprogramms der Jugendorganisation, Behandlung des Problemkreises Rhein-Main-Donau-Kanal durchs Altmühltal (mündet bei Kehlheim in die Donau).

9. Dez. 1979
Informations- und Verkaufsstand im Rathaus. Reges Interesse der Bevölkerung an den Produkten (Buch „Natur und Landschaft im Landkreis Kitzingen", Umweltschutzpapier, Naturprodukte von Dr. Pampuch) und am Informationsmaterial.

Okt. 79–Mai 80
Igelaktion: Aufruf an die Bevölkerung, Igel zu melden und Winterquartiere bereitzustellen. Da fast alle Igel neben Untergewicht auch noch Innenschmarotzer in tödlicher Konzentration hatten, Behandlung durch Dr. Saft, Tierarzt und Vorsitzender des Tierschutzvereins. Untersuchungen durch Dipl. Biologe Krämer. Aussetzen der Igel am 12. 5. 1980. Resultat: 31 registrierte Igel, 4 Todesfälle.

8.–10. Februar 1980
Teilnahme an der Jugendvertreterversammlung Nordbayern in Bamberg: Thema Recycling.

25. März 1980
Projektgruppengründung mit jeweiligem Leiter zur Übernahme spezieller Aufgaben: Amphibienschutz, Ornithologie, Pflanzenschutz, Energie, Öffentlichkeitsarbeit, Igelschutz.

28. März 1980

Amphibien-Exkursion der Projektgruppe ins Giltholz.

30. März 1980
Überwachung der Amphibienwanderwege in der Umgebung.

30. März–6. April
Teilnahme an Freizeit in Coburg. Thema: Amphibientümpelbau.

12. Mai
Igel ausgesetzt mit Presse-Trara.

17. bis 23. Mai
Streuwiesengras vom letzten Jahr in einem Naturschutzgebiet aufgeräumt. (Sauarbeit!)

18. Mai
Da haben wir uns ein „stark verschmutztes" Gelände im Steigerwald mit einem Ortskundigen angeschaut, um es später zu säubern. Wir haben aber keinen Dreck mehr gefunden!!! So was gibt's auch!

6. bis 7. Juni
Waren zwei von uns auf einem Seminar über biologischen Landbau in Würzburg.

8. Juni
Mit Fahrrad-Zug-Kombination zum Öko-Markt nach Erlangen gefahren. (11 Leute, davon drei, die davor mit uns noch nichts zu tun gehabt haben.) Am Wochenende zuvor hatten wir mit 1000 Flugblättern (Selbstdruck!) auf den autofreien Sonntag hingewiesen. Außerdem haben wir 50 Plakate geklebt.

22. Juni
Mit 3 Mann auf dem Bund Naturschutz-Fest in Rimpar bei Würzburg. Wir haben da unsern Film vorgeführt.

28. Juni
Tümpelaktion zusammen mit den Pfadfindern (die hatten uns auch bei der Igelaktion geholfen) auf einem Privatgrundstück in der Nähe. Wir haben mit 12 Mann – und Frau natürlich – mittels Graben eine Wiese unter Wasser gesetzt.

5. Juli
Info-Stand auf dem Kitzinger Weinfest. Dazu hatten wir große Fotos von Umweltzerstörung im Landkreis gemacht und ausgehängt, ein Forderungspapier erstellt und Unterschriften gesammelt. Das Forderungspapier kriegen im November alle Kreis- und Stadträte.

Lagerplanung

Erfahrung mit Naturschutzlagern
Eine nachfolgende Planungshilfe hat *H. Eckart Winkler* aufgrund langjähriger Erfahrungen mit Schülern und Studenten in Naturschutzlagern entworfen.
Mit Hilfe dieses Rasters können Lehrer und Gruppenleiter ein Lager planen unter Berücksichtigung der wichtigsten Voraussetzungen.

Ökologischer Aspekt der Planung
Derzeitiger u. geplanter Zustand des Naturschutzgebietes
Durch welche natürlichen u. anthropogenen Prozesse ist der heutige Zustand des Gebietes entstanden?
Heutige Bodenarten u. -typen, Oberflächen- u. Grundwasserverhältnisse, Meso- u. Mikroklima, Flora u. Fauna?
Wie würde Entwicklung weitergehen, wenn Naturschutz nicht eingriffe?
Welcher Zustand des Gebietes wird durch Naturschutzmaßnahmen angestrebt?
Wann ist das Gebiet nicht betretbar? (Brutzeiten etc.)
Welche Teile des Gebietes dürfen nicht betreten werden? (Besonders geschützte Pflanzen u. Tiere etc., Erosionsgefahr etc.)

Technischer Aspekt der Planung
Kulturtechnische Maßnahmen u. dafür notwendiges Gerät u. Material
Welche kulturtechnischen Maßnahmen sind durchzuführen? (z.B. Beeinflussung des Grundwasserspiegels und/oder der Bodentrophie, Förderung oder Verhinderung von Sukzessionen, d.h. Pflanzungen oder Entbuschungen, Schutz vor Bodenerosion oder Uferabbruch etc.)
Welche Werkzeuge und Geräte sind dafür notwendig?
Welches Gerät ist am Ort vorhanden?
Welche Ausrüstung muß von der Arbeitsgruppe mitgebracht werden?
Wird Baumaterial benötigt, das am Ort nicht vorhanden ist?

Pädagogisch-sozialer Aspekt der Planung
Stärke, Zusammensetzung u. notwendige Qualifikation der Arbeitsgruppe:
Wie stark sollte die Gruppe sein (minimale u. maximale Teilnehmerzahl), um die gestellten Aufgaben erfüllen zu können?
Welche Anforderungen wie technisches Können, selbständige Arbeitsweise u. körperlicher Belastbarkeit werden an die Gruppe oder einzelne Gruppenmitglieder gestellt?
Ergibt sich hieraus ein zweckmäßiges Zahlenverhältnis zwischen Schülern u. Studenten?
Sind (bei Unternehmungen im Ausland) bestimmte Impfungen notwendig?
Welche Kenntnisse sollten vor Beginn des Einsatzes vermittelt werden?
Welche Einstellung zur Arbeit kann von dieser Gruppe (auf Grund ihres durchschnittlichen Lebensalters und ihrer Zusammensetzung) erwartet werden?

Ökonomischer Aspekt der Planung
Finanzierung von Arbeitsgerät und -material
Wer beschafft oder finanziert das notwendige Arbeitsgerät?
Wer finanziert (und evtl. wer befördert) das Baumaterial?
Wer stellt spezielle Arbeitskleidung (z.B. Wathosen, Schutzhelme und Arbeitshandschuhe)?
Welche Arbeitskleidung (einschl. Gum-

mistiefeln, Regenzeug etc.) muß vom einzelnen Teilnehmer gestellt werden?
Wie hoch ist der vom auftraggebenden Naturschutzverein selbst zu tragende Betrag ...
a) für Arbeitsgerät, Baumaterial u. Schutzkleidung?
b) für die unten aufgeführten Unkosten?

Ökologische Eignung und Belastbarkeit für die Errichtung eines Lagers
Welche Teile des Gebietes sind für die Errichtung eines Zeltlagers geeignet? (Ökolog. Belastbarkeit, Vorkommen von Trink- und Brauchwasser, Boden- und Grundwasserverhältnisse betr. Küchenabwasser und Standort für Behelfsklo, Möglichkeiten für Abfallkompostierung etc.)
Katasterpläne und/oder Luftbilder erleichtern die Planung und den Aufbau des Lagers!

Ver- u. Entsorgungseinrichtungen für das Lager
Welche Einrichtungen für die Existenz der Gruppe sind am Ort vorhanden bzw. müssen geschaffen werden?
(z.B. Schuppen oder Wohnzelte, Feldküche mit Herd und Spüle, Trinkwasserbehälter, Wasseraufbereitungsgerät, Sickergrube, Behelfsklo, Behälter zum Sortieren der Abfälle nach Brennbarkeit, Kompostierbarkeit etc.)
Ist am Ort ein Kraftfahrzeug, Boot, sind Fahrräder o.ä. für die Versorgung der Gruppe vorhanden, oder muß die Gruppe sich selbst damit ausrüsten?
Ist eine Telefon- oder Funkverbindung für die Alarmierung eines Arztes bei Unfällen u. Krankheiten vorhanden oder muß sie erst geschaffen werden?

Voraussetzungen für das Zusammenleben der Gruppe
Ist die Arbeitsgruppe bereits als schon länger existierende Jugendgruppe oder Schulklasse integriert?
Sind besondere landschaftsbedingte Belastungen der Gruppe (z.B. „Inselkoller", Mückenplage, schwindelerregende Felswände etc.) zu berücksichtigen?
Mit welchem Freizeitverhalten der Jugendlichen muß gerechnet werden?
Welche Möglichkeiten bestehen im Rahmen dieses Einsatzes zur Erprobung alternativer Verhaltensweisen zum stereotypen Freizeitkonsum?
Ist die Gruppe von ihrer Zusammensetzung her in der Lage, auch verhaltensgestörte Jugendliche zu „verkraften" und sozialtherapeutisch zu betreuen?

Finanzierung von Unterhalt und Reisekosten der Gruppe
Wer finanziert die Verpflegung?
(Abrechnung der Einzelbelege? – Tagessatz pro Kopf? – Pauschalsumme?)
Wer stellt Unterkunftszelte, Küchenzelt samt Einrichtung sowie Aufenthalts- u. Kommunikationszelt?
Wer finanziert die Reisekosten der Gruppe zu welchem Anteil?
Welche Ausrüstungsgegenstände (z.B. Luftmatratze u. Schlafsack) müssen vom einzelnen Teilnehmer besorgt werden?
Ist der verbleibende Unkostenbeitrag pro Kopf für diesen Teilnehmerkreis noch zumutbar?

Bürgerpflicht

Ein Industriechef bei der Wahrsagerin.
„Das sieht ja böse aus", liest sie aus seiner Hand, „morgen wird der Chemie-Kessel explodieren, große Katastrophe, die Fabrik wird zwar wieder neu aufgebaut, aber die Stadt wird evakuiert und Langzeitschäden..."
Der Besucher unterbricht sie ungeduldig.
„Das weiß ich doch alles schon, mich interessiert, ob die Polizei mich erwischen wird!"

In unserem Staate haben wir eigentlich ein Recht auf Schutz des Eigentums, auf Schutz der Gesundheit und auf Schutz der lebenswerten Umwelt. Wie schwer es ist, diese Rechte richtig zu verstehen und zu handhaben, zeigen die vielen Gerichtsverfahren, zu denen es in Zweifelsfällen kommt. Ein Staat, das sind alle Bürger zusammengenommen, die sich nach vereinbarten Spielregeln (Gesetzen) verhalten.
Wenn hier einzelne die Gesetze brechen, sind andere aufgerufen, auf die Einhaltung der Gesetze zu achten und die Wiedergutmachung der Schäden zu fordern. Das sieht alles einfach aus, wird aber dann kompliziert, wenn jemand persönliche Interessen an Geld oder Macht gegen die Interessen von Natur und Umwelt ausspielt. Vielen Leuten, die auf die Einhaltung der Gesetze bedacht sein sollen, ist das persönliche Anliegen, mehr Gewinn zu machen, verständlicher und damit überzeugender als das Anliegen, ein letztes Moor unberührt zu lassen.
Deswegen werden Gesetze häufig sehr großzügig zum Schaden z.B. eines Bruchwaldes ausgelegt.
Politisch wie wirtschaftlich haben wir zur Zeit sehr kurze Planungsräume. Oft werden kurzzeitige Vorteile z.B. der billigen elektrischen Energie betont, ohne deren langfristige Schäden z.B. durch Atommüll zu bedenken. Viele Bürger haben über verantwortliches Handeln gegen die Natur und Umwelt eine andere Meinung als einige Politiker und Firmenchefs. Es haben sich Bürgerinitiativen gebildet, die ihrer Bürgerpflicht nachkommen, demonstrativ Gefahren für die lebenswerte Umwelt abzuwenden.
Diese Darstellung der politischen Bürgerpflicht haben wir etwas vereinfacht, um schnell auf das Problem zu sprechen zu kommen, um das es uns in diesem Buch geht: die Aktionen von Bürgerinitiativen.
Viele dieser Aktionen können wir in der Jugendgruppe nämlich nur bedingt nachmachen. Es ist oft besser, sich dabei zu beteiligen, sich also an die Strategien und Anweisungen der Erwachsenen zu halten. Oder ihr müßt für solche Aktionen einen Erwachsenen finden, der euch in „heißen" Situationen sicher hilft.
Damit nun klar ist, welche Arten von Aktionen gemeint sind, zitieren wir als Beispiel einen Aktionskatalog gegen das Waldsterben aus den Umweltinformationen des Bundesverband Bürgerinitiativen Umweltschutz (BBU) Niedersachsen. Die Aktionen, die für die Jugendgruppe problematisch werden können, haben wir mit einem Sternchen gekennzeichnet:

Persönliche Aktionen
Leserbriefe an Zeitungen
Gespräche mit Nachbarn und Freunden führen
Kennzeichnung kranker Bäume
Aktion „Ruf doch mal an ... aber massenhaft"
Stromabschaltung
* Aktion Giroblau
Postkartenaktion an Regierung und Hauptverschmutzer
* Klagen
Tempo 100 auf Autobahnen und Bundesfernstraßen
* Krankenversicherung ansprechen
* Gespräche mit Gewerkschaftern führen

Aktionen gegen Energieversorgungsunternehmen (EVU) und industrielle Anlagen
* Vorstände, Aufsichtsräte, Verwaltungsbeiräte von Energieversorgungsunternehmen beim Namen nennen und dies öffentlich bekannt machen
* Aktionen auf Aktionärsversammlungen der EVU und großer Unternehmen, Luftballonaktionen zur Kennzeichnung der Abgasfahnen
Versand kranker Bäume an EVU (Baumrecycling)
Aktion „Ruf doch mal an ... aber massenhaft"
Aktion Giroblau
Lokale Energieversorgungskonzepte erarbeiten
Mahnwachen und Mahnmale bei verantwortlichen Managern
*Einfluß auf Geschäftspolitik durch Druck auf öffentliche Entscheidungsträger

Aktionen zur Beeinflussung von Politikern
Aktion „Ruf doch mal an ... aber massenhaft"
Verantwortung für die Energiepolitik aufzeigen (Plakat)
Anträge an Kommunale Parlamente für Umrüstung aller Dienstfahrzeuge und Einrichtung von Tankstellen mit bleifreiem Benzin
*Anträge und Konzepte für lokale Energiemaßnahmen stellen
*Mahnwachen vor verantwortlichen Politikern
*Besuch von Wahlveranstaltungen und Forderungskatalog präsentieren
Verleihung eines ‚sauren Baumes' an umweltfeindliche Politiker

Internationale Aktionen
Gemeinsame Aktionen im Grenzgebiet gegen Verschmutzer
Partnerstadtaktionen gegen Waldsterben (deutsch-französische Partnerstadt)
Kampagne zur Europawahl am 17. Juni durch Besuch von Wahlveranstaltungen
*Treffen mit Umweltverbänden aus Ost und West durchführen

Öffentlichkeitsarbeit und Aufklärung
Waldführungen und Wanderungen in betroffene Gebiete durchführen
Tafeln und Stellwände aufstellen
Kennzeichnung kranker Bäume
Kartierung lokaler und regionaler Luftverschmutzer
* Videofilme und Filme erstellen
Symbolische Beerdigung gestorbener Bäume
Aufklärung über Zusammenhänge von Energiepolitik, Umweltpolitik und Zechensterben an der Ruhr
* Veranstaltungen mit Gewerkschaftern, Landwirten und Ärzten durchführen
Aufklärung über Gesundheitsschäden durch Blei im Benzin und Luftschadstoffe
Aufklärung und Aktionen zu Beschädigungen von Kulturdenkmälern durch Luftverschmutzung

Juristische Aktionen
* Klagen gegen Genehmigungsbescheide
* Einsprüche bei Planfeststellungsverfahren
* Massenpetitionen
* Klagen auf Schadenersatz durch Betroffene

Koordination und gemeinsame Aktionen
Aktion Weihnachtsbaum
* Überregionale Demonstration gegen die Inbetriebnahme des Kraftwerkes Buschhaus in Niedersachsen
* Einrichtung einer gemeinsamen Koordinierungsstelle „Luftverschmutzung und Gesundheit"
* Demonstration mit kranken Kindern
* Forderung nach unabhängiger Ursachenforschung
* Massenpetition
* Einrichtung eines juristischen Arbeitskreises
* Aktion Giroblau
Erarbeitung eines Aktionshandbuches für die Gruppen vor Ort, in dem Anregungen und Materialien enthalten sind
Einrichtung eigener Emissionsmeßstellen
* Einrichtung eines überregionalen Arbeitskreises Medien
Erstellung einer Medienliste
* Einrichtung eines Arbeitskreises Ärzte
Partnerstädte in allen Ländern suchen
Aktionstag Stromabschaltung
* Aktionen vor Botschaften in Bonn
* Aktionen bei EG-Gipfel in London und Paris
* Durchführung einer weiteren Aktionskonferenz im nächsten Jahr
Bundesweite Aktionswoche gegen das Waldsterben unterstützen Bundesweite Aktionen z.B. an den Wochenenden 2./3. 6. 1984 und 15./16. 9. 1984 zur Verdeutlichung der Schadensentwick lung im Wald innerhalb eines kurzen Zeitraumes – möglichst in Zusammenarbeit mit Volkshochschulen, Kirchen, Vereinen und den Forstämtern

Beispiel Buschhaus
Ein Beispiel für eine große Aktion ist der Protest gegen unnötiges Schwefeldioxid aus dem Kohlekraftwerk in Buschhaus. Dieses neue Elektrizitätswerk soll ohne Anwendung neuer (umweltfreundlicher) Gesetze in Betrieb gehen.
Die genannten Aktionsziele gehen weit über die Möglichkeiten regionaler Jugendgruppen hinaus. Und diesem Forderungskatalog ist leider auch nicht anzumerken, wie wichtig die (mit-) Arbeit der „kleinen" Aktivitäten Jugendlicher tatsächlich ist. Es fehlt ein persönlicher Hinweis: ... wir sind betroffene Bürger und sorgen uns um unsere Zukunft, ... wir passen auf ... usw.
Und nun der Text des Aufrufes zur Aktion gegen Schwefeldioxid aus Buschhaus:

Buschhaus – 1978 genehmigt, noch nicht fertiggestellt – und schon eine Altanlage. Buschhaus – 12650 mg SO_2/m^3, 18,6 t SO_2/h, 6% der SO_2-Emissionen der bundesdeutschen Kohlekraftwerke, mehr als das 30fache des Wertes für Neuanlagen nach der Großfeuerungsanlagen-Verordnung.
Buschhaus – ohne Entschwefelung.
Buschhaus – Ruin des Kohlebergbaus.
Buschhaus – grenzüberschreitende Umweltzerstörung.
Wir wollen fragen: „Politiker, wessen Wohl vertretet Ihr eigentlich?"
Wir wollen für eine umweltfreundliche Nutzung der Kohle, für eine Energiewende, eine neue Verkehrspolitik, eine verantwortungsvolle, zukunftsorientierte Arbeitsmarktpolitik, zukunftsträchtige Technologien, eine menschen- und umweltfreundliche Zukunft demonstrieren:
– *Gegen das Waldsterben!*
– *Für Entschwefelung!*
– *Für Abgasreinigung!*
– *Für umweltfreundliche Kohlenutzung!*

Wir fordern als Not- und Sofortprogramm:

- Drastische Reduzierung des Schadstoffausstoßes bei Kraftwerken und Industrieanlagen unter Anwendung der modernsten technischen Methoden auf Kosten der Verursacher.
- Verschärfung und Anwendung der TA Luft und der Großfeuerungsanlagen-Verordnung; Maßstab ist die Existenzsicherung der Kleinkinder und der empfindlichsten Tiere und Pflanzen.
- Einführung einer umfassenden Schadstoffabgabe (insbesondere für Schwefeldioxid, Stickoxide und Schwermetalle).
- Sofortige Einführung bleifreien Benzins. Wirksame Abgasentgiftung für alle Kraftfahrzeuge.
- Eine umweltfreundliche Verkehrspolitik mit Förderung und Priorität für die Bundesbahn, Ausbau des Personennahverkehrs und Geschwindigkeitsbeschränkungen (Tempo 100 auf Autobahnen, Tempo 80 auf Landstraßen).
- Novellierung des Energiewirtschaftsgesetzes von 1935.
- Einheitliche europäische Regelung zur Reduzierung der Luftverschmutzung auf dem höchsten Umweltstandard (weltweiter Stand der Technik).

Diese Abbildung kannst du für eigene (Demo-) Aktionen verwenden, schreibe in die leeren Transparente euer Ziel und den Namen eurer Gruppe hinein.

Wümmewiesen

Bericht von einer Aktion zum Schutz von Feuchtwiesen

Liebe Leser,
die Jugendgruppe des BUND – Landesverband Bremen –, die seit 2½ Jahren besteht, und in der zur Zeit etwa 15 Jugendliche im Alter von 12–18 Jahren aktiv sind, hat sich in der letzten Zeit zunehmend mit folgenden Aktionsschwerpunkten befaßt:
„Die weitgehende Unterschutzstellung der Borgfelder Wümmewiesen und die Erhaltung des Niedervielandes."
Die Wümmewiesen, die im nordöstlichen Teil Bremens liegen, werden überwiegend extensiv bewirtschaftet. Aufgrund der wasserstandsbedingten unterschiedlichen Lage einzelner Wiesenteile wird die Grünlandnutzung in Weiden und Mähwiesen unterschieden. Durch das Gebiet selbst fließen drei, z. T. noch unbegradigte, naturnahe Altarme der Wümme. Des weiteren wird das Gebiet von mehreren Entwässerungsgräben durchzogen. Trotzdem handelt es sich bei diesem Gebiet um ein wertvolles Feuchtgebiet. Aufgrund dieser Umstände findet eine Vielfalt von seltenen Tier- und Pflanzenarten dort einen Lebensraum. Da wir eine Jugendgruppe mit ornithologischem Schwerpunkt sind, haben wir uns weitgehend mit der Bestandsaufnahme der dort vorhandenen Brutvogelarten befaßt. An der Bestandsaufnahme waren acht Ornithologen beteiligt. Diese hielten sich nahezu täglich im entsprechenden Gebiet auf und haben von Zeit zu Zeit einige Begehungen durchgeführt. Die Daten dieser Begehungen wurden, mit Symbolen versehen, in eine Karte im Maßstab 1 : 5000 eingetragen. Alle gesammelten Daten der Ornithologen wurden am Ende der Bestandsaufnahme zusammengetragen, um eine Übersichtskarte der verschiedenen Brutvogelarten anzufertigen. Darüberhinaus wollten wir durch gezielte Öffentlichkeitsarbeit die Bevölkerung auf die Schutzwürdigkeit der Borgfelder Wümmewiesen aufmerksam machen. Um dieses Ziel zu verwirklichen, errichteten wir vor Ort Informationsstände, um weitgehend die Besucher über das Problem aufzuklären. Außerdem fanden noch zahlreiche andere Info-Veranstaltungen, in erster Linie im Zentrum Bremens, statt. Um das Interesse der Bevölkerung zu verstärken, haben wir vogelkundliche Führungen angeboten, um die Besucher direkt die Natur erleben zu lassen. Doch damit waren unsere Bestrebungen noch lange nicht am Ende. Im Moment beschäftigen sich einige Jugendliche aus unserer Gruppe mit einer Wintervogel- und Wasserflächenkartierung.

Durch unsere Aktionen trugen wir maßgeblich dazu bei, daß ein Naturschutzverfahren in Gang gekommen ist. Wir hoffen, daß wir alle durch unseren aktiven Einsatz für dieses Gebiet dazu beigetragen haben, dem angestrebten Ziel dieser Arbeit näherzukommen.
Ähnliche Aktionen führten wir in Niedervieland durch.
Das Niedervieland liegt im nordwestlichen Teil Bremens, links der Weser. Das Niedervieland besteht weitgehend aus extensiv bewirtschafteten Wiesenteilen und großflächig angelegten Spülflächen. Aufgrund dieser Gegebenheit finden zahlreiche Tier- und Pflanzenarten hier einen Lebensraum. Auch hier führten wir Bestandsaufnahmen durch, die uns vor Augen führten, daß das Gebiet unbedingt geschützt werden müßte. Da das Niedervieland unmittelbar bedroht ist, machten wir die Öffentlichkeit besonders durch zahlreiche Info-Stände auf das Problem aufmerksam. Darüberhinaus sammelten wir zahlreiche (ca. 6000) Unterschriften in den angrenzenden Wohngebieten. Da die Aussichten zur Rettung des Niedervielandes nicht sehr groß sind, werden wir uns verstärkt für die Erhaltung dieses ökologisch wertvollen Gebietes einsetzen.

Mit freundlichen Grüßen

Claudia Christiansen
Irene Mauruschat
Harald Hartlieb
Stephan Pfützke
Martin Scheuer

Teich

Wer einem andern eine Grube gräbt...
hilft vielleicht bei einer Teich-Aktion.

Kleine Teiche, Weiher und Tümpel sind heute fast eine Mode, und sowohl Gartenbesitzer als auch viele Gemeinde-(Garten)-Ämter haben schon Teiche angelegt.
Diese Entwicklung macht uns froh und mutig, es auch selbst zu versuchen. Bevor du nun mit einer Gruppe einen Teich anlegst, seht euch natürliche Teiche oder auch ältere künstliche Tümpel in eurer Nähe an. Beobachtet Tiere und Pflanzen im Wasser und an den Ufern und versucht zu erkennen, wie der Lauf der Sonne auf den Teich wirkt. Hierbei werdet ihr sehr schnell bemerken, wie vielfältig und verschiedenartig das Leben am Wasser sein kann. Bei der Gestaltung des Gartenweihers kann man ruhig seine Phantasie spielen lassen, oft wird dann dieser Weiher oder Tümpel vielfältige Schönheit und Erlebnisreichtum im Garten oder der Grünanlage bieten und eine interessante Tier- und Pflanzenwelt beherbergen.
Standort: Jeder Platz in einer Grünfläche eignet sich grundsätzlich zum Bau eines Tümpels oder Weihers. Durch Variationen von Schatten- oder Sonnenstandorten können sich verschiedene Weihertypen entwickeln. In schattiger Lage entsteht ein pflanzenarmer Typ ähnlich einem Waldweiher, der für ganz bestimmte Tierarten (z.B. Bergmolch, Erdkröte) einen guten Lebensraum darstellt. In vollsonniger Lage erreichen Algen und Wasserpflanzen ein starkes Wachstum und können auch leicht auswuchern. Hier finden sich dann in einem Verlandungsmilieu ganz andere Pflanzen- und Tierarten (z.B. Wasserfrosch, Libellen).
Optimal ist ein halbschattiger Standort, der dann auch pflanzenreich sein kann, ohne daß dabei die ganze Wasserfläche zu stark überwuchert wird.
Generell sind alle Weihertypen wertvolle Lebensräume und belebende Elemente in Gärten und Grünanlagen.
Dimensionierung: Von der Größe einer Pfütze bis zum Ausmaß eines richtigen Weihers sind alle Wasserflächen naturnah zu gestalten und deshalb als Lebensraum geeignet. Hierbei ist das Platzangebot des Gartens der begrenzende Faktor für die Weihergröße.
Auch in der Tiefe eines Weihers gibt es eine große Variationsbreite. Von wenig Zentimeter tiefen Tümpeln bis zum metertiefen Teich sind uns alle Baumöglichkeiten gegeben. Um eine artenreiche Lebensgemeinschaft im Weiher aufzubauen, muß

dieser auch entsprechend vielfältig gestaltet werden. Eine Gliederung des Weihers oder Tümpels in Flach- und Tiefwasserzonen, Anlage von Sand- und Kiesbänken, Steilufern und aufgeschütteten Steinhaufen kann diesem Anspruch gerecht werden.
Eine Mindesttiefe von 30–60 cm (tiefster Punkt) ermöglicht vielen Kleintieren und Larven das Überwintern im Tümpel. Will man Fische im Weiher halten, muß die Mindesttiefe bei frostsicheren Anlagen 80–150 cm liegen. Will man auf Dauer eine absolut freie Wasserfläche erhalten, muß der Weiher dort tiefer als 3 m sein, da hier keine Vegetation mehr möglich ist.
Steilabfallende Wasserbecken sind für viele Tierarten lebensfeindlich, deshalb sind Flachufer nach Möglichkeit vorzuziehen. Hieraus ergibt sich die Regel, daß kleine Tümpel nicht zu tief sein dürfen. Ein 2 m durchmessender Tümpel z.B. sollte nicht tiefer als 0,5–0,6 m sein.
Wasserspeisung: Gut abgedichtete Tümpel oder Weiher (Plastikfolie oder Beton) können ausschließlich mit Regenwasser gespeist werden. Besteht dennoch die Gefahr des Austrocknens, so ist er rasch mit Leitungswasser aus dem Schlauch wieder aufgefüllt. Wird ein Bach in einen Weiher eingeleitet, dann muß der Untergrund nicht absolut dicht sein (Lehm). Hierbei sollte jedoch auf die Wasserqualität des Baches geachtet werden.
Grundsätzlich kann man auch Dach- oder Terrassenflächen in den Teich entwässern. Die Entwässerung kann in einer Zisterne als Reserve gefaßt und dann allmählich in den Weiher geleitet werden. Stark verschmutztes Flächenwasser (durch Düngung, Industriestaub, Streusalz etc.) darf nicht in den Teich gelangen, da sonst dessen biologisches Gleichgewicht bedroht ist.
Je nach Größe und Nutzungsart des Weihers können Überläufe und Ablaßmöglichkeiten für Reinigungs- oder Reparaturarbeiten am Weiher vorgesehen werden.
Weiherbau:
– Bei lehmig-tonigem, wasserundurchlässigem Untergrund kann auf eine Abdichtung in der Regel verzichtet werden.
– Auf durchlässigen, leichten Kies- oder Sandböden muß technisch abgedichtet werden (Beton, Kunststoffolie).
– Kunststoffolie: Eine billige Methode ist das Auslegen mit Bauplastik (Polyäthylenfolie) vor allem bei kleineren Weihern oder Tümpeln. Der Nachteil besteht in der Gefahr, daß Pflanzenwurzeln die Folie durchstoßen oder diese durch Wasservögel und Nagetiere beschädigt und damit undicht werden kann. Die Kombination einer Lehmschicht mit einer Folie erhöht die Sicherheit der Wasserhaltung.
Teurer ist die Verwendung von dauerhaften Spezialfolien (Wurzelschutzfolien, Dachbedeckungen) mit einer Dicke ≧1 mm, Anwendung siehe Skizzenblatt!
– Beton: Den Boden der Weihermulde verdichten; danach Einbringen eines Sandbettes, worauf eine leichte Armierung (Drahtgeflecht, Eisenstäbe, Baustahlmatte) gelegt wird.
Ca. 10–20 cm Beton (Zement: Kies = 1 : 2) einfüllen und nach Wunsch den Weiher ausformen. Dabei den Beton gut feststampfen. Nach Trocknung sollte die porige Betonoberfläche mehrmals zur völligen Abdichtung mit feingesiebtem Zementschlamm oder einer Kunststoffmasse eingeschlämmt werden. Der Betonbau ist die teuerste, aber dauerhafteste Methode. Er eignet sich besonders gut für die Herstellung kleinerer Weiher oder Tümpel auf wasserdurchlässigem Untergrund, da Plastikfolien und Lehm auf den meist steileren Wänden der Kleintümpel leicht abrutschen würden. Bei zu steilen Betonwänden besteht durch Frostrißbildung im Winter die Gefahr des Undichtwerdens.

– Die Weihersohle kann nun mit nährstoffarmem Material (z. B. Sand, Lehm, Kies etc.) etwas verfüllt werden (ca. 5–20 cm je nach Weihergröße).

Bepflanzung:
Pflanzen kann man einkaufen oder in wenigen Exemplaren (oft reichen kleine Wurzelstücke) an Massenstandorten aus bestehenden Weihern holen. Am Fundort nur selten vorkommende Pflanzen dürfen nicht ausgegraben werden.
Kleinere Weiher oder Tümpel sollten nur sparsam bepflanzt werden, da sie sonst in kurzer Zeit völlig auswuchern. Hier bietet es sich an, Wasserpflanzen in mit Humus gefüllten Trögen im Wasser je nach Tiefe zu versenken. Auf diese Weise kann man leicht die Pflanzen wieder herausnehmen und etwas verkleinern, wenn sie zu üppig gewachsen sind.
Pflanzt man direkt in den Boden eines Weihers, sollten die einzelnen Pflanzen bis zum Anwachsen mit Steinen am Gewässerboden beschwert werden, da sie sonst leicht auswurzeln und im Teich herumliegen.

Besiedelung mit Tieren:
Viele Tiere werden sich nach kurzer Zeit von alleine einstellen (Libellen, Schmetterlinge, Vögel). Ansonsten kann man aus einem bestehenden Weiher einige Liter Wasser holen und in den neuen Teich einbringen. Hieraus wird sich dann schnell ein reges Wasserleben entwickeln.
Lurche lassen sich leicht ansiedeln, indem man ein wenig Laich oder einige Kaulquappen aus kleinen Tümpeln beschafft, die im Sommer sowieso austrocknen.
Fische und Lurche vertragen sich oft nicht im selben Weiher, da viele Fischarten die Larven und Jungtiere von Lurchen fressen. Aus diesem Grunde sollte man Fische durch räumliche Gliederung des Weihers von den Lurchen trennen, falls die Weihergröße dies zuläßt.
Die Tierarten, die im umliegenden naturnahen Gartengelände und am Weiher den ihnen zusagenden Lebensraum vorfinden, werden sich dann langfristig durchsetzen und die Teiche beleben.

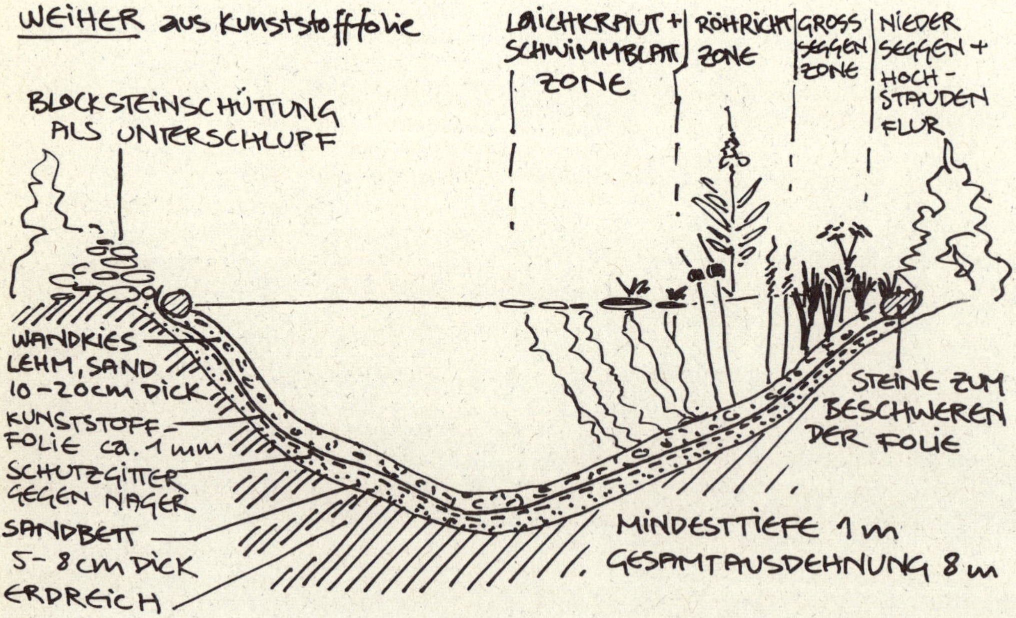

Franz Merklinger aus Stockach berichtet über einen Schulteich

Die Gründung der Bio AG fiel zeitlich zusammen mit dem Versuch, den Resttümpel einer ehemaligen Kiesgrube, etwa 8 km vom Schulort entfernt, vor dem Zuschütten zu bewahren. Der Tümpel bietet die einzige Ablaichmöglichkeit für eine große Anzahl Amphibien in weitem Umkreis.

Wir legten ein Feuchtluftterrarium mit Amphibien der näheren Umgebung an, wobei die Schüler die bedrohten Amphibien kennenlernten und beim Füttern und Betreuen der Lurche eine Beziehung zu diesen aufbauen konnten.

20 Teilnehmer der Bio AG übernahmen die Betreuung der Laichwanderung: Sie erstellen jedes Frühjahr Abfangzäune an Straßenstrecken mit Amphibienkreuzungen, sammeln die ankommenden Tiere je einmal morgens und abends aus den Falleimern auf und transportieren sie zum Laichgewässer. Sie beobachten die Entwicklung der Eier und betreuen die Rückwanderung.

In der Klasse 7 wurde der Tümpel zusätzlich Beobachtungsstation für im Unterricht anfallende Probleme: Wovon leben Amphibien und ihre Larven? Welche Feinde haben Eier, Larven, adulte Tiere? Man untersuchte wasserliebende Insekten, Krebse, Süßwasserplankton und stellte eine erste ökologische Nahrungskette zusammen.

Weitere Probleme ergaben sich aus den Beobachtungen: Wie kann das Wasser im stehenden Gewässer sauber bleiben? Woher nehmen die vielen Tiere im Tümpel den Sauerstoff? Wie wird der Tümpel mit den vielen Abfallstoffen der Tiere und absterbenden Pflanzen fertig?

Sehr bald wurde deutlich, daß unser Tümpel ohne Pflegeeinsatz sehr schnell verlanden würde, denn er bekommt ausschließlich nährstoffreiches Hangdruckwasser aus landwirtschaftlich genutzter Fläche. Nach unseren Vorstellungen schweißte uns der Hausmeister unserer Schule eine Spezialegge, mit deren Hilfe wir seitdem einen Großteil des absterbenden Pflanzenmaterials vor dem Faulen entfernen.

Die Schüler konnten sehr bald Mitschüler und Öffentlichkeit über die positiven Ergebnisse unterrichten. Innerhalb von zwei Jahren war selbst der Gemeinderat der zuständigen Gemeinde von der Schutzwürdigkeit des Gebietes und dem Engagement der Schüler so überzeugt, daß er einem Antrag auf Unterschutzstellung als flächenhaftes Naturdenkmal zustimmte.

Kontakte mit der Straßenmeisterei Stockach führten dazu, daß diese uns Hinweisschilder für die Krötenwanderung herstellte und jährlich an den Straßen aufstellt. Diese Schilder mindern vor allem die Unfallgefahr für die ablesenden Schüler.

In der Zwischenzeit wurden von uns zwei weitere Kleingewässer ausgehoben, die aufgrund ihrer andersartigen Beschaffenheit die Artenvielfalt erhöhen. (Mittlerweile sind 5600 Amphibien als Ablaicher vorhanden!) Durch Teilnahme der Schüler an der jährlichen Haussammlung der Deutschen Umwelthilfe steht uns ein Teil des Erlöses zur Finanzierung der Materialien und Arbeitsgeräte zu.

Die Erfahrungen fanden 1982 ihren Niederschlag in einer 30seitigen Dokumentation, die von den Schülern der Bio AG selbst gestaltet wurde!

Neben den positiven Erfahrungen dürfen Schwierigkeiten nicht unerwähnt bleiben:

– Durch die relativ weite Entfernung des Tümpels vom Schulort stellen sich Anfahrtsprobleme, die nur durch Mithilfe der Eltern gelöst werden können.

– Bei immer wiederkehrenden Arbeitsabläufen erlahmt der Arbeitseifer einiger Schüler sehr schnell, und sie müssen verstärkt kontrolliert werden.

– Mit der Zeit schälte sich in der AG ein harter Kern heraus, der die gesamte Arbeit gewissenhaft erledigte, während die übrigen Schüler gegen Ende der 8. Klasse nach und nach aus der Bio AG austraten.

Kröten Aktion

Nun stell dich nicht
so an,
sei doch ein Frosch

Dieter Soldan beschreibt eine Krötenumsiedlung

Das Problem, daß Krötenvölker auf dem Weg zu ihrem Laichplatz beim Überqueren von Autostraßen oft bis auf Reste dezimiert werden, aber durch Zäune, Tunnel und Absammeln leicht vor dem Straßentod bewahrt werden können, ist nun seit Jahren bekannt. In Birklingen gesellte sich zu dem üblichen Krötendilemma noch eine andere Schwierigkeit hinzu; denn hier wollte der Bund Naturschutz mehr als nur Symptomkuriererei betreiben. Mit dem bloßen Absammeln und „Über-die-Straße-Tragen" gab man sich nicht zufrieden.
Der ursprüngliche Plan war folgender: Über vier Jahre hinweg sollten die Kröten in ein neues Laichgebiet gebracht werden, das sich in einem Waldgebiet nahe Birklingen befindet. Die dreimalige Wiederholung der Umsetzaktion wäre deshalb notwendig gewesen, weil die Durchschnittszeit der Geschlechtsfähigkeit bei Kröten vier Jahre beträgt und Kröten mit konstanter Hartnäckigkeit in ihr Geburtsgewässer zum Ablaichen zurückkehren. So hätte nach vier Jahren also keine Kröte mehr von ihrer ursprünglichen Heimat im Birklinger Weiher „gewußt".
Zu diesem Zweck wurde im zeitigen Frühjahr das besagte neue Laichgebiet – ein übrigens erst vor wenigen Jahren angelegter Weiher – sorgfältig mit einem engen Maschenzaun umgeben. Hier machte vor allem die Sicherung des etwa 1,50 m tiefen Zulaufgrabens Schwierigkeiten, da der Zaun bei durchaus unangenehmer Kälte im Wasser vernagelt werden mußte. Die gesamte Arbeit führte, unter Anleitung von Oberförster Maier, die Bund Naturschutz Jugendgruppe Kitzingen aus. Als der Zaun oben umgeknickt und unten etwas eingegraben war, um den Kröten ein Überwinden des Zaunes so schwer wie möglich zu machen, konnte man der Kröteninvasion, die Ende März diesen Zaun „begutachten" würde, getrost ins Auge sehen.
Am 22. März ging es schließlich los: Oberförster Maier hatte die ersten Kröten bei leichtem Regen und relativ warmem Wetter die Straße überqueren sehen. Per Telefon wurde wiederum die Jugendgruppe zusammengetrommelt, und mit Regenmantel, Gummistiefeln, Taschenlampe und Eimer ging es nach Birklingen. Doch leider spielte das Wetter nicht ganz mit. Nach kurzer Zeit setzte kalter Wind ein, und der Regen hörte auf. So war die Ausbeute bis Mitternacht recht mager, da die Kröten bei diesem Wetter zuviel Körperflüssigkeit verdunsten und infolgedessen in den feuchten Unterschlupfen ausharrten. Nach Mitternacht „besserte" sich das Wetter wieder. Bei Windstille setzte Nieselregen ein, und hiermit setzten sich auch die Kröten in Bewegung. So konnten bis in die Morgenstunden noch

ca. 100 Kröten geborgen werden. Diese wurden in ständigem Pendelverkehr in ihre neue Heimat gekippt. Bei den weiteren Einsätzen an den folgenden Tagen zeigte sich eines deutlich: Die Population, die eigentlich gerettet werden sollte, nämlich die, die direkt bei Birklingen die Straße überquerte, war schon so gut wie erloschen. Dagegen wurden in der weiteren drei Tagen aus den Wassergräben entlang der Straße auf einer Länge von ca. 1½ Kilometern, noch knapp fünfhundert Kröten, teilweise „doppelstöckig" (Krötenmännchen klammern sich oft schon sehr früh an die weit größeren Weibchen und lassen sich tragen), in den Waldweiher verfrachtet.
Angesichts der beschriebenen Sachlage wird dies wohl die erste und letzte Verpflanzungsaktion gewesen sein, da die Populationen entlang der Straße sehr stark zu sein scheinen und im neu angelegten Weiher eine gesunde Basis für ein neues Krötenvolk gelegt ist. Man wird sich in den kommenden Jahren auf das Hinübertragen beschränken können.
Am Schluß seien noch einige Probleme und Absonderlichkeiten erwähnt, die diese Aktion deutlich machte: Beim Anlegen des Zaunes hatte man ganz vergessen, daß einige Grasfrösche und Kröten den neuen Weiher schon als Laichplatz gewählt hatten. Diese waren dann natürlich ausgesperrt. So mußten jeden Abend vor dem Zaun sitzende und manchmal entschlossen und vergeblich kletternde und grabende Amphibien über das Hindernis gehoben werden. Ein Kuriosum fiel noch ins Auge: Die Krötenmännchen waren oft dermaßen in Erregung, daß sie auch andere Männchen oder sogar manchmal den Finger eines Krötensammlers fest umklammerten. Jedenfalls herrschte in den Eimern ein lautstarkes Chaos, und so mancher Helfer mußte ziemlich grob werden, um einem Männchen klarzumachen, daß sein Finger kein Weibchen ist. Ebenso verblüfft waren die Freiwilligen, die nach etwa 10 Tagen die Kröten wieder aus ihrem Gehege fischen wollten, um sie zurück in ihre „Jagdgründe" zu bringen:
Nur noch ein Bruchteil hielt sich im Weiher und am Uferrand auf. Höchstwahrscheinlich hatte die Mehrzahl über den unverschlossenen „Mönch" ihre Rückreise selbständig angetreten. Dennoch war die Aktion ein voller Erfolg: Ende April sichtete Oberförster Meier eine Unzahl von Kaulquappen im Weiher.

Massensterben unter Rädern
Sehr wanderfreudige Amphibienarten sind vor allem durch den Straßenverkehr gefährdet. Zu den bekanntesten Laichwanderern gehören die Erdkröte und der Grasfrosch, da sie meist in größerer Zahl auftreten.
Aber auch Springfrosch, Moorfrosch, Laubfrosch, Feuersalamander sowie Berg-, Faden- und Teichmolch gehören zu den vom Straßenverkehr gefährdeten Amphibien. Vereinzelt sind zudem Wanderungen von Grünfröschen (Wasserfrosch, Teich- und Seefrosch) bekannt geworden.
Amphibienwanderungen von 3–5000 Exemplaren zu einem Kleingewässer sind keine Seltenheit. Nicht immer sind es Laichwanderer. Bei Hockenheim überquerten im Oktober 1982 über 50000 Grünfrösche eine stark befahrene Bundesstraße, um in den Waldbereichen auf der anderen Straßenseite ein Winterquartier zu suchen, nachdem im Naturschutzgebiet „Wagbachniederung" das Wasser kurzfristig abgelassen worden war. In einer Nacht wurden 10000 Frösche überfahren. Daraufhin wurde die Straße für einige Nächte gesperrt.
Auch weniger spektakuläre Ereignisse können zur Verminderung oder zum völligen Erlöschen einer ganzen Amphibienpopulation führen. Besonders gefährdet sind die Jungtiere, die das Wasser verlassen und den Landlebensraum aufsuchen.

Hilfe ist möglich
Der beste Schutz von Amphibien vor dem Auto ist natürlich immer dann gegeben, wenn eine Straße durch einen Amphibienlebensraum erst gar nicht gebaut wird. Deshalb ist es sehr wichtig, die entsprechenden Biotope zu kennen. Durch Beobachtung, Erfassung und Kartieren von Amphibien und deren Lebensweise – insbesondere durch das Feststellen der Wanderstrecken zu und von den Laichgewässern – werden wertvolle Daten gewonnen, mit deren Hilfe naturfeindliche Straßenplanungen verhindert oder zumindest beeinflußt werden können.
Wo aber Amphibien durch vorhandene Straßen gefährdet sind, gibt es Möglichkeiten zur praktischen Hilfe. Wir wollen hier einige erprobte und anwendbare Methoden für den Schutz wandernder Amphibien aufzeigen.

Wann ziehen Amphibien?
Für rechtzeitige Schutzmaßnahmen muß man den ungefähren Zeitpunkt der Amphibienwanderung wissen. Sofern es sich um plötzlich auftretende Wanderungen handelt, deren Ursachen nicht im Drang zum Laichgewässer liegen, können hierüber keine Angaben gemacht werden. Für Laichwanderer gibt es jedoch gewisse Richtwerte.
So richtet sich die Laichwanderung nicht nur nach der Jahreszeit, sondern auch nach der Witterung. Warmes und zugleich feuchtes Wetter löst vor allem bei Grasfrosch und Erdkröte größere Wanderungen aus. Die Zugzeit ist regional und lokal unterschiedlich; aufgrund verschiedener Untersuchungen gibt es jedoch gewisse Richtwerte über das ungefähre Auftreten von Lurchen auf dem Weg zum Laichplatz.
Am meisten ist über die Laichplatzwanderung von Grasfrosch und Erdkröte – den typischen Laichplatzwanderern – bekannt:
Grasfrosch:
Zieht von Mitte Februar bis Mitte April bei einer Temperatur (bei Regen) von 4,5° bis 11,5°C. Mittlere Zugnacht (durchschnittlich größtes Amphibienaufkommen): 13. März.
Erdkröte:
Zieht von Anfang März bis Ende April bei einer Temperatur (bei Regen) von 5,5° bis 11,5°C. Mittlere Zugnacht (durchschnittlich größtes Amphibienaufkommen): 27. März.
Bei trockenem Wetter sind für größere Wanderungen höhere Temperaturen erforderlich (etwa 10–18°C). Es wurden allerdings auch schon Amphibienwanderungen in kleinen Gruppen bei einer Temperatur von nur 1°C beobachtet. Die Tiere wandern meist bei Nacht zwischen 19.00 Uhr und 23.00 Uhr.

Sommerwanderungen
Neben dem eigentlichen Zug der Amphibien zum Laichgewässer sind noch folgende Wanderungen zu beachten:
- Rückzug der Alttiere vom Laichgewässer in die Sommerlebensräume. Dieser Rückzug kann bis in den Herbst hinein dauern und setzt bei einigen Arten (Grasfrosch, Erdkröte) oft kurz nach dem Ablaichen ein (lokal sehr unterschiedlich).
- Zug frisch entwickelter Jungtiere in den Landlebensraum. Hierüber ist noch sehr wenig bekannt. Junge, gerade metamorphosierte Frosch lurche können hauptsächlich im Juni/Juli in größerer Anzahl auftreten (Froschregen). Massenauftreten von jungen Schwanzlurchen wurde noch nicht beobachtet.
- Herbstzug der Alttiere vom Sommer- zum Winterquartier. Oft suchen die Tiere bereits im Sommer/Spätsommer Winterquartiere nahe den Laichgewässern auf.

Vorfahrt für Frösche
Mit der Sperrung eines Straßenabschnittes während der Laichwanderung kann den Tieren am wirkungsvollsten geholfen werden.
So hat im Frühjahr 1982 die Orts-

gruppe Alsfeld des BUND-Landesverbandes Hessen dafür gesorgt, daß Fröschen und Kröten „Vorfahrt" eingeräumt wurde. Südlich der oberhessischen Stadt Alsfeld befindet sich der auf drei Seiten von Wald umgebene „Merschröder Teich". In den vergangenen Jahren waren auf der über einen Staudamm führenden Forststraße zahlreiche Amphibien während ihrer Laichzüge von Autos überfahren worden. Die BUND-Ortsgruppe Alsfeld wollte hier nicht mehr länger tatenlos zusehen und erwirkte bei der Verkehrsbehörde des Vogelbergkreises eine nächtliche Straßensperrung. Zusätzlich zu den amtlichen Sperrtafeln wurde durch Zusatztafeln auf den Grund des Fahrverbots hingewiesen. Außerdem halfen Presseartikel in der Lokalzeitung, die Bevölkerung für den Amphibienschutz zu motivieren. Eine wirkungsvolle Maßnahme!
Völlig sinnlos sind dagegen sogenannte Warntafeln, die auf Laichwanderungen hinweisen, wenn nicht gleichzeitig eine Straßensperrung erfolgt.

Schnelle Hilfe durch Fangzäune
Wenn bislang noch nicht bekannte Amphibienwanderungen entdeckt werden und rasche Hilfe geboten ist, oder wenn die in einem Gebiet vorkommenden Arten erfaßt werden sollen, eignen sich besonders periodische Zäune.
Für einen solchen Zaun verwendet man Kunststoffolien (einfach oder mit Nylon verstärkt), wie man sie im Baustoffhandel erhalten kann. Sie sollten mindestens 40 cm hoch sein und werden an Holzpflöcken, die untereinander mit einem Draht verbunden sind, befestigt.
Anstelle von Holzpflöcken können auch umgeknickte Moniereisen verwendet werden, zwischen welche die Kunststoffolie eingeklemmt wird. Wichtig ist: Oben die Plastikfolie zur Wanderrichtung umknicken (hilft überklettern verhindern). Außerdem muß die Folie senkrecht nach oben stehen. Die oben umgeschlagene Plastikfolie sollte mit Klebeband befestigt werden; zusätzlich mit Heftklammern.
Bei der Verwendung von Moniereisen ist nachteilig, daß die Folien dann nicht optimal gespannt werden können.
Auch auf der anderen Seite der Straße muß ein Fangzaun mit Eimern zum Fang für die Rückwanderer errichtet werden. Die Rückwanderer laufen sonst vom Zaun wieder zurück über die Straße.
Die Amphibien wandern entlang den Zäunen und fallen in eingegrabene Fanggefäße (Eimer). Diese werden – damit kein Wasser einläuft – an leicht erhöhten Stellen eingegraben und sollten nicht weiter als 30 Meter voneinander entfernt sein. Ansonsten wandern die Tiere einige Zeit am Zaun entlang und kehren in die Sommerlebensräume zurück.
Sehr wichtig ist es, das Zaunmaterial gut in den Boden einzugraben, damit die Amphibien nicht darunter durchkriechen können. Die Konstruktion eines solchen Fangzaunes verdeutlichen die beiden obenstehenden Abbildungen.
Die eingegrabenen Fanggefäße müssen an jedem Morgen und zur Hauptzugzeit bei warmem regnerischem Wetter zusätzlich am späten Abend kontrolliert werden.
Nachdem die gefangenen Tiere nach Art und möglichst auch nach dem Geschlecht bestimmt sind, werden die Daten in einen Kontrollbogen eingetragen.
Im Fanggefäß werden die Tiere auf die andere Straßenseite getragen und an einer Stelle freigelassen, wo sich Versteckmöglichkeiten befinden.
Bei Amphibienmassakern kann die Verlustquote mit einem periodischen Fangzaun rasch auf Null gesenkt werden. Amphibien sollten jedoch vor dem Straßenverkehrstod langfristig bewahrt werden, weshalb dauerhafte Lösungen gefunden werden müssen, die mit wenig Unterhaltsaufwand für lange Zeit ihren Zweck erfüllen.

Dauereinrichtungen

Als Dauerlösungen für den Amphibienschutz an Straßen kommen in Frage:

- festinstallierte Fangzäune
- Fangzäune zum einfachen Auswechseln
- Fangeinrichtungen aus Beton
- Einbau von Unterführungen zusammen mit Dauerzaun.

Die Montage eines festinstallierten Fangzaunes erfolgt wie bei einem periodischen Zaun nur unter Verwendung von dauerhafteren Materialien wie verzinktem Maschendraht (Lochweite nicht größer als 4 mm, wenn auch mit wandernden Molchen zu rechnen ist) oder gelochten Zinkblechplatten. Engmaschiger Draht oder Zinkblech lassen sich auch als dauerhafte Lösung am unteren Ende von Wildschutzzäunen, wie sie an vielen Straßenabschnitten stehen, befestigen.

Wo das Gelände nicht allzu uneben ist, können Doppel-T-Eisen eingegraben werden. Jeweils zwischen zwei solche Pfosten werden die Zaunelemente geschoben. Hierfür bieten sich an: Holzbohlen (Douglasie verzieht sich nicht), kunststoffummantelte Preßholzbretter (teuer), Eternitplatten (leicht zerbrechlich), mit Maschendraht bespannte Holzrahmen. Damit die Tiere nicht durchschlüpfen, müssen auch hier die Elemente gut in den Boden eingegraben werden. Beide Lösungen sind zwar dauerhafter als Plastikzäune, sind jedoch nach wie vor mit dem Aufwand der täglichen Kontrolle zur Zugzeit verbunden.

Bei Straßen, die auf Dämmen oder in Einschnitten geführt werden, bieten sich Betonelemente in L- oder U-Form als Fangeinrichtungen an. Damit diese Fangeinrichtungen nicht zu Fallen für Amphibien und andere Tiere werden, müssen sie auf jeden Fall mit einer Unterführung verbunden sein. Der Einbau von Betonelementen ist zwar die dauerhafteste Lösung, bringt aber einen sehr hohen Kostenaufwand mit sich und läßt sich wegen der landschaftsoptischen Probleme oft nicht verwirklichen.

Amphibienunterführungen

Wo irgendwie möglich, sollten Unterführungen – sog. Krötentunnel – verwendet werden. Dabei werden mittels der oben beschriebenen Fangzäune die Amphibien in Straßenunterführungen gelenkt. Manchmal können bereits bestehende Unterführungen benutzt werden (sie dürfen nicht unter Wasser stehen). Ist dies nicht möglich, baut man Betonröhren als Tunnel ein. Diese sollten einen Mindestdurchmesser von 100 cm (wenn möglich mehr) aufweisen und, damit einlaufendes Wasser abfließen kann, mindestens 1 % Gefälle haben. Sehr wichtig ist der Lichteinfall; die Tiere müssen den Ausgang erkennen können, damit der Tunnel angenommen wird.

Neben den herkömmlichen Rundrohren gibt es auch Betonrohre mit einem sog. Maulquerschnitt oder in rechteckiger Ausführung. Die beiden letztgenannten sind aufgrund der breiten Bodenfläche besonders gut als Amphibientunnel geeignet.

Gut bewährt haben sich Einwegröhren. Hierbei erfolgt die Hin- und Rückwanderung durch zwei getrennte Röhren. Damit die Röhren angenommen werden und die Amphibien nicht an den Eingängen vorbeiwandern, werden an jedem Röhreneingang – einmal vom Landlebensraum her und einmal aus der Richtung des Laichgewässers her – sog. Einfallschächte installiert. Diese werden am besten aus Betonringen mit einem Durchmesser von mind. 40 cm installiert. Der Boden des Einfallschachtes wird nicht befestigt, sondern mit einer Kiesschicht als Dränage versehen.

Hierdurch wird sichergestellt, daß die Tiere nicht in angestautem Wasser ertrinken können. Eine Sichtblende verhindert zu großen Lichteinfall, eingefallene Amphibien werden so nicht irritiert und streben dem Röhrenausgang zu. Können Röhren mit Einfallschächten aufgrund der Topographie oder aus Kostengründen nicht eingebaut werden, empfiehlt es sich, die Tiere auf eine in beide Zugrichtungen verwendbare Röhre durch trichterartig

erstellte Fangzäune zu lenken. Bei der Zaunerstellung ist daher auf die Zugrichtung zu achten.
Kommen die Tiere etwa in einem Winkel unter 60 Grad auf den Zaun, wandern sie bis 200 m seitlich. Durch einen entsprechenden zickzack-förmig gebauten Zaun können diese spitzen Winkel realisiert werden, womit eine Lenkung zu der/den Röhre(n) erreicht wird.

Wartung der Röhren
Eine gewisse Wartung der Röhren läßt sich nicht umgehen. So ist es schon vorgekommen, daß sich an Fugen aufgrund angeschwemmten Laubes und Erdmaterials ein kleiner Erdwall gebildet hatte: Alle Laichwanderer kehrten um. Die Röhren sollten daher einmal im Jahr – vor der Laichwanderung – durchgespült werden.

Was ist sonst noch zu beachten?

- Die Besitzer der Grundstücke, an denen Schutzmaßnahmen durchgeführt werden, müssen nach ihrem Einverständnis gefragt werden und eine schriftliche Zustimmung geben.
- Die Betonröhren dürfen nicht aus schnell abbindendem Zement hergestellt sein und müssen vor dem Einbau längere Zeit im Wasser gelagert werden, da sie sonst nicht angenommen werden.
- Beim Bau von Amphibienzäunen oder -tunnels ist auf die Wanderrichtung der Tiere zu achten, damit die Maßnahmen ihre Ziele nicht verfehlen. Vor der Installation dauerhafter Einrichtungen sollte die Wanderrichtung durch Beobachtungen an einem provisorischen Zaun festgestellt werden.
- Die Schutzmaßnahmen sollten mit dem zuständigen Straßenbauamt und dem Straßenbaulastträger abgestimmt oder – noch besser – zusammen mit diesen oder von diesen durchgeführt werden. Diese Stellen können auch fachtechnisch beraten.
- Über das Vorhaben sollten rechtzeitig auch die zuständigen Naturschutzbehörden informiert werden.
- Befindet sich eine Straße, an welcher Amphibienschutzmaßnahmen ergriffen werden, im Wald, ist auch das jeweilige Forstamt zu informieren. (Holzfällarbeiten gefährden oft die Zäune). Seitens der Forstverwaltungen werden oft auch Baumaterialien wie Holzpflöcke kostenlos zur Verfügung gestellt.
- Die Schutzeinrichtungen – insbesondere Amphibientunnel – sind oft sehr teuer. Vor der Realisierung muß daher ein Finanzierungsplan erstellt und wenn möglich ein Finanzierungsträger gefunden werden. In Frage kommen hierfür die Gemeinden, die Naturschutzverwaltungen, die Forstverwaltung und die Straßenbaubehörden bzw. der Straßenbaulastträger.
- Bevor mit einem möglichen Finanzierungsträger verhandelt wird, sollte die Problemstellung mit den bekannten Fakten kurz schriftlich dargestellt werden.
- Bei Einrichtung der Schutzvorrichtungen muß bereits festgelegt sein, wer diese später betreut. Besonders bei periodischen Maßnahmen ist während der Laich- und Rückwanderung eine ständige (d.h. tägliche) Überwachung notwendig. Es empfiehlt sich die Aufstellung eines Einsatzplanes.
- Eine Betreuung auf örtlicher Ebene mit zuverlässigen Helfern ist hierfür Grundvoraussetzung. Wenn Schutzmaßnahmen sinnvoll sein sollen, müssen sie langfristig und nicht nur in einem Jahr durchgeführt werden.
- Alle im Rahmen der Schutzaktionen gewonnenen Daten, wie Art und Anzahl der geretteten Tiere, Geschlechterverhältnis, Wanderrichtung, Zugzeit, Temperatur usw. sollten erfaßt und nach Möglichkeit einer Dokumentationsstelle zugeleitet werden (in den einzelnen Ländern gibt es schon verschiedene Arbeits-

gemeinschaften auf privater oder amtlicher Basis). Die Adressen können jeweils bei dem für Naturschutz zuständigen Ministerium erfragt werden.

- Über die getroffenen Schutzmaßnahmen sollte über die Presse auch die Öffentlichkeit informiert werden, damit man auf die Gefährdung der Amphibien aufmerksam wird.

Dauerzäune und Jungtiere – ein Problem

Wie sich Dauerzäune langfristig bewähren, kann noch nicht vorausgesagt werden, da hierüber noch zu wenig Erfahrungen vorliegen. So ist zu befürchten, daß die jungen Amphibien nach dem Verlassen der Laichgewässer nicht am Zaun entlangwandern, sondern dort allmählich vertrocknen oder gefressen werden. Deshalb ist es besonders wichtig, gerade hinsichtlich des Zuges der Jungtiere entsprechendes Datenmaterial zu sammeln und auszuwerten.

Krötentunnel in Niedersachsen

Im Frühjahr 1983 erschien in Hannover im „Informationsdienst Naturschutz" des niedersächsischen Landesverwaltungsamtes eine Arbeit über den Erfolg von Amphibiendurchlässen in Straßen.

Dreizehn niedersächsische Krötentunnel wurden hinsichtlich ihrer Bedeutung für die jeweiligen zu schützenden Amphibienbestände untersucht. Die einzelnen Tunnel waren in Bundes-, Land-, Kreis- und Stadtstraßen eingebaut.

Zusammengefaßt werden folgende Erfahrungen mitgeteilt und diese Empfehlungen gegeben:

- Für die Durchlässe haben sich gewässerte Betonröhren bewährt. Stahlrohre sind wegen ihrer guten Kälteleitfähigkeit relativ ungeeignet.
- Aufgrund der hohen Investitionskosten für Abschrankung und Tunneleinbau sollte durch einen Fangzaun und Fangeimer über mindestens zwei Laichperioden hinweg beobachtet werden, ob der Einbau von Durchlässen sinnvoll ist.
- Der Einbau der Rohre sollte nicht unmittelbar vor Beginn der Krötenwanderung im Frühjahr erfolgen.
- Eine Durchlaßentfernung von ca. 80 m zwischen den einzelnen Rohren ist sinnvoll.
- Eine Röhrenlänge von 15–20 m sollte nicht überschritten werden, ist die Straße wesentlich breiter (Autobahn), so ist ein Durchmesser von 150–200 cm notwendig.
- Röhrendurchmesser unter 60 cm werden als nicht erfolgversprechend angesehen.
- Das Innere der Tunnel sollte eine Bodenschicht Laub, Vegetation bzw. Erde aufweisen, damit die wandernden Amphibien diese Durchlässe verbessert annehmen.
- Die Kosten für eine optimale Anlage liegen bei ungefähr 50000,– bis 100000,– DM.

Literatur:

Folgende weiterführenden Werke rund um die Amphibien könnt ihr beim B.U.N.D-Verlag in 7800 Freiburg, Erbprinzenstraße 18 erhalten:

Schreiber, Thielcke, Herrn, Hutter: RETTET DIE FRÖSCHE (1983); durchgehend farbige Abbildungen, 29,80 DM.
Das erste umfassende Buch über die Biologie, Verhaltensweisen, Bedrohung sowie Schutzmöglichkeiten aller einheimischen Amphibien. Das Buch zur gleichnamigen BUND-Aktion 1983.

Feldmann: DIE AMPHIBIEN UND REPTILIEN WESTFALENS (1981); 18,– DM.
Bericht über eine nahezu lückenlose Kartierung der Amphibien in Westfalen. Für jede vorkommende Art wird der Status, die Verteilung, Lebensraum und der Jahresrhythmus angegeben.

Bund Naturschutz in Bayern: ÖKOLOGISCHER GARTEN (1982); 5,80 DM.
Dieses Buch gibt Aufschluß über die

Bedeutung und Anlage naturgemäßer Gärten.
Grossenbacher: AMPHIBIEN UND VERKEHR (1981); 3,– DM
Diese Broschüre ist derzeit vergriffen, eine Kopie kann gegen Einsendung von 3,– DM bezogen werden beim: BUND-Naturschutzzentrum Mühlbachstr. 2, 7760 Radolfzell 16
Bittner/Meffert: RETTET DIE FRÖSCHE (1983); 3,50 DM.
Dieses 16seitige, durchgehend farbige Bilderheft des Friedrich Verlags in Hannover richtet sich in erster Linie an interessierte Kinder und Jugendliche.

Warum sind die Amphibien bedroht?
Eine Vielzahl von Ursachen ist dafür verantwortlich zu machen, daß von den neunzehn in der BRD und der Schweiz vorkommenden Amphibienarten über die Hälfte bedroht ist.

Vernichtung der Laichgewässer
Die meisten Amphibienarten benötigen Gewässer, um sich fortpflanzen zu können. Gerade in den letzten zwanzig Jahren wurden Teiche, Weiher, Tümpel, Gräben und Sümpfe zerstört – trockengelegt, zugeschüttet oder mit Chemikalien unbewohnbar gemacht.

Straßenbau
Amphibien verbringen die meiste Zeit ihres Lebens an Land, Erdkröten wandern regelmäßig mehrere Kilometer zwischen Sommerlebensraum, Winterlebensraum und Laichgewässer.
Der nahezu ungebremste Straßenbau der vergangenen Jahrzehnte hat viele Amphibienbestände zum Erlöschen gebracht. Schon eine Verkehrsbelastung von 15–20 Fahrzeugen pro Stunde führt zum Tod von etwa 50% aller Amphibien, die die Straße überqueren wollen.

Intensivierung der Landwirtschaft
Zusammen mit der auch für Amphibien verheerenden Ausräumung der Landschaft durch die Flurbereinigung führte die Intensivierung des Dünger- und Chemikalieneinsatzes zu einer großflächigen Lebensraumvernichtung.

Pflanzenschutzmittel
Der immer noch steigende Einsatz von Unkraut- und Schädlingsbekämpfungsmittel hat für Amphibien tödliche Folgen: Da sie vor allem durch die Haut atmen sind sie weitgehend schutzlos gegen giftige Chemikalien und sterben eines lautlosen aber grausamen Todes. Wer in seinem Privatgarten Pflanzenschutzmittel einsetzt, muß damit rechnen, alle hier vorkommenden Amphibien zu töten.

Gewässer

„Wieso ist der Rhein ein Jungbrunnen?"
„Wenn du einen Schluck davon trinkst, wirst du nicht alt!"

Zur Untersuchung von Fließgewässern gibt es eine Reihe von komplizierten Methoden, die schwer zu verstehen sind. Doch wir haben hier einfache, von jedermann anwendbare Methoden zusammengestellt, die euch behilflich sind, Aussagen über die Güte der untersuchten Gewässer zu machen.

Es gibt fünf Güteklassen für Gewässer:
Güteklasse I:
Klares Wasser in Quellgebieten, Gebirgsbächen und Alpenseen mit steinigem, kiesigem oder sandigem Untergrund. Der Gehalt an Faulstoffen ist sehr gering. Es werden viele verschiedene Arten vorgefunden, aber wegen des geringen Nährstoffgehalts wenig Tiere insgesamt. Die Fische laichen in diesen Gewässern.
Güteklasse II:
Durch organische Stoffe gering verschmutztes Wasser mit ähnlichem Untergrund wie bei Güteklasse I. Teilweise ist der Untergrund aber schlammig. Guter Pflanzenwuchs, viele Kleinlebewesen und Fische sind anzutreffen.
Güteklasse III:
Mit organischen Stoffen, hauptsächlich Pflanzennährstoffen, verschmutztes Wasser. Starker Sauerstoffverbrauch durch Massenentwicklung von Mikroorganismen. Wirbellose Tiere, aber wenig Fische leben in diesem Wasser.
Güteklasse IV:
Starke Wassertrübung durch Abwassereinleitung. Hoher Nährstoffgehalt verursacht im Untergrund Fäulnisprozesse, dadurch sinkt der Sauerstoffgehalt auf geringe Werte. Wenige Arten treten auf, diese aber massenhaft. Fische sind nur örtlich begrenzt lebensfähig.
Güteklasse V:
Übermäßige Verschmutzung durch organische und giftige anorganische Abwässer. Durch sehr starke Fäulnisprozesse fehlt der Sauerstoff fast völlig, so daß keine höheren Lebewesen anzutreffen sind. Fische fehlen fast vollständig.
Für die Gewässergütebestimmung brauchst du:
Gummistiefel, ein Sieb, z. B. ein Teesieb, einen weichen dicken Wasserfarbenpinsel zur behutsamen Entnahme der Tiere von den Steinen, einen Bestimmungsschlüssel, Marmeladengläser zum Sammeln der Tiere, Schreibzeug, einen weißen Teller, eine Lupe, ein Stabthermometer, pH-Indikatorpapier – frag am besten deinen Chemielehrer, ob er dir ein paar Streifen gibt –, einen Meßstab mit weißer Porzellanscherbe, um die Sichttiefe zu messen.

1. Physikalische Methoden

Temperatur

Da die Temperatur im Fließgewässer für das Wachstum der Pflanzen und Organismen und für das Lösungsvermögen des Sauerstoffs von entscheidender Bedeutung ist, beginnst du mit dem Messen der Temperatur. Wenn das Wasser über 28°C hat, ist für die Lebewesen zu wenig Sauerstoff da.

Sichttiefe

Zur Ermittlung der Sichttiefe benötigst du eine weiße Porzellanscherbe oder eine weiße Kachel, die waagrecht an einem Meßstab befestigt ist. Halte diesen so lange ins Wasser, bis du sie gerade noch erkennen kannst. Die Eintauchtiefe ist dann ein Maß für die zur Zeit der Messung vorherrschende Trübung.

Fließgeschwindigkeit

Zur Ermittlung der Fließgeschwindigkeit benötigst du eine Uhr mit Sekundenzeiger. Stecke je nach Strömung eine Meßstrecke von 3–5 m ab – bei starker Strömung 10 m. Auf Kommando des Zeitnehmers werden am Anfang der Meßstrecke ein Stöckchen oder etwas Laub in die Strömung geworfen. Die Zeit zum Durchlaufen der Meßstrecke wird gestoppt. Ein schnellfließendes Gewässer hat – im Gegensatz zu langsam fließenden Gewässern – eine größere Selbstreinigungskraft. Spüre den Strömungsdruck mit deinen Armen.

2. Chemische Methode

pH-Wert

Ein Gewässer mit dem pH-Wert 7 reagiert neutral. Bei saurem Wasser fällt der pH-Wert unter 7; alkalisch ist ein Gewässer, wenn der pH-Wert über 7 ansteigt.
Miß den pH-Wert mit Indikatorpapier.

3. Biologische Methode

Das Vorkommen bestimmter Lebewesen in einem Gewässer läßt auf die Gewässergüte schließen.
Versuche in dem zu untersuchenden Gewässer die kleinen Tierchen zu finden, z.B. hinter und unter Steinen. Entferne sie mit dem Pinsel und bringe sie auf den weißen Teller. Du wirst staunen, wie viele es sind. Die meisten wären dir wohl gar nicht aufgefallen, wenn du nicht extra nach ihnen gesucht hättest. Sie verstecken sich hinter den Steinen und haben auch Tarnfarben, um von Feinden nicht entdeckt zu werden. Schau sie dir mit der Lupe an und versuche sie mit Hilfe des Bestimmungsschlüssels zu benennen.
Untersuche auch den Gewässerboden. Siebe den feinen Boden aus und entferne die Pflanzenteile, auch da wirst du die kleinen Lebewesen entdecken.
Trag deine Funde in die Tabelle ein.
Zur Bestimmung der Gewässergüte reicht es aber nicht nur aus, das Vorhandensein bestimmter Zeigerorganismen festzustellen. Wichtig ist auch deren Häufigkeit. Versuche zu schätzen:

Selten vorkommende Organismen
= Häufigkeit 1

Mittelhäufig vorkommende Organismen
= Häufigkeit 2

Sehr häufig vorkommende Organismen
= Häufigkeit 3

Massenhaftes Vorkommen
= Häufigkeit 4

Zur Berechnung der Güteklasse multipliziere die Häufigkeitswerte mit den Gütefaktoren; jeder Zeigerorganismus wird einer bestimmten Güteklasse zugeordnet – siehe Tabelle.
Häufigkeit × Gütefaktor = Einzelsumme.
Die Addition der Einzelsummen, dividiert durch die Gesamthäufigkeit, ergibt die Gewässergüte.
Wenn ihr einen Bachlauf entlang Proben entnehmt, könnt ihr vergleichen, wie sich die Gewässergüte verändert. Kopiert euch die Tabelle mehrmals und auch den Bestimmungsschlüssel, dann kann's losgehen.
Unser Vorschlag: Probenentnahme an der Quelle, am Mittellauf und kurz vor der Einmündung in einen größeren Bach, oder auch kurz nach der Einleitung von Fabrikabwässern.

Du siehst und hörst die Veränderung des Bachs auch, ohne daß du Proben entnimmst:

- natürlicher oder begradigter Bachlauf;
- klares oder trübes Wasser;
- lustiges Sprudeln oder langsames Blubbern und Gurgeln.

Spiegelt sich das Licht im Wasser oder ist das Wasser trüb? Wenn ihr schon ein bißchen Übung darin habt und eure Augen, Ohren und Hände auf das Gewässer eingestellt habt, könnt ihr eine Gewässerführung für eure Schulklasse und die interessierten Lehrer machen. Der „Unterricht" draußen ist

Name des Gewässers: ______________________
Ort der Probenentnahme: ______________________
pH-Wert: ______________________
Temperatur: ______________________
Sichttiefe: ______________________
Fließgeschwindigkeit: ______________________

Datum: __________
Uhrzeit: __________
Bemerkungen:

Zeigerorganismen	Anzahl	Indikatorwert	Produkt
Steinfliegenlarven		1	
Grundwanzen		1	
Lidmückenlarven		1	
Flache Eintagsfliegenlarven		1	
Graue Strudelwürmer		1,5	
Köcherfliegenlarven mit Köcher		1,5	
Tellerschnecken		2	
Runde Eintagsfliegenlarven		2	
Bachflohkrebse		2	
Flußnapfschnecke		2	
Weiße Strudelwürmer		2	
Große Schneckenegel		2	
Kriebelmückenlarven		2	
Köcherfliegenlarven ohne Köcher		2	
Teichschlangen		2	
Erbsenmuscheln		2	
Spitzschlammschnecken		2	
Wasserasseln		3	
Rollegel		3	
Waffenfliegenlarven		3	
Kugelmuscheln		3	
Abwasserpilz		3,5	
Rote Zuckmückenlarven		3,5	
Schlammröhrenwürmer		4	
Rattenschwanzlarven		4	
Abwasserpilz (Bakterienkolonie)		4	
SUMME:			

Berechnung:

Produkt : Anzahl = Ergebnis

bestimmt eine schöne Abwechslung. Sprecht mit euren Lehrern, vielleicht könnt ihr zusammen eine Gewässergütekarte von dem Fluß oder Bach in eurer Nähe anlegen. Wenn das Wasser stark verschmutzt ist an einer Stelle, könnt ihr dann auch leicht die Ursachen dafür herausbekommen: Einleitung von Haushaltsabwässern, Fabrikabwässern, Jauche ... Fragt beim Wasserwirtschaftsamt, bei der Stadtverwaltung, bei der Fabrik oder beim Bauern nach. Weitere Bestimmungsliteratur: „Was lebt in Tümpel, Bach und Weiher?" W. Engelhardt, Franck'sche Verlagsbuchhandlung Stuttgart.

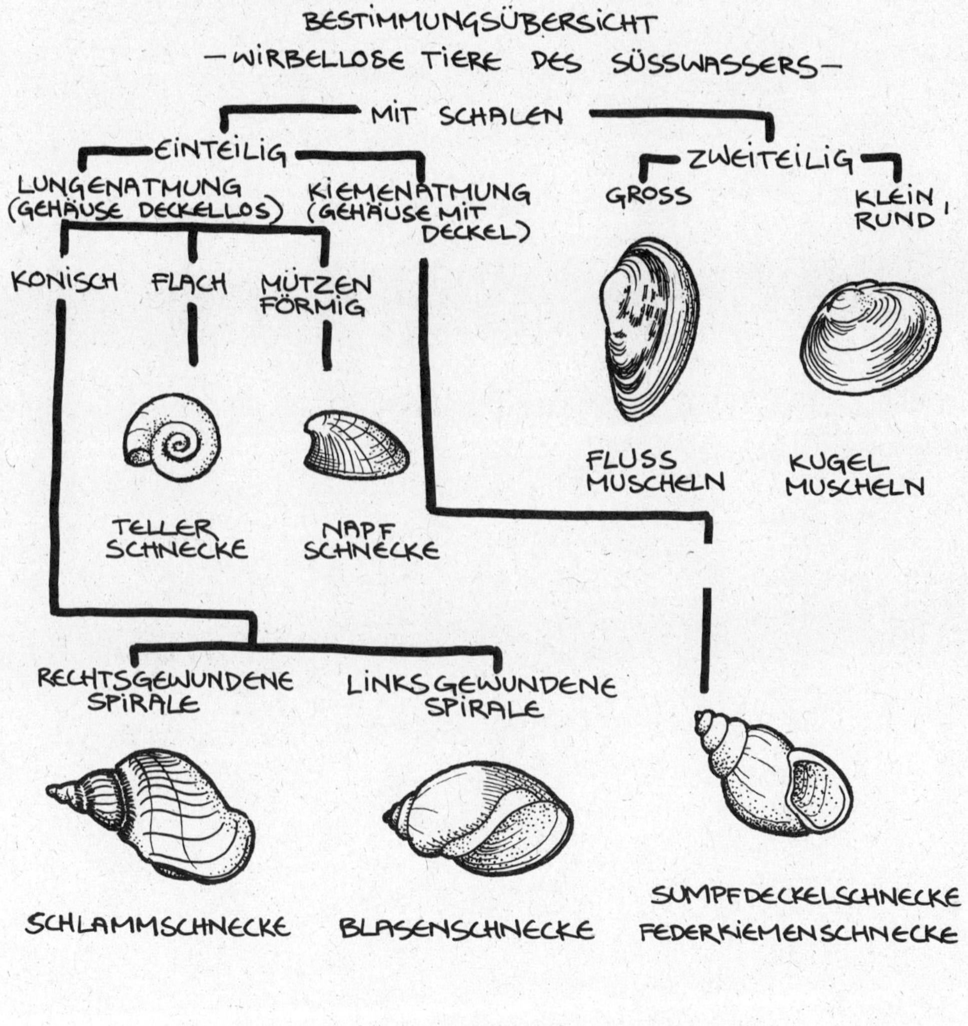

Bestimmungsübersicht

Wirbellose Tiere des Süsswassers

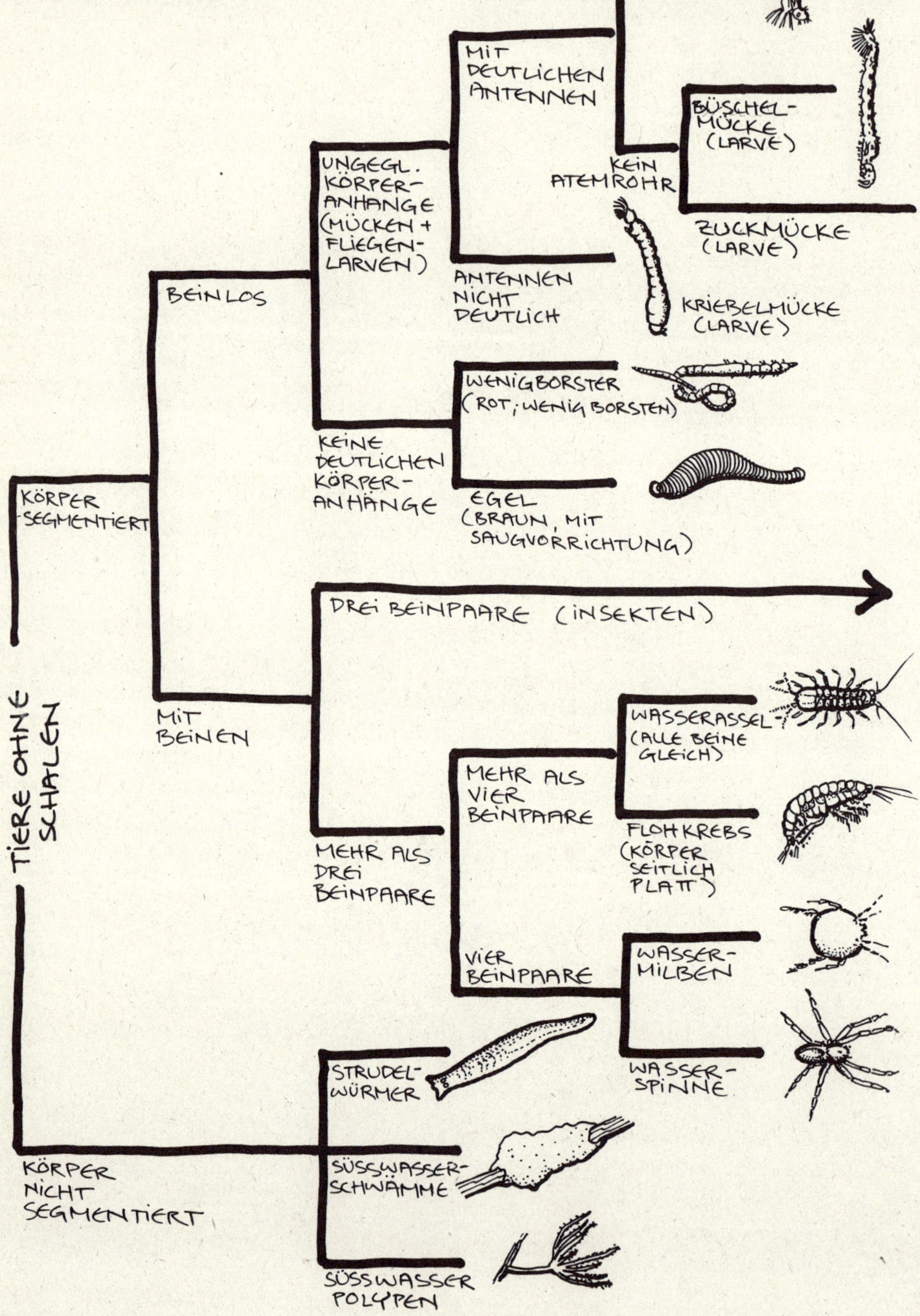

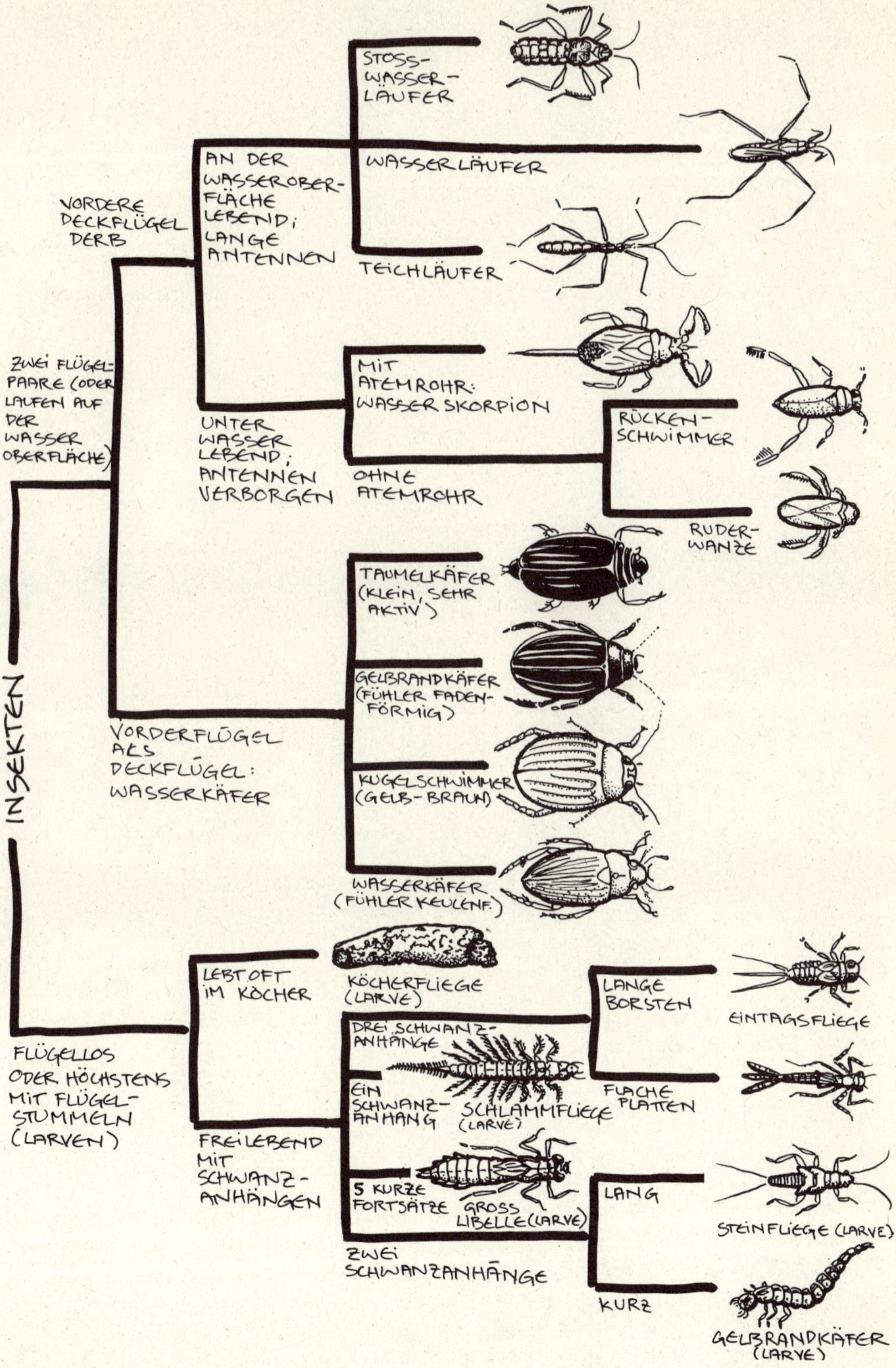
INSEKTEN
ZWEI FLÜGELPAARE (ODER LAUFEN AUF DER WASSEROBERFLÄCHE)
VORDERE DECKFLÜGEL DERB
AN DER WASSEROBERFLÄCHE LEBEND; LANGE ANTENNEN
STOSSWASSERLÄUFER
WASSERLÄUFER
TEICHLÄUFER
UNTER WASSER LEBEND; ANTENNEN VERBORGEN
MIT ATEMROHR: WASSERSKORPION
OHNE ATEMROHR
RÜCKENSCHWIMMER
RUDERWANZE
VORDERFLÜGEL ALS DECKFLÜGEL: WASSERKÄFER
TAUMELKÄFER (KLEIN, SEHR AKTIV)
GELBRANDKÄFER (FÜHLER FADENFÖRMIG)
KUGELSCHWIMMER (GELB-BRAUN)
WASSERKÄFER (FÜHLER KEULENF.)
FLÜGELLOS ODER HÖCHSTENS MIT FLÜGELSTUMMELN (LARVEN)
LEBT OFT IM KÖCHER
KÖCHERFLIEGE (LARVE)
FREILEBEND MIT SCHWANZANHÄNGEN
DREI SCHWANZANHÄNGE
LANGE BORSTEN
EINTAGSFLIEGE
FLACHE PLATTEN
EIN SCHWANZANHANG
SCHLAMMFLIEGE (LARVE)
5 KURZE FORTSÄTZE
GROSS LIBELLE (LARVE)
ZWEI SCHWANZANHÄNGE
LANG
STEINFLIEGE (LARVE)
KURZ
GELBRANDKÄFER (LARVE)

Wassermangel

Auf der Promenade an der rauschenden Meeresküste treffen sich beim Mittagsspaziergang zwei Kurgäste.
„Hallo, Herr Meier, wie geht's? Haben Sie heute schon ein Bad genommen?"
Herr Meier blickt verstört: „Ich, wieso, fehlt eines?"

Wasser Mangelware?
Wasser wird es auch in Zukunft immer auf der Erde geben, da ja ¾ der Erde aus Wasser besteht und dieses sich in ewigem Kreislauf zwischen Verdunsten, Kondensieren und Abregnen bewegt. Jedoch das vom Menschen benötigte *Trinkwasser* wird durch Einflüsse der Zivilisation laufend knapper und droht in absehbarer Zeit zur Mangelware zu werden.
Mehrere Faktoren haben in letzter Zeit zu einer raschen Verschlechterung der Trinkwassersituation geführt:

I. Zunahme des Trinkwasserbedarfs
In den letzten 50 Jahren hat sich der Trinkwasserbedarf um das 40fache vermehrt durch Verdoppelung der Bevölkerung, gesteigertes Hygienebewußtsein, geändertes Konsumverhalten, Ausweitung der industriellen Produktion. In Großstädten liegt heute der tägliche Bedarf in Spitzenzeiten bei bis zu 500 l pro Kopf der Bevölkerung. Dazu kommt gesteigerter Bedarf der Industrie an Wasser, das überwiegend Trinkwasserqualität haben muß oder aber hat. (Die Förderung von Grund- und Quellwasser seitens der Industrie ist in den letzten Jahren um 36% gestiegen, während die Förderung von Oberflächenwasser um 20% abnahm.)

II. Rückgang der Grundwasservorräte
Die Auffüllung der Grundwasservorräte mittels Niederschlägen ist zurückgegangen. Die Abdichtung der Erdoberfläche durch Häuser, Straßen, Flugplätze etc. verhindert das Versickern des Regens (in der BRD versickern nur 14% der Niederschläge). Maßnahmen wie Kies- und sonstige Tagesabbaustellen bedingen starke regionale Grundwasserabsenkungen, so wie die weltweite Abholzung der Wälder dieses global tut.

III. Qualitätsrückgang der Süßwasservorräte
Durch Verschmutzung und Versalzung wird die Qualität unserer Süßwasservorräte laufend verschlechtert. Alles von Haushalten, Gewerbe, Industrie und Landwirtschaft benutzte Trinkwasser fließt meist ungenügend geklärt in die Oberflächenwasser, teilweise auch direkt in das Grundwasser zurück. Eine Reihe von chemischen Giften und die Schwermetalle, aber auch Lösungsmittel aus Haushalt und Gewerbe, sowie die Inhaltsstoffe der Waschmittel werden von Kläranlagen kaum erfaßt und kommen in mehr oder weniger großen Spuren in das wieder aufbereitete Trinkwasser. 30% des Trinkwasseraufkommens der BRD entstammt dem

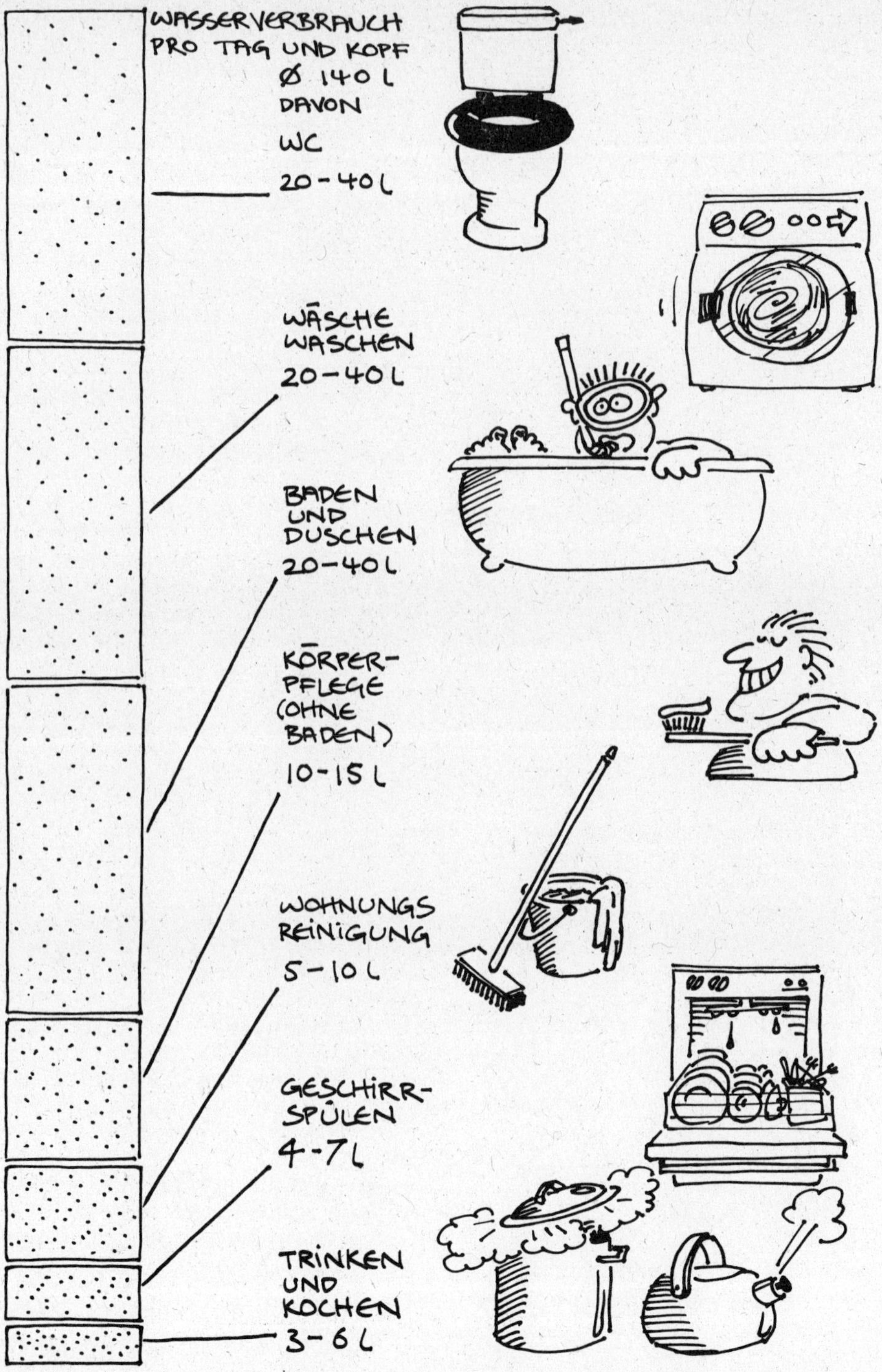
WASSERVERBRAUCH PRO TAG UND KOPF
Ø 140 L
DAVON
WC
20-40 L
WÄSCHE WASCHEN
20-40 L
BADEN UND DUSCHEN
20-40 L
KÖRPER-PFLEGE (OHNE BADEN)
10-15 L
WOHNUNGS REINIGUNG
5-10 L
GESCHIRR-SPÜLEN
4-7 L
TRINKEN UND KOCHEN
3-6 L

Oberflächenwasser. Dazu kommt die Verschmutzung des Grundwassers durch Sickerwasser aus Düngemitteln der Landwirtschaft und unseres Wohlstandsmülls, der vielfach noch unverantwortlicherweise in „Selbsthilfe" unkontrolliert beseitigt wird.
Wenn auch die Belastung und die Verfügbarkeit von Wasser starken regionalen Schwankungen unterworfen ist, so wird in Zukunft doch immer stärker ein Ausgleich stattfinden müssen durch Ferntransporte aus wasserreichen in -ärmere Gebiete.

Wieviel Wasser verbraucht der Bundesbürger pro Tag?
Trinken u. Kochen 3–6 Liter
Geschirrspülen 4–7 Liter
Körperpflege (ohne Baden) 10–15 Liter
Baden u. Duschen 20–40 Liter
Wäschewaschen 20–40 Liter
Wohnungsreinigung 5–10 Liter
WC 20–40 Liter
Insgesamt durchschnittlich 140 Liter

Wo wird im Haushalt am ehesten Wasser verschwendet?
1. Händewaschen, Spülen etc. bei fließendem Wasser, Temperaturregelung, während das Wasser abläuft.
2. Häufiges Baden in voll gefüllter Wanne (6 Min. Duschen braucht nur ⅓ Wasser u. Energie).
3. Wasch- u. Spülmaschinen nur halbgefüllt laufen lassen.
4. Häufiges Autowaschen per Schlauch (mit ca. 200 l Trinkwasser!)
5. Häufiges Gartensprengen (mit Trinkwasser!)
6. Tropfende Wasserhähne (1 Tropfen alle 3 Sek. = ca. 150 l pro Monat)

Tips zum Wassersparen im Haushalt
1. Mit Mischventil Temperatureinstellung regeln und unnötiges Wasserabfließen vermeiden.
2. In Regenfallrohr Klappe einbauen (Fachhandel), Regenwasser auffangen. Damit Garten u. Zimmerpflanzen gießen, Auto waschen etc.
3. Bei gegebenen Möglichkeiten ist an den Einbau einer Wassersparanlage per Regenwassertanks zu denken. Entsprechende Konstruktionsentwürfe liegen vor. (Anfrage beim BUND)
4. Toilettenspülkasten mit einfacher Selbstbaumethode zum Wasserdosieren einstellen. (Nicht jedesmal sind 9–10 l für eine Spülung notwendig!)
5. Brauchwasser wiederverwenden – z.B. Badewasser oder Waschwasser aus der Maschine für kleine Wäsche oder Bodenpflege benutzen.
6. Bei Anschaffung neuer Haushaltsmaschinen verschieden hohen Wasserbedarf beachten (ebenso Energiebedarf!)
7. Jeder einzelne merkt bei einiger Aufmerksamkeit selbst, wo und wie er unnötigen Wasserverbrauch einschränken kann.

Wo wird im Haushalt Wasser unzulässig verschmutzt?
1. Übermäßiger Wasch- und Reinigungsmittelgebrauch.
Die chemischen Zusätze der Wasch- u. Reinigungsmittel sowie deren Phosphatgehalt werden in Kläranlagen nicht ausreichend zurückgehalten und belasten das Oberflächengewässer stark.
2. Lösungsmittel aus Hobby und Kleingewerbe werden oft unbedacht in Kanalisation geschüttet. Sie belasten ebenfalls das Oberflächenwasser und gefährden damit das Trinkwasser.
3. Pflanzenschutzmittel und Unkrautvernichtungsmittel werden oft unbedacht und ungeachtet ihrer Giftigkeit in Haus und Garten eingesetzt und geraten ins Grundwasser.
4. Zigarettenkippen und Abfall werden in die Kanalisation geschüttet und

vergiften das Wasser.
5. Autowäsche per Schlauch birgt die Gefahr, daß Ölreste in die Kanalisation geraten oder in das Grundwasser absickern. 1 Liter Öl kann 1 Million Liter Wasser ungenießbar machen.
6. Es gibt sogar noch Menschen, die Altöl vom Ölwechsel in die Kanalisation schütten oder in der Erde versickern lassen – und sehr großen Schaden damit anrichten.

Tips zur Verhütung von Wasserverschmutzung im Haushalt
1. Dosierungsvorschläge auf Waschmittelverpackung genau beachten – eher darunter gehen. Härtegrad des eigenen Wassers den Angaben der Wasserwerke entnehmen. Im Handel nach phosphatfreien, bzw. -armen Wasch-und Reinigungsmitteln fragen.
2. Lösungsmittel sowie Altöl zu Abnahmefirma bringen. Altöl aus Ölwechsel wird auch von Tankstellen angenommen.
3. Grundsätzlich nur haushaltsspezifisches Abwasser in die Kanalisation schütten – keine festen Abfallstoffe, keine Chemikalien, keine Gifte (Medikamente!)
4. Alte Medikamente oder andere Chemikalien nicht in den Müll geben. Auch von dort geraten sie ins Sickerwasser u. gefährden damit das Grundwasser. Apotheken nehmen alte Medikamente zurück.
5. Nach Möglichkeit auf chemischen Pflanzenschutz- und Unkrautvernichtungsmittel verzichten. Auf biologische Methoden umstellen.
6. Auch der eigne Garten ist völlig ungeeignet, giftige oder infektiöse Stoffe in seiner Erde aufzunehmen – ebenso auch der Waldboden. Alles, was hier vergraben wird, kann das Grundwasser gefährden.
In diesem Sinne wurde übrigens auch das Strafrecht im Jahr 1980 erweitert. Nach § 326 STGB werden Verhaltensweisen geahndet, die „unter ökologischen Gesichtspunkten zu mißbilligen sind, auch wenn eine vollendete oder versuchte Verunreinigung von Gewässern (einschl. des Grundwassers) oder des Bodens (noch) nicht vorliegt oder aber nicht nachweisbar ist."

7. Mit wenigen Handgriffen kannst du deinen Spülkasten derartig umrüsten, damit nicht bei jeder „kleinen Spülung" ganze 9 l aus dem Kasten herauslaufen; meist genügen 1–3 l. Sofort nach vollendeter Spülung ziehe die Taste wieder hoch, um somit die Ablauföffnung vorzeitig zu schließen.
In der Abb. ein selbst durchführbarer Montagevorschlag für den gängigsten Spülkasten-Typ.

Um nun mit der Hebeltaste den Schwimmer in die Ablauföffnung zurückdrücken zu können, muß das „Kniegelenk" starr gemacht werden. Hier 3 einfache Lösungsvorschläge, dies zu bewerkstelligen:
1. Umwickeln des Gelenks mit einem starken Draht. Z.B. aus einem Wäschereibügel. (steif und korrosionsbeständig).

2. Verwendung einer Schlauchklemme, die im Handel für wenig Geld erhältlich ist.

3. Die eleganteste Lösung. Sie erfordert jedoch etwas Geschick und einen Bohrer sowie eine Blechschraube 3,5 × 16 mm.

Nachdem ihr nun alle Toilettenspülkästen umgebaut habt, gibt es noch einen Vorschlag, wie wir diese große Wassermenge, die wir verbrauchen, anschaulich machen können. Wir tun uns schwer mit der Vorstellung von Größenordnungen. Stell dir einen Menschen ohne Wasser vor, nicht einen Wüstenbewohner, sondern die „menschliche Trockenmasse"; den Begriff kennen wir vom Käse. Die Vorstellung, daß wir ohne Wasser 60% kleiner wären, fällt uns nicht leicht. Den durchschnittlichen Wasserverbrauch eines Menschen in Deutschland pro Tag können wir einfach in einem Mobile darstellen. Damit werden wir

viele überraschen, denn die Größenverhältnisse der Wassermengen, die wir Tag für Tag verbrauchen, sind hier anschaulich zu erkennen:
In der Tabelle haben wir zu der Art, wie wir das Wasser im Haushalt verwenden, jeweils dazugeschrieben, wie groß ein Würfel ist, der eben dieses Volumen entsprechend zur Wassermenge hat.
Dies sind die tatsächlichen Größen, in denen wir auch die Würfel bauen wollen.
Die einzelnen Würfel schneidest du nach folgendem Schnittmuster und fügst sie mit Klebstoff zusammen.
Aus dem 8. Würfel für Kochen und Trinken mache 2 verschiedene. Einen mit ca. 2 Liter Kochwasser und einen mit der Menge, die du tatsächlich trinkst. Wieviel das ist, weißt du selber am besten.
Die Würfel beschriftest du nun entsprechend dem Verwendungszweck: „Toilettenspülung, Duschen/Baden usw." Damit euch oder den Besuchern eurer Ausstellung diese Größenverhältnisse immer vor Augen sind, solltet ihr die Würfel nun mit Querstangen und Fäden zu einem Mobile zusammensetzen.
Schöner wäre natürlich ein Mobile mit Wolken. Wer hat eine Idee, wie man Wolken bauen kann?

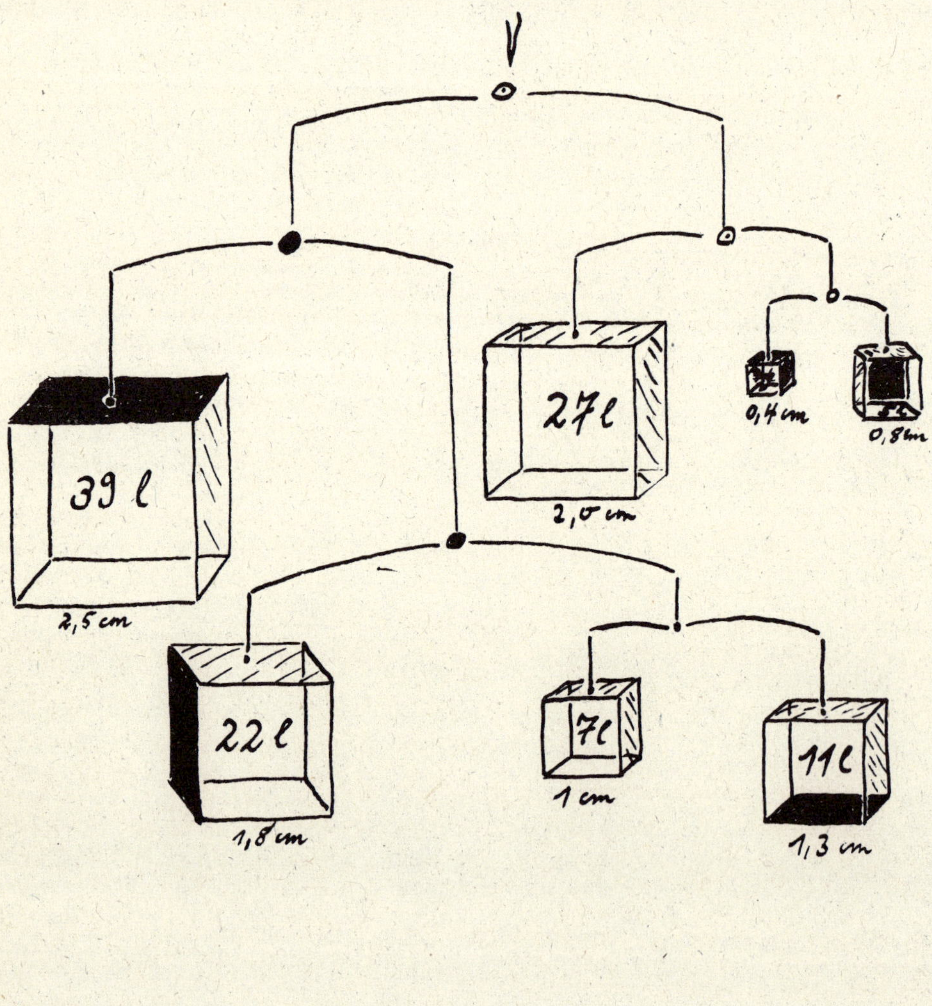

So funktioniert eine Kläranlage
Von Menschen verursachtes Abwasser – das ist ein Problem, seit es größere menschliche Ansiedlungen gibt, auch schon vor der Industrialisierung. Im alten Rom versuchten die Römer durch aufwendige Kanalsysteme, durch die ständig Wasser floß, damit fertig zu werden. Im Mittelalter dagegen, als die Bevölkerungszahlen schon zunahmen, lagerten die Menschen ihre Abfälle einfach auf den Straßen oder leiteten sie direkt in die Flüsse. Diese Flüsse waren schon damals hoffnungslos überlastet und stanken oft bestialisch – eine ständige Quelle für immer wieder ausbrechende Seuchen.
Seit dem Beginn der Industrialisierung ist das Abwasserproblem, auch wegen immer größerer Menschenkonzentrationen und steigender Lebensbedürfnisse, immer dringender geworden, und es wurde nach Möglichkeiten der Abwasserreinigung gesucht. Heute wird Abwasser meist in Kläranlagen gereinigt. Für jede spezifische Wasserverschmutzung gibt es besondere Reinigungsverfahren. Kommunales Abwasser wird meist nach einem bestimmten Schema behandelt:
Zunächst gelangt die stinkende Dreckbrühe in die mechanische Stufe. Hier werden zuerst mit Rechen grobe Stoffe wie Toilettenpapier herausgefischt. Das Rechengut wird verbrannt oder in einer Mülldeponie gelagert. Dann fließt das Abwasser langsam durch ein Becken, den sogenannten Sandfang, wo sich die im Wasser mitgeführten Sandteilchen, Reiskörner, Obstkerne usw. absetzen können. Sie werden in einer Bodenrinne abgelagert und dort automatisch und regelmäßig ausgeräumt. Der Sand wird in der Regel zur Mülldeponie gefahren. Jetzt werden auf dem Wasser schwimmende Fette und Öle im Fettfang ausgesondert. Das kann z. B. so geschehen, daß die oberste Wasserschicht aufgefangen wird, während das restliche Wasser weiterfließt in die anschließenden Vorklärbecken. Durch die Vorklärbecken fließt Wasser so langsam, daß es etwa 2 Stunden dazu braucht – Zeit genug, daß sich auch die feinsten Schwebstoffe, z. B. Papierfasern, auf dem Boden absetzen können. Der abgesetzte Schlamm wird zusammen mit dem später anfallenden Überschußschlamm in die Faultürme gepumpt und dort unter Luftabschluß biologisch abgebaut. Dabei werden vor allem die übelriechenden Stoffe zersetzt. Die entstehenden Faulgase enthalten etwa 60% energiereiches Methangas, das zur Energienutzung innerhalb der Kläranlage verwendet werden kann. Der ausgefaulte Klärschlamm könnte wegen seines hohen Nährstoffgehaltes als Pflanzendünger genutzt werden. Oft enthält er aber so viele Schadstoffe, z. B. Schwermetalle aus der Industrie, daß er kostenaufwendig verbrannt oder auf Deponien gelagert werden muß.
Das Abwasser aus dem Vorklärbecken ist jetzt „mechanisch gereinigt", also von mineralischen absetzbaren Stoffen befreit – das sind etwa 30% der im Abwasser enthaltenen Schmutzstoffe. Noch Mitte der siebziger Jahre war für 40% aller Kläranlagen der Klärvorgang damit beendet – für heutige Vorstellungen und Reinigungsanforderungen undenkbar!
In 4/5 aller Kläranlagen fließt das mechanisch gereinigte Abwasser heute weiter in die biologische Stufe. Hier passiert das, was in einem natürlichen Bach durch seine Selbstreinigungskraft innerhalb einiger Wochen auf natürliche Weise geschieht, in etwa 3 Stunden Aufenthaltszeit im sauerstoffreichen Belebungsbecken: Eine ungeheure Menge Mikroorganismen, besonders Bakterien und Einzeller, verwenden einen großen Teil der immer noch vorhandenen Schmutzstoffe, die im Wasser gelösten meist organischen Bestandteile, als Nahrungsstoffe. Sie bauen diese in ihre eigene Körpersubstanz um, vermehren sich dabei kräftig und ballen sich zusammen. Damit das möglichst schnell (neues Abwasser fließt ja ständig nach!) und in hohem Maß geschieht, müssen die abbauenden Mikroorganismen, das Abwasser mit den Nährstoffen und die zum biologischen Abbau nötige Sauerstoff-

menge gut aufeinander abgestimmt werden. Anschließend fließt das Wasser für einige Stunden ins Nachklärbecken: Die zusammengeballten Mikroorganismen setzen sich als Belebtschlamm ab. Ein Teil des Belebtschlamms wird als Rücklaufschlamm wieder zurück in das Belebungsbecken gepumpt, um genau jene Mikroorganismen wieder einzusetzen, die gerade in diesem Abwasser besonders gute Abbauleistungen zeigen. Der Rest des Schlamms, der Überschußschlamm, wird im Faulturm weiterbehandelt.

Das Wasser aus dem Nachklärbecken ist mechanisch und biologisch gereinigt und wird so normalerweise in den Vorfluter, einen Fluß oder einen See, geleitet. Bei einer guten Kläranlage und optimaler Auslastung sind bis zu 97% der biologisch abbaubaren Schmutzstoffe entfernt. Wie schon der Begriff „biologisch abbaubar" sagt, wären diese Stoffe unter natürlichen Bedingungen durch die Mikroorganismen im Fluß auch abgebaut worden. Die Belastung der Flüsse durch viel zu viel anfallendes und viel zu stark verschmutztes Abwasser wäre aber so groß, daß die Selbstreinigungskraft nicht ausreichen würde. Vor allem fehlte es dann an Sauerstoff im Fluß. Die Stoffe würden ohne Sauerstoff abgebaut, d.h. sie faulten, der Fluß würde stinken und „umkippen". Die bei der Abwasserbehandlung nicht erfaßten Schmutzstoffe werden den durch menschliche Eingriffe wie Begradigungen stark beeinträchtigten Vorflutern aber nach wie vor zugemutet.

Oft enthält Abwasser aber problematische Schadstoffe, die weder in der mechanischen noch in der biologischen Reinigungsstufe ausreichend entfernt werden: lösliche Phosphor- oder Stickstoffverbindungen, die in Gewässern wie Düngemittel für die Algen wirken und dadurch die gefürchtete Eutrophierung oder gar ein Umkippen verursachen, andere schwer abbaubare, meist künstliche Stoffe wie polychlorierte Kohlenwasserstoffe, giftige Schwermetalle, lösliche Salze usw. Auch für solche Stoffe gibt es jeweils spezielle Verfahren, um sie zum großen Teil zu entfernen. Diese sogenannte dritte Reinigungsstufe erfordert aber einen hohen technischen und finanziellen Aufwand und wird daher viel seltener durchgeführt, als es wegen der starken Belastung unserer Flüsse und Seen nötig wäre.

Abwasser gereinigt – alles klar?

Probleme trotz und durch Kläranlagen

Für Kläranlagen ist heute rein oder fast rein häusliches Abwasser, im Gegensatz zum Abwasser gewisser Industriezweige, technisch kein Problem mehr: Bei einer optimal gewarteten, technisch ausgereiften und richtig dimensionierten kommunalen Kläranlage braucht das gereinigte Abwasser den Vorfluter nicht mehr zu belasten.

Trotzdem sieht die Praxis oft anders aus, denn gerade diese grundlegenden Bedingungen sind nicht immer erfüllt.

- Gerade die richtige Dimensionierung ist nicht so einfach, denn sowohl bei zu großen Mengen oder bei zu starken Konzentrationen an Inhaltsstoffen als auch bei zu wenig Abwasser läßt die Reinigungsleistung deutlich nach. Viele Anlagen wurden aber für zu geringe Abwassermengen konzipiert, so daß sie heute völlig überlastet sind.
- Ein weiteres Problem ist der Personalmangel.

Weil fast alle Kommunen auch bei Kläranlagenpersonal zu sehr sparen, müssen viele für den Betrieb wichtige Routineuntersuchungen unterbleiben. Deshalb kann mancher Betriebsablauf nicht mehr dem jeweiligen Zustand entsprechend unterschiedlich geregelt werden, so daß die technisch mögliche optimale Reinigung gar nicht erreicht wird.

- Trotzdem erreichen viele Kläranlagen laut Zeitungsberichten Reinigungsleistungen von fast 100%. Aber solche Zahlen sind nur dann sinnvoll, wenn auch die Restverschmutzung in absoluten Zahlen mit angegeben wird, also mit welchem Verschmutzungsgrad das gereinigte Abwasser in den Vorfluter gelangt. Denn oft sind auch Schmutzmengen, die sich, in Prozent ausgedrückt, minimal anhören, nur in ökologisch unbelasteten Gewässern abzubauen – aber wo gibt es die denn noch?

- Irreführend ist auch, die Reinigungsleistung einer Kläranlage nur nach dem BSB, dem **b**iologischen **S**auerstoff**b**edarf (ein Maß für die Menge an Sauerstoff, die in einer bestimmten Zeit von den das Abwasser reinigenden Mikroorganismen verbraucht wird) zu beurteilen. Genauso wichtig ist der CSB, der **c**hemische **S**auerstoff**b**edarf (ein Maß für die Menge an Sauerstoff, die bei der chemischen Oxidation des Abwassers verbraucht wird), denn nur beim CSB werden die zum Teil gefährlicheren biologisch nicht abbaubaren Schadstoffe erfaßt.
- Der Betrieb von Kläranlagen ist sehr teuer und erfordert große Energiemengen. Teuer ist auch ein gut ausgebautes Kanalnetz, das sogar die bei starkem Regen immer wieder auftretenden großen Schmutzmengen auffangen kann (solche Kanalnetze sind in der BRD bisher leider noch sehr selten). Diese Kosten bezahlt der Verbraucher. Inzwischen sind die Gebühren für die Abwasserreinigung höher als für das Bereitstellen von Trinkwasser.

Bei rein kommunalem Abwasser ist der Klärschlamm kein Problem. Im Gegenteil, er ist ein hochwertiger Pflanzendünger und kann in der Landwirtschaft eingesetzt werden. Da häusliche Abwässer fast immer mit Industrieabwässern gemeinsam geklärt werden, sind die Grenzwerte für Schwermetalle im Klärschlamm oft überschritten. Solcher Klärschlamm muß sehr kostenintensiv in Mülldeponien gebracht oder verbrannt werden – auch diese Kosten übernimmt die Allgemeinheit.

- Schließlich – auch der Bau einer Kläranlage verbraucht Landschaft. Gar nicht so selten werden sie in den naturnahen, sumpfigen Gebieten direkt am Fluß oder See angelegt, manchmal sogar in Schutzgebieten.

Kläranlagen sollen hiermit keineswegs verteufelt werden, im Gegenteil, durch unsere aufwendige Lebensweise und die große Bevölkerungsdichte entsteht so viel Abwasser, daß wir gar nicht genug solcher Anlagen bauen können. Aber Kläranlagen sind teuer, energie- und landschaftsverbrauchend, sind ein aufwendiges Produkt unserer Technik – jener Technik, die Kläranlagen zwar erst ermöglichen, durch die sie aber auch erst in dieser Häufigkeit nötig werden. Deshalb ist es wichtig, durch neue Technologien weniger Abwasser zu produzieren, aber auch durch eigenes Mitdenken von uns allen im täglichen Leben: beim Kaufen und Benutzen und Nicht-Kaufen von Artikeln, bei denen bei der Herstellung viel Abwasser entsteht, beim Waschen und Reinigen, beim Verbrauch von Trinkwasser. Das schont den eigenen Geldbeutel – und hilft der eigenen Umwelt.

Abspülen

Wie schnell doch so ein Jahr vergeht, murmelt der Verkäufer, als Werner sich im Laden ein neues Stück Seife kauft.

Rund 50 Liter Spülwasser werden pro Haushalt und pro Tag in der Bundesrepublik in geschlossene Klärsysteme oder, wenn auch zum geringeren Teil, ungeklärt in Vorfluter eingeleitet. Mit diesen Abwässern gelangen die in den Spülmitteln enthaltenen fettlösenden Substanzen, die Tenside, in die Umwelt.

Wirkung der Tenside
Die Wirkung dieser synthetischen Stoffe ist den Hausfrauen bekannt: Speisereste und Fette werden leicht und gründlich von Kochgerät, Geschirr und Gläsern abgelöst. Zudem bekommt das mit solchen Spülmitteln gespülte Geschirr ein glänzendes und fleckenfreies Aussehen.
Der Grund für dieses blitzblanke Ergebnis ist eine doppelte Eigenschaft der Tensid-Moleküle: Zum einen wirken sie fettlösend und zum anderen wasserlösend. Fettbestandteile werden von den Tensidschichten umgeben und damit vom Untergrund, also vom Geschirr abgehoben. Wasserreste auf dem Geschirr werden zusätzlich abgelöst und fließen ab, ohne sichtbare Spuren zu hinterlassen.

Tensidreste auf Porzellan
Unsichtbare Spuren jedoch bleiben auf Tellern und Gläsern zurück: Reste von Tensiden, die sich am ehesten an Rändern vom Geschirr absetzen. Sichtbar gemacht wurden die Reste erst mit Hilfe radioaktiv markierter Verbindungen, etwa mit radioaktivem Schwefel. Untersuchungen ergaben zum einen, daß die auf Porzellan oder Glas verbliebenen Tensidmengen sehr gering sind, daß zum anderen die vorgefundenen Tensidreste linear von der Konzentration der Spüllösung abhängig sind. Einfacher gesagt: Je weniger Spülmittel verwendet wird, desto geringer ist das Risiko, Tensidreste von gespültem Geschirr aufzunehmen.
Die Frage ist: Wirken diese chemischen Substanzen auf den menschlichen Organismus ähnlich wie auf Pflanzen und Tiere in Gewässern, wo Tenside in einer weit schwächeren Lösungskonzentration vorkommen als in der häuslichen Spüle?

Wirkung von Tensiden auf Tiere
Versuche mit unterschiedlichen Lösungskonzentrationen, von 1 : 1000 bis 1 : 1 000 000, haben an Pantoffeltierchen, Süßwasserpolypen, Wasserflöhen, Bachröhrenwürmern und Fischen immer dasselbe Ergebnis erbracht:

Die mit solchen Spülmittellösungen zusammengebrachten Tiere gingen zugrunde.
Je höher das Konzentrat war, um so rascher starben die Tiere. Bei der geringsten angewandten Konzentration, einer Verdünnung von 1:1000000, das entspricht einem halben Tropfen Spülmittel auf eine volle Badewanne, stirbt ein Fisch auch – freilich dauert dies rund 100 Stunden, während der gleiche Fisch in einer 1:1000-Lösung innerhalb von zehn Minuten zugrunde geht.
Die Wirkung der Tenside auf lebende Organismen unterscheidet sich im Grunde nicht von der auf Speisereste an Porzellan und Glas. Die Tensidmoleküle greifen die fetthaltigen Grenzschichten, die Fettmembranen der Zellen an und lösen sie ab. Auf diese Weise verlieren die Zellwände ihre ursprüngliche Stabilität, der in den Zellen vorherrschende Druck sprengt die zerstörten Zellwände, der Zellinhalt fließt aus, der Organismus geht zugrunde.

Schlamm bindet Tenside
Man fragt sich, warum es trotzdem noch Lebewesen in unseren Gewässern gibt, zumal man weiß, daß jährlich weit über 100000 Tonnen Tenside in der Bundesrepublik verbraucht werden.
Die Antwort: Tenside haben die Eigenschaft, sich um große Oberflächen anzulagern.
Schlamm, wie er in natürlichen Gewässern vorkommt, hat, physikalisch gesehen, eine große Oberfläche und kann aufgrund seiner Struktur einen Großteil der in die Gewässer gelangendenTenside binden.

Tenside im menschlichen Magen-Darmtrakt
Ganz ähnlich verhalten sich Tenside, die mit der Nahrung in den menschlichen Magen- und Darmtrakt gelangen. Sie legen sich um den Speisebrei, der, ähnlich wie der Schlamm im Wasser, eine große Oberfläche hat.
Es ist noch nicht genügend erforscht, ob damit eine Gefährdung des Menschen ausgeschlossen werden kann. Spülmittelproduzenten in der Industrie widersprechen anderen Forschern: Die Industrie behauptet, daß ein Mensch pro Jahr 0,1 Gramm Tenside aufnimmt, die Forschung spricht dagegen von einem Gramm pro Person und Jahr.

Wie geht's dann ohne Spülmittel? Wir machen es so:
1. Sofort nach dem Essen, bevor die Speisereste trocknen, die Teller abspülen.
2. Nicht fettige Sachen gewöhnlich ohne Spülmittel abwaschen.
3. Das Spülmittel zur Hälfte mit Wasser verdünnen, da meist eine genaue Dosierung durch ein zu großes Loch in der Spülmittelflasche nicht möglich ist.
4. Fettige Sachen mit einem Tropfen Spülmittel abspülen, möglichst heißes (und wenig) Wasser nehmen.
5. Abtrocknen tun wir schon lange nicht mehr, ein Abtropfregal tut's auch.
Versuch: Nimm ein Bierglas und spüle es so, wie die Werbung es will: mit viel Spülmittel, damit es schön glänzt. Nun schütte Pilsbier hinein. Mache dasselbe mit einem anderen Bierglas, das heiß und ohne Spülmittel gespült wurde. Vergleiche die Schaumkronen.

Nimm beim Abwaschen statt eines herkömmlichen schaumgebremsten Spülmittels die gleiche Menge einer normalen Schmierseife. Das ist auch ein Spülmittel, aber eben nicht schaumgebremst. Die Seife wird stark schäumen, und beim Abwaschen wird ein Teil der Seife verbraucht werden. Den Überschuß an Seife, der durch Speisereste nicht verbraucht wurde, erkennst du am Schaum. Und außerdem zeigt er dir an, wieviel Seifenreste auf dem Geschirr zurückbleiben.

Waschmittel

weiß noch weißer, am weißesten, überweiß, superweiß, hyperweiß, gigantoweiß, bombastoweiß, knallweiß, explosionsweiß, detonationsweiß . . .
Weiß ich, wie Weiß weiß noch werden kann? Und wenn die Welt im Umweltdreck erstickt ist, wird gerade das neueste superechte Gigantoquadratweiß mit Sonnenleuchtkraft über dem Konsumentenhorizont aufsteigen.

– Wenn wir daran glauben!

Waschmittel sind nötig, um unsere Kleidung, Handtücher, Bettwäsche u.v.a., in denen sich beim täglichen Gebrauch Keime und Schmutz abgelagert haben, wieder zu reinigen.
Dabei soll das ursprüngliche Aussehen der Textilien erhalten bleiben:
Die Farben dürfen nicht verblassen, Weißes muß weiß bleiben. Um diese beiden Aufgaben erfüllen zu können, bedarf es etlicher verschiedener Waschmittelinhaltsstoffe, deren Wirkung im folgenden kurz erläutert werden soll.

- Tenside, das sind die sogenannten waschaktiven Substanzen, die das Wasser entspannen, den Schmutz von der Faser lösen und bewirken, daß der Schmutz in der Waschlauge bleibt und sich nicht an einem anderen Wäschestück wieder anlagert. Es gibt natürliche (Seife) und synthetische Tenside (siehe Tabelle).
- Phosphate enthärten das Wasser – Voraussetzung für die Waschwirkung der Tenside. Die Enthärtung des Wassers ist auch deshalb wichtig, weil es sonst zu Kalkablagerungen in der Waschmaschine und in der Wäsche kommt. Die synthetischen Tenside können ihre volle Waschkraft nur in Verbindung mit Phosphaten erlangen.
- Bleichmittel und Enzyme entfernen hartnäckige eingetrocknete Flecken wie Blut, Kakao oder Saucen.
- Natriumsilikate verhindern die Rostbildung an der Waschmaschine.

Die bisher aufgezählten Stoffe erfüllen die Aufgabe der Wäschereinigung und schützen die Waschmaschine vor Verkalken und Rost. Ganz anders ist das bei folgenden Inhaltsstoffen:

- Optische Aufheller setzen sich an bereits saubere Fasern fest und erzeugen dann das berühmte „Strahlende Weiß“. Das schaffen sie durch Umwandlung von unsichtbarem UV-Licht in längerwelliges blaues Licht, das dann zusammen mit dem eigentlichen gelben Farbton der Faser ein Pseudoweiß ergibt.
- Parfümöle überdecken den während des Waschvorganges auftretenden Laugengeruch und verleihen schließlich der gewaschenen Wäsche den „Duft von Frische und Sauberkeit.“

Die vorgestellten Inhaltsstoffe sind in fast allen herkömmlichen Waschmitteln enthalten. Sie müssen auf der Verpakkung angegeben werden. Die unterschiedliche Kombination und Dosierung dieser Stoffe ergibt die verschiedenen Waschmitteltypen: Vollwaschmittel, Buntwaschmittel, Feinwaschmittel usw.
So enthalten Vollwaschmittel (Kochwaschmittel, 95°C) den Bleichstoff Natriumperborat, der erst ab einer Temperatur von etwa 70°C aktiv wird

Tabelle der Waschmittelinhaltsstoffe

Inhaltsstoffe Gruppe	Beispiel	Anteil in Vol. %
Tenside	Alkylbenzolsulfonat, Fettalkoholäthoxylate, Seife	10–15
Phosphate	Pentanatriumtriphosphat	25–40
Bleichmittel	Natriumperborat	20–30
Enzyme	Proteasen	0,1–1
Natriumsilikate	Wasserglas	2–5
Optische Aufheller	Stilben- und Pyrazolinderivate	0,1–3
Parfümöle	natürliche und synthetische Riechstoffe	0,1–0,2
Füllstoffe	Glaubersalz	5–30

und durch Bleichen der Wäsche auch hartnäckige Flecken entfernt. Vollwaschmittel sollten daher nur für Kochwäsche verwendet werden, da bei niedrigeren Temperaturen immerhin 20–30% des Waschmittels ungenutzt bleiben, verschenkt werden und zudem die Umwelt zusätzlich belasten.

Umwelt- und Gesundheitsverträglichkeit

Viele Waschmittel und auch „moderne" Seifen enthalten Stoffe wie Formaldehyd, welches bei einigen Leuten, die damit in Berührung kommen, schlimme Hautallergien erzeugen kann.
Ferner besteht der Verdacht, daß die Stilben- und Pyrazolinderivate krebserregend wirken.
Pro Waschgang werden 100–180 Liter Trinkwasser verbraucht. Die mit Schmutz beladene Lauge wird in den Kläranlagen von Bakterien angegriffen. Dabei werden Seifenanteile als naturnahe Stoffe rasch abgebaut und umgewandelt, während die verschiedenen synthetischen Substanzen schwerer und langsamer abgebaut werden, wobei unbekannte Zwischenprodukte entstehen können. Für Fische sind die verschiedenen mehr oder weniger giftigen synthetischen Verbindungen schädlich, sie greifen deren Kiemen an.

Kläranlagen entfernen im allgemeinen zudem aber auch nur einen Teil der Phosphate. Dadurch gelangen große Mengen an Phosphaten in unsere Flüsse und Seen und führen dort zu einer gefährlichen Eutrophierung (Überdüngung). Um diese Gefahr zu vermindern, hat die Bundesregierung in der Phosphat-Höchstmengenverordnung obere Grenzwerte für den Phosphatgehalt in Waschmitteln festgelegt: Bis 1984 soll der Phosphatgehalt um etwa 50% gesenkt werden. Diese Verordnung ist leider ein Beispiel von viel zu zaghafter Umweltpolitik. Die erlaubte Phosphatmenge ist immer noch unnötig hoch. Es gibt schon heute mehrere Waschmittel, die diese Bestimmungen einhalten.

Eutrophierung

Unter Eutrophierung versteht man eine Überdüngung der Gewässer. Die Überdüngung hat ein übersteigertes Wachstum der Algen zur Folge. Nach ihrem Absterben zersetzen sich die Algen und verbrauchen dabei große Mengen des im Wasser gelösten Sauerstoffs. Dadurch kommt es zu einer Sauerstoffverarmung des Gewässers. Sinkt der Sauerstoffgehalt des Wassers unter ein bestimmtes Maß ab, so kommt es zum Fischsterben: Die Fische ersticken. Im Extremfall, wenn gar kein Sauerstoff mehr im Wasser enthalten ist, kippt das Gewässer um, es fault und stinkt. Das seit den sechziger Jahren immer stärker werdende Algenwachstum ist auf einen besonders guten Dünger zurückzuführen: Phosphor, der als Phosphat aus den verschiedensten Quellen in unsere Gewässer gelangt. Aus einer Studie des Innenministeriums geht hervor, daß 40% des im Wasser gelösten Phosphates aus Wasch- und Reinigungsmitteln stammt. Auf den Tag umgerechnet, ergibt sich pro Einwohner eine Phosphatmenge von 1,5–2 g nur aus Waschmitteln. Daraus können 5 kg Planktoalgen entstehen!

Dosierung
Die pro Waschgang erforderliche Waschmittelmenge richtet sich nach dem Härtegrad des Wassers. Je härter das Wasser ist, desto größere Mengen Enthärter (Phosphate oder Ersatzstoffe) sind nötig, um Kalkablagerungen auf der Wäsche und in der Waschmaschine zu verhindern. Wenn man zu wenig Waschmittel verwendet, kann die Waschmaschine frühzeitig verkalken; gibst du zuviel dazu, schickst du Geld den Bach hinunter. Die Wäsche wird nicht mehr sauberer, du verschwendest nur teures Waschpulver und belastest unnötigerweise die Umwelt. Achte darum besonders auf die Dosierungsangaben auf der Packung des Waschmittels. Zusätzliche Enthärter, die neben dem Waschmittel noch zugegeben werden, sind aus diesen Gründen dann völlig überflüssig. Den Härtebereich des Wassers kannst du jederzeit beim regionalen Wasserwerk erfragen. Außerdem ist er auf der jährlichen Wasserrechnung angegeben.

Härtebereich	Zustand	Wasserhärte in °d
1	weich	0– 7
2	mittel	7–14
3	hart	14–21
4	sehr hart	über 21

Da nahezu die gesamte Waschmittelforschung von der Industrie betrieben wird und kaum neutrale Untersuchungen von unabhängigen Institutionen vorliegen, ist es schwierig, ein bestimmtes Waschmittel zu empfehlen. Es ist wichtig, seine Waschgewohnheiten zu überdenken, denn auch durch richtige Dosierung der Waschpulvermenge, sinnvolle Einschränkung der Waschtage und dadurch, daß die Waschmaschine nur eingeschaltet wird, wenn sie voll ist, ist schon viel zu erreichen.
Seit einiger Zeit stehen mehrere Phosphat-Ersatzstoffe zur Verfügung. Sie sind allerdings in ihrer Anwendung auch nicht ganz problemlos.

Die Ersatzstoffe sind:
- *Zeolith A:* Enthärtet das Wasser und übernimmt damit eine wichtige Aufgabe der Phosphate. Die andere Funktion der Phosphate, die unterstützende Waschwirkung, schafft dieser Ersatzstoff nicht. Zeolith A ist ökologisch unbedenklich und wird unter dem Namen Sasil vermarktet. Es ist heute schon in etlichen Markenwaschmitteln enthalten.
- *NTA (Nitrilotriacetat):* Sehr gute Wascheigenschaften. Könnte im Zusammenwirken mit Zeolith A das Phosphat gänzlich ersetzen. Leider ist seine Umweltverträglichkeit nicht erwiesen. Es löst aus den Ablagerungen in den Flüssen und Seen die Schwermetalle heraus und bildet allem Anschein nach zusammen mit den Metallen Verbindungen, die noch giftiger sein sollen als die Schwermetalle selbst.
- *Zitronensäure und Natriumcitrat:* In der Waschwirkung den Phosphaten unterlegen. Sie sind ebenfalls starke Komplexbildner und haben deshalb eine gute Waschwirkung. Sie können aber im Gegensatz zum NTA in den Käranlagen besser abgebaut werden.
- *Seife:* Altbekannter Waschstoff. Wurde durch die Kombination von synthetischen Tensiden und Phosphaten ersetzt. Ökologisch unbedenklich. Einige kleine Hersteller produzieren Waschmittel auf Seifenbasis.

Wir stellen jetzt einige Tips zusammen, was ihr zu Hause ändern könnt. Gebt diese Tips auch an Freunde, Bekannte und bei Informationsveranstaltungen weiter:

1. Geht in die Läden, in denen Waschmittel verkauft werden, und untersucht, ob Voll- oder Kochwaschmittel deutlich von Feinwaschmitteln (bis 60°C) zu unterscheiden sind.

2. Kochwäsche ist nur nötig, wenn die Textilien stark mit Fett (Schmierfetten), mit Blut oder Kakao, Kaffee etc. verschmutzt sind. Es lohnt auch nicht, wegen einer einzigen Tischdecke mit einem Kakaofleck die ganze andere Wäsche in der Maschine zu kochen. Überlege, ob es nicht möglich ist, dieses kleine Wäscheteil getrennt in einem Kochtopf vorzukochen (mit sehr wenig Kochwaschmittel) und danach zu der anderen Wäsche zu geben, die dann natürlich bei 60°C gewaschen werden kann. Denke auch immer daran, daß auch „graue" Wäsche bestens „sauber" sein kann!

3. Erkundige dich beim städtischen Wasserwerk nach dem Härtegrad des Leitungswassers. Viele Leute haben sehr weiches Wasser und benutzen überflüssigerweise viel zuviel Waschmittel. Ein schön gemaltes Schild mit der Härtenummer des Wassers, das ihr ihnen schenkt oder neben der Waschmaschine aufhängt, erinnert sie öfters daran, daß sie weniger Waschmittel verwenden können.

4. Eine tolle Überraschung erlebten wir, als wir statt eines normalen Waschmittels Neutralseife für die Maschinenwäsche nahmen. Trotz vermeintlich geringer Dosierung (einen halben Teelöffel voll) quoll der Schaum aus allen Öffnungen der Maschine. Hier hatten wir deutlich vor Augen, wie stark wir das Waschmittel überdosiert hatten. Andere Waschmittel sind heute in der Regel schaumgebremst, d.h., eine Überdosierung fällt nicht auf.
Trotzdem gibt es eine einfache Möglichkeit, um die richtige Dosierung des Waschmittels zu überprüfen: Nach dem Hauptwaschgang mußt du dazu in die Waschlauge fassen, wenn du an den Abfluß herankommst. Sonst stelle die Maschine kurz ab, öffne die Tür und fasse die Wäsche selbst an. Fühlt sich die Lauge oder die Wäsche noch stark seifig (glitschig) an, so wurde zu viel Seife verwendet, der Überschuß geht in den Abfluß. Ist die Wäsche zu stumpf, also gar nicht glitschig, dann ist vielleich zu wenig Waschmittel verwendet worden sein. Probiert es mehrmals aus.

5. Die Meßbecher in den Waschmittelpaketen sind oft viel zu groß. Mit ihnen können wir dann schlecht ein Drittel, ein Viertel usw. abmessen. Besser ist, wir bauen uns neue Meßbecher.
Beim Fotohandel gibt es leere Plastikpatronen für Kleinbildfilme. Um diese könnt ihr einen Griff kleben. Nehmt dazu durchsichtiges Plastik aus dem Verpackungs-Müll und schneidet eine längliche Lasche (vgl. Abbildung). Hinter das Plastik könnt ihr einen Zettel legen mit dem Zeichen eurer Gruppe, mit einem Hinweis, daß bei geringerer Dosierung des Waschmittels die Gewässer geschont werden, oder mit lustigen Texten. Dann klebt die Griffe mit einem Plastikkleber an der Filmdose fest. Mit einer Wäscheklammer kann während des Trocknens des Klebstoffs die Lasche zusammengehalten werden.
Solche selbstgebauten Dosierlöffel sind bei Informationsveranstaltungen über Waschmittel ein gutes Geschenk für Besucher. Wenn sie zu Hause den Löffel benutzen, erinnern sie sich vielleicht immer wieder an eure Aktionen und Tips.

6. Mache eine Liste von den phosphatfreien Waschmitteln und den Händlern in eurer Nähe, wo ihr diese kaufen könnt. So eine Liste, in einem Bilderrahmen, wäre auch ein schöner Schmuck der kahlen Wände in einem Waschsalon.

7. Wascht nie jede Jeans für sich alleine, wartet, bis die Maschine voll ist.

Hausmüll

Richter: „Wir haben zwei Zeugen, die gesehen haben, wie Sie nachts Müll in den Wald geschüttet haben."
„Aber Herr Richter, zwei Zeugen zählen doch nicht, ich kann ihnen hundert Zeugen bringen, die das nicht gesehen haben."

Kannst du dir vorstellen, daß der jährlich in der BRD anfallende Müll (ca. 500 Mio. t), in Eisenbahnwaggons gefüllt, einen Zug ergibt mit einer Länge vom Nordpol bis nach Düsseldorf? Anders ausgedrückt: Würde der jährlich anfallende Müll aufgetürmt, ergäbe das einen Berg von der Höhe und dem Volumen der Zugspitze (2964 m).
Der Hausmüll besteht zu
22% aus Papier,
15% aus Glas,
7% aus Plastik,
5% aus Metall,
5% aus Giftmüll,
11% aus Feinmüll,
30% aus organischen Abfällen.
Nimm mal eine Blechdose.
Leere Blechdosen sind Müll, oder?
Verzichten wir einfach auf Blechkonserven, dann sparen wir auch den Müll.
Aber?
– Es gibt keine andere Verpackung im Handel.
– Uns interessiert das Aussehen des Inhalts nicht.
– Wir stehen im Arbeitsstreß und müssen aus der Dose essen.
– Wir können nicht rechnen und denken, Erbsen aus der Dose seien nicht teurer als Trockenerbsen.
– Wir haben einen elektrischen Dosenöffner, der schließlich nicht ungenutzt herumstehen soll.
– Wir kennen einen Dosenfabrikanten, dem es schlecht geht, den wir fördern wollen.
– Und es gibt natürlich noch viele andere Gründe dafür, Waren in Dosen zu kaufen.
Die Blechdose hat ihren Nutzen für viele Leute erfüllt, wenn sie geöffnet und leer ist. Sie wird dann als Müll bezeichnet und füllt den Mülleimer.
Weißblechdosen werden in vielen Ländern wieder eingeschmolzen. Blech wurde auch bei uns noch vor einigen Jahren mehrfach verwendet.
Die Dose kann als Konserve oder als Metall weiterleben.
Blechdosen können also weiterverwendet werden: als Behälter für Werkzeug, Nägel, Schrauben, Schreibzeug, Kleinteile etc.
Auch ist das Weißblech verlötbar, du kannst viele Spielzeuge aus den Blechen bauen.
Unser Beispiel hier zeigt das Wurfspiel: Die Anschaffungskosten sind gleich null. Du mußt nur genügend Dosen sammeln, ein paar alte Socken zu einem Wurfball zusammenknoten, die Dosen aufstellen, und dann kann's auch schon losgehen. Der Schwierigkeitsgrad des Wurfspiels ist beliebig variierbar: nach Anzahl der Dosen, Stapelhöhe, Wurfabstand etc.
Für ein Fest bei euch in der Jugendgruppe, für eine Müll-Ausstellung, für

ein Schulfest, zum Trainieren für jeden Tag ist dieses Spiel geeignet. Eine zusätzliche Aufgabenstellung und Preise beleben das Spiel, z.B. wenn die Dosen nach einer bestimmten Reihenfolge abgeworfen werden müssen. Als Preis gibt's dann die goldene Dose oder die Zauberdose.
Oder das Beispiel Einweg-Glasflasche: Gegenwärtig fallen in der BRD mehr als 3 Mio. t Altglas im Hausmüll an. Zum Vergleich: Eine leere Weinflasche wiegt 0,5 kg. Rätsel: Wieviel Flaschen fallen wohl im Hausmüll jährlich an?
Seit einiger Zeit gibt es nun Altglascontainer in den verschiedensten Formen, wo die Gemeinden, Privatunternehmen und das Deutsche Rote Kreuz überall in der BRD alte Gläser und Flaschen sammeln, um sie wieder einzuschmelzen und zu neuem Glas zu verarbeiten. Früher war das anders. Da gab es Pfandflaschen, die in den Läden wieder zurückgenommen wurden. In anderen Gläsern und Flaschen wurde eingekocht und eingeweckt. Glas wurde wiederverwendet, und die aufwendigen Einschmelzverfahren waren nicht nötig.
Seit 1975 ist im Abfallbeseitigungsgesetz ein Abschnitt beigefügt worden, der die Möglichkeit eines Verbotes von Einwegflaschen vorsieht. Kannst du dir vorstellen, daß es keine Einwegflaschen mehr gibt? Wann benutzt du eine Einweg-Flasche?
Vielleicht zum Musik-Machen?
Mit Flaschen kannst du ein Musikinstrument herstellen.
Gieße in 8 gleiche Flaschen unterschiedlich viel Wasser, und mit einem Klöppel oder Stöckchen kannst du durch Anschlagen Töne hervorzaubern. Durch Hinzufügen oder Abgießen von Wasser kannst du dein Instrument stimmen.
Mit ein wenig Phantasie könnt ihr euch ein Flaschen-Lied ausdenken und mit dem Flascheninstrument begleiten. Die Leiden der Einwegflasche und die Freuden der Pfandflasche. Vielleicht erfindet ihr auch noch andere Müll-Instrumente.
Zu jedem „MÜLL" sollten wir uns fragen:
- Brauchen wir den Stoff, der Müll wird?
- Können wir ihn in seinem eigentlichen Zweck benutzen?
- Können wir ihn in ähnlichem Zweck benutzen?
- Läßt sich das Material wiederverwenden?
- Ist für uns das Material benutzbar?
- Können wir Spiele oder andere Geräte aus dem Müllstoff machen?

Für eine Ausstellung oder einen Mülltag an der Schule, im Ökozentrum oder im Rathaus könnt ihr noch beliebig viele Müllgeräte, Müllbilder, Collagen, Geschichten usw. erfinden.

Ökospiele

„Das ist doch gegen die Spielregeln!“ schimpfte der Bürgermeister, als die Autobahn über seinen Vorgarten gebaut wurde. Der Bauer hatte ihm nämlich in der Bauausschuß-Sitzung einen falschen Würfel zugeschoben.

Fast alle Spiele, besonders die für draußen, sind Konkurrenz-Spiele und Wettbewerbsspiele. Da dabei immer nur einzelne und Gruppen gegeneinander spielen (z. B. beim Fußballspielen, Reise nach Jerusalem . . .), haben wir nach Spielen gesucht, bei denen ihr miteinander spielt, miteinander Spaß habt, miteinander Freude habt, gemeinsam lacht und lernt, Vertrauen in den anderen zu haben.
Diese Spiele sind alle für größere Gruppen geeignet, also für Jugendgruppen, Schulklassen, Familien, Spielfeste, Ökofeste, Straßenfeste, Geburtstagsfeste . . . für dich und deine Freunde und Freundinnen.

Knoten entwirren
Alle stellen sich eng im Kreis auf, strecken ihre Arme in die Kreismitte und ergreifen mit ihren beiden Händen die Hände von jeweils zwei anderen Personen aus der anderen Hälfte des Kreises. Haben nun alle zwei Hände gefunden, beginnt die Entknotung, d.h., aus dem verwirrten Kreis soll ein richtiger gemacht werden. Nun müßt ihr euch also auf ein gemeinsames Vorgehen einigen, drunter und drüber und zwischen euren Mitspielern hindurch. Ist der Knoten endlich entwirrt, so findet ihr euch in einem großen Kreis wieder, manchmal auch in zwei ineinander verschlungenen.
Hin und wieder kann es vorkommen, daß die Entwirrung des Knotens scheitert. Wenn alle Lösungsvorschläge versagen, darf ein Mitglied „Knotenhilfe“ leisten, d. h. eine kurze Trennung der Hände, damit ihr wieder freikommt.

Aufstand
Man fängt zu zweit an, setzt sich Rücken an Rücken, hakt die Arme ein und versucht aufzustehen, wobei man sein Gewicht gegen das der anderen Person setzt. Nun kommen immer mehr Personen dazu. Je mehr Personen teilnehmen, desto besser müssen die Absprachen klappen. Vor allem darüber, zu welchem Zeitpunkt man gemeinsam aufsteht. Da müßt ihr dann ein Zeichen ausmachen. Das Hinsetzen geht zweifellos leichter als das Aufstehen.

Schoßsitzen
In kleinem Abstand stellt ihr euch hintereinander entweder wie eine Schlange oder wie ein Kreis auf. An einer Seite beginnend (oder auch gleichzeitig) setzt sich jeder auf die Knie und Oberschenkel seines Hintermannes oder seiner Hinterfrau.

Könnt ihr euch vorstellen, daß der Weltrekord im Schoßsitzen von einer 2500 Personen-Gruppe gehalten wird?

Weiterwerfen
Zwei einander gegenüberstehende Reihen werden gebildet. Jeder faßt fest die Hände seines Gegenübers. Eine Person legt sich am Ende der Reihe mit dem Bauch auf die erreichbaren Arme und läßt sich dann zum anderen Ende der Reihe weiterwerfen.
Am Ende angekommen, wird diese Person dann von den letzten 2–3 Paaren langsam zu Boden gelassen und hingelegt. Wenn sie will, kann sie den nächsten Durchgang mit der nächsten Person von unten unter den Armen der anderen verfolgen.

Führen mit geschlossenen Augen
Ohne unsere Augen sind wir fast hilflos – und wenn wir uns im Raum bewegen wollen, sind wir auf die Hilfe der anderen angewiesen und darauf, daß wir ihnen vertrauen können.
Teilt euch in Paare auf. Jeweils einem werden die Augen verbunden, oder er schließt die Augen. Nun gibt es verschiedene Möglichkeiten:
– Führen durch eine vorher aufgebaute Hindernisstrecke (Handführung oder Führung durch Zurufen);
– Führen durch den Raum, Erkunden der Grenzen;
– geführte Bewegung nach Musik;
– gemeinsam das Abendessen einnehmen;
– einen Waldspaziergang machen;
– in einem Fluß/See schwimmen
– usw.
Ihr könnt dabei zwischendurch immer wieder über eure Eindrücke und Gefühle sprechen.

Wasserrutsche
Besonders für heiße Tage, wenn kein Schwimmbad oder See in der Nähe ist.
Auf einer Wiese wird eine große Plastikfolie ausgebreitet (z.B. Baufolie, reißfest) und mit einem Gartenschlauch oder mit Eimern unter Wasser gesetzt. Mit mehr oder weniger kräftigem Anlauf kann man dann toll hindurchrutschen.
Vermeidet scharfe Ecken und Gegenstände, damit Ihr die Folie häufig wiederverwenden könnt.

Bärenspiel:
Für größere Gruppen, vielleicht für eure Naturschutzgruppe oder auch für eine größere Veranstaltung, ist das Bären-Spiel sehr gut geeignet.
Nehmen wir mal an, eure Naturschutzgruppe bearbeitet das Thema „Artenschutz". Mit diesem theoretischen Begriff können wir erst mal gar nichts anfangen. Denken und fühlen wir uns also besser in eine konkrete Art hinein, und erleben wir zum Beispiel den Bären mit seinen eigenen Sinnen und „Vorstellungen". Für ein solches Rollenspiel müßt ihr ein bißchen vorbereiten.
Einen Bären können wir mit Hilfe eines Bärenkopfes spielen. Er ist aus Maschendraht geformt, mit Papier und Kleister beklebt, bemalt und mit etwas Schafswolle behaart. Dies ist eine einfache und schnelle Technik, um Tierköpfe zu machen; wir haben sie beim Figurentheater MOTTE gelernt.
Mit dem Bärenkopf, den ein Sprecher überstülpt, und mit einer einfachen Decke als Umhang ist der Bär schon fertig.
Ein „Rundfunksprecher" interviewt den Bären über sein Leben, seine Ideale, seine Wünsche, seine Meinung und Beobachtungen von den Menschen, seine Art zu reisen, zu fressen, Energieprobleme zu lösen usw. Der Sprecher und der Bär können die Rollen untereinander oder in der Gruppe tauschen. Das kann auch mitten im Gespräch geschehen.
So können wir ein unmittelbares Verständnis und Gefühl für den Bären entwickeln.
Diese Kombination von Verkleidung

und „Öko-Interview" bringt auch mit anderen Tieren überraschende Ergebnisse. Eine Krötenzaun-Aktion, mit einem solchen Rollenspiel begonnen, macht nicht nur Spaß, sondern kann auch ein ganz neues Verständnis für diese Tiere vermitteln.
Unsere erste Erfahrung mit diesem Bärenspiel haben wir bei einer Tagung in Bad Boll mit ca. 80 Menschen gemacht. Das Spiel sollte eigentlich nur eine halbe Stunde dauern, doch wir wollten mit dem Interview gar nicht mehr aufhören. Wir erlebten die Freuden und Probleme des Bären und lebten für einige Zeit gemeinsam mit ihm. Versucht mal, euren Bären zu interviewen.

Legespiel
Quadratische Spielkarten mit halbierten Zeichnungen sollen an den Kanten so zusammengefügt werden, daß sich aus den halben Zeichnungen wieder ganze ergeben – und natürlich nur passende ganze.
Wir haben das so allgemein formuliert, damit das Prinzip dieses Spieles deutlich wird.
Nun zwei Beispiele, die wir auf Karton gezeichnet haben. Die BUND-Zeichen haben wir innen mit vier verschiedenen Farben gekennzeichnet, bei den Watt-Tieren haben wir vier verschiedene Zeichnungen genommen. Neben den Spielkarten, die auf der Nebenseite abgebildet sind, seht ihr die Texte, in denen wir die Spielregeln erklärt haben. Die Texte haben wir auf die Bedeutung der Zeichen abgestimmt. Wenn ihr in eurer Gruppe nun selbst solche Spiele entwerft und herstellt, macht einen eigenen Text, der eure Ziele besser wiedergibt. Wir hoffen natürlich, daß ihr dieses Spiel nachmacht und dabei auch mögliche Veränderungen ausprobiert. Folgende Punkte sind zu beachten:
> Ihr braucht hier verschiedene Zeichnungen. Die könnt ihr mit verschiedenen Farben, verschiedenen Schraffuren und gleichen Bildern herstellen, aber auch mit vier verschiedenen Bildern. Die Zeichnungen braucht ihr mehrfach. Um sie genau gleich herzustellen, nehmt einen Kopierer und schneidet die Zeichen aus. Diese klebt ihr dann genau mit der Mitte auf die Kantenlinien der auszuschneidenden Spielkarten.
> Wir haben euch 9 Karten vorgestellt, aber es geht ebenso gut mit 4 × 4, also 16 Karten oder auch mit rechteckigen Zusammenlegformen, dann z. B. mit 3 × 4 = 12 Karten. Je mehr Karten ihr nehmt, desto schwerer kann aber das Zusammenfügen werden!
Die einzelnen kleinen Karten müssen nicht unbedingt Quadrate sein. Probiert mal gleichseitige Sechsecke oder Dreiecke
> Statt Figuren zu zeichnen, könnt ihr auch andere Möglichkeiten versuchen, Bilder herzustellen:
Sucht vier Arten möglichst gleich großer gepreßter Blätter, z. B. von Eiche, Ahorn, Birke und Ulme;
macht Fotos von Dingen in eurer Umgebung oder auch von Personen, zeichnet oder fotografiert die vier Ansichten eines besonderen Gebäudes.
> Ebenso wie Baumblätter könnt ihr auch dickere räumliche Figuren verwenden, die günstig halbiert werden können. Diese müßt ihr aber mehrfach bauen und in genau gleicher Größe. Ein Beispiel von vier Gebäuden für ein Legespiel, das zum Thema Atomenergie paßt: Atomreaktor, Schneller Brüter, Krankenhaus, Kühlturm.
> Die Anordnung der Zeichen ergibt nach unserem Muster zwei verschiedene Lösungen. Doch wenn ihr beim Herstellen des Spieles andere Muster wählt, wird es nach dem Auseinanderschneiden immer mindestens eine richtige Lösung geben. Wieviele andere Lösungen dann jeweils möglich sind, kann man mit einer großen Rechenmaschine ausrechnen, vielleicht kann man es aber auch einfach durchprobieren. Bringt zu den verschiedenen Spielen die Karten nicht durcheinander!

Ⓟ 1983 PAPENBERG Beilage zum BUND-info 20: Gefährdung des Wattenmeers

Tiere im Watt

Muschel, Krabbe, Plattfisch und Seestern, die hier alle abgebildet sind, kannst Du leicht finden, wenn Du aufmerksam durch das trockengefallene Watt gehst. Oder den Spülsaum durchsuchst.

Viele andere Tiere wirst Du nie oder nur tot (wie Fisch und Seestern) finden, weil sie im Wattboden vergraben oder ständig unter Wasser leben – oder weil sie selten geworden sind. Denn auf vielerlei Weise macht der Mensch den hier lebenden Tieren das Leben schwer.

Und so wird's gemacht:

1. An den Linien entlang ausschneiden

2. Versuchen, es wieder passend zusammen zu setzen. Dabei sind 2 Lösungen möglich.

Viel Spaß – und Geduld!

Übrigens: Die Anrede „Du" bedeutet nicht, daß dieses Spiel nur für Kinder gedacht ist – im Gegenteil!

Traumdorf

Auf eine Zeitungsanzeige „Haus mit Garten zu verkaufen" meldet sich ein Interessent zur Besichtigung. „Und dieses winzige Stück Boden soll der Garten sein?" sagt er zum Verkäufer.
„Zugegeben", antwortet dieser, „es sind nur ein paar Quadratmeter, aber er hat doch eine beachtliche Höhe."

Eine Jugendgruppe, die sonst immer aktiv für die Natur und Umwelt tätig ist, sollte sich auch einmal Zeit für sich selbst nehmen. Macht doch einmal an einem sonnigen Nachmittag im Freien, ohne jeden Termindruck und frei von allen Verpflichtungen, ein Spiel miteinander. Ein schönes Spiel ist der Bau eines Traumdorfes.
Wie jedes Spiel hat auch dieses ein paar Regeln:
– Grenze auf dem Rasen, auf dem Hof, auf einem Teppich oder einer Unterlage eine Fläche ab, die die Dorffläche werden soll.
Baumaterial ist alles, was ihr in Reichweite findet und kleiner ist, als euer Zeigefinger lang ist: Stöckchen, Steine, Blätter, Kronkorken, Nägel ...
– Baut nun gemeinsam ein Dorf, in dem jeder von euch ein Haus bewohnt. Natürlich könnt ihr einen Garten dazubauen oder Plätze, Wege, öffentliche Gebäude, Teich, Berge usw.
– Häuser, Bäume, Tiere usw. könnt ihr irgendwie andeuten und nur so weit fertigbauen, daß alle anderen erkennen können, was das Dargestellte sein soll.
– Denkt daran, daß ihr gemeinsame „Träume" verwirklichen könnt; baut also so, wie ihr euch eine wünschenswerte Wohn- und Dorfwelt vorstellt.
– Mancher von euch sammelt sicher Korken von Weinflaschen, die sich für Bastelarbeiten eignen. Korken in großen Mengen gibt es auch in vielen Gaststätten. Wenn ihr solche Flaschenkorken habt, einigt euch darauf, diese für die Darstellung von Personen zu nehmen. Für 10 Dorfbauer braucht Ihr schon mindestens 50 Korken-Menschen, die ihr nach Belieben verteilen und versammeln könnt.
– Baut die Dorffläche voll und versucht euch nun ein Leben in dem Dorf vorzustellen: Sind genug Bäume da, die Schatten werfen und die Luft reinigen? Gibt es so viele Tiere, wie ihr euch wünscht? Gibt es auch Wildtiere? Habt ihr auch Wege zu allen Nachbarn gebaut?
Ist Platz für ein großes Dorffest?
Wo tut ihr den Abfall hin? Gibt es Komposthaufen und Papiercontainer? Betreibt jemand einen Fahrradverleih? Und habt ihr noch mehr Einfälle, die euch das Traum-Leben in dem Dorf schöner machen?
Wenn jemand das fertige Dorf fotografiert, könnt ihr länger als bis zum nächsten Regen Spaß an eurem Traumdorf haben.

Eingriffe

Das schafft auch die Gentechnologie nicht: Füße, die riechen, Nasen, die laufen, Hände, die reden, und einen Kopf, den man verlieren kann.

Greifkisten
Früher haben wir oft mit verbundenen Augen oder im Dunkeln Tast- und Suchspiele gemacht. Es war dann spannend zu erleben, wie die Finger „sehen" konnten. Wir haben nun für die Umweltschutzgruppe Kästen gebaut, in die man nicht hineinsehen, aber hineingreifen kann. Es ist dann sehr spannend zu erkennen oder zu erraten, welche Gegenstände in der Kiste liegen.
Es muß sich dabei nicht nur um Holzkisten handeln. Man kann dazu auch Gefäße nehmen, die zu den Dingen passen, welche zu er„fassen" sind:
In Tontöpfe oder große Blumentöpfe, die mit Tüchern bedeckt sind, legt ihr z. B. Kiesel, Sand, Erde, Humus, Kalk, Zement, Bachsteinstücke, Lava, Minerale, Prozellan, Glas (ohne scharfe Kanten!), Erze.
In Gurken-Blechdosen, die es umsonst in einem Restaurant gibt, und bei denen ihr den Rand glatt machen müßt, legt ihr z. B.: Eisen, Aluminium, Stanniol, Schrauben, kleine Werkzeuge, Büroklammern.
Wenn ihr mit Gummistiefeln eine naturkundliche Wanderung gemacht habt, sammelt einer von euch die kleinen Dinge, die sich am Wegrand finden: Schneckengehäuse, Tannenzapfen, Löwenzahnblüten, ein Pergamentpapier, ein Brocken Straßenasphalt, eben alles, was dann nach Beendigung der Wanderung in die flach liegenden Stiefel hineingelegt werden kann. Eure Freunde werden einige Überraschungen erleben, wenn sie den Wanderweg nun mit den Händen nachfühlen.
Verschiedene Greifgefäße könnt ihr auch kombinieren und auf den Anlaß, zu dem ihr sie einrichtet, abstimmen. Wenn ihr dann im Fußgängerbereich einer Stadt oder bei einer Abendveranstaltung, einer Tagung oder Messe einen Infostand macht, habt ihr für neugierige Besucher interessante Greif-Abenteuer bereit. Richtet etwa 20 Greifgefäße so ein, daß alle möglichst viel Spaß bei dem Rätselspiel haben. Wer besonders viele Dinge wiedererkennt, kann natürlich auch einen kleinen Preis erhalten.
Solche Greifkisten sollten transportabel sein. Wir beschreiben hier eine Spielaktion, bei der wir aufwendigere, dafür aber haltbarere Kisten gebaut haben. Uns ging es dabei um Materialien von der Küste: Muscheln, Schlick, Salzpflanzen, Schnecken, Hölzer, angespülter Müll usw. Passende Gefäße haben wir aus alten Fischkästen gebaut. Die Konstruktion könnt ihr den Zeichnungen entnehmen. Diese Kisten sind so gebaut, daß der Deckel aufzuklappen ist. Wenn also alle Besucher ausführ-

lich mit den Händen die Überraschungen ertastet haben, klappen wir die Kisten auf, und an der Innenseite des Deckels findet man dann auch ein Foto von der Fundstelle der Dinge, eine kurze Beschreibung der wichtigen Merkmale – z.B. über den Unterschied zwischen Pfeffermuschel und Sandklaffmuschel – oder erklärende Zeichnungen und auch weitere zusätzliche Informationen (z.B. über die Gefährdung einzelner Kleinlebewesen). Eine wichtige Ergänzung der Tasterlebnisse.

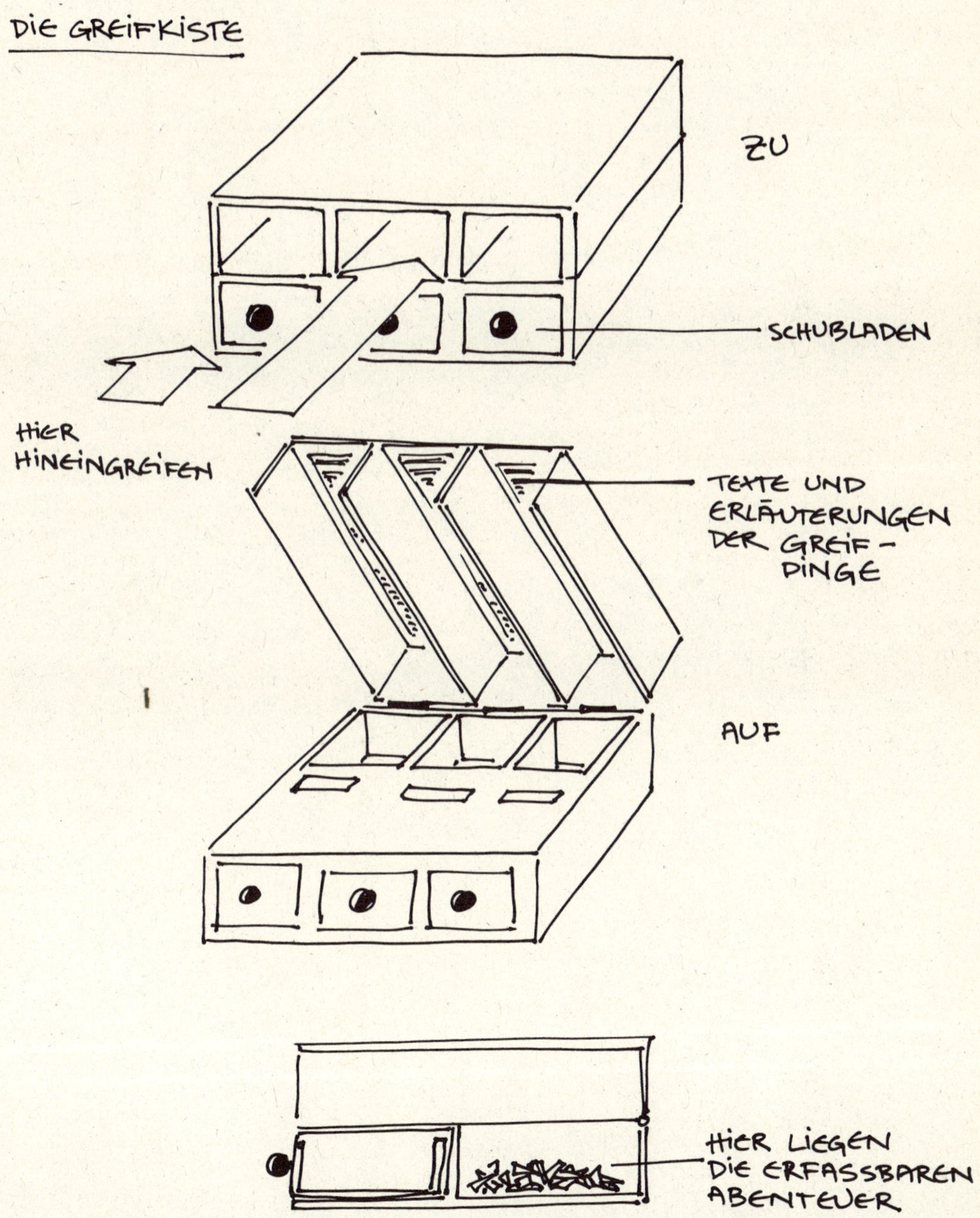

Cartoons

Land ohne Landschaft, Natur ohne Schutz
Für eure Gruppentreffen, für öffentliche Veranstaltungen, Aktionen zum Natur- und Umweltschutz bieten Zeichnungen einen idealen Anstoß, in die Auseinandersetzung mit einem Thema einzusteigen. Laßt eurer Phantasie freien Lauf zu fruchtbaren Ideen!
Die folgenden Zeichnungen hat Arnd Bockhacker für den BUND-Lehrerservice gezeichnet.
Bärbel Supper und Reinhard Witt haben einige Gedanken dazu aufgeschrieben.
Vielleicht sind die Bilder und Texte ein Ansporn für euch, selber Zeichnungen für eure aktuellen Umweltschutzaktivitäten zu machen.

Die mächtige Kette
Da nagt die mächtige Kette an einem eigentlich viel mächtigeren Baumstamm. Der Baum ist so groß, daß er gar nicht mehr ganz aufs Bild paßt.
Alt ist der Baum, bestimmt 100 Jahre alt.
Viel Zeit hat er gebraucht, um so groß und stark zu werden.
Ob's ein Nadelbaum oder ein Laubbaum ist?
Was hat er nicht alles ausgestanden? Kälte, Dürrezeiten, Kriege ...
Ausgehalten hat er vieles. Kräftig genug ist er ja.
Und jetzt nagt plötzlich eine kleine Motorsäge an ihm.
Hörst du das Kreischen der Säge und wie die Späne fallen? Beim näheren Betrachten der Sägekette erkennst du, was da genau am Stamm nagt. Viele Autos, Schornsteine von Kraftwerken und Fabriken, die sich ganz scharfgeschliffen ins Holz fressen.
Schwefeldioxid, Stickoxid, Schwermetalle, organische Verbindungen, durch die Luft und durch den Boden aufgenommen, sind die todbringenden Feinde des Baumes.
Auf dem Bild ist der Einschnitt in den Baumstamm so groß, daß für diesen Baum wohl das Ende abzusehen ist. Doch im Wald stehen noch viele andere Bäume. Hörst du die Motorsägen? Können wir sie aufhalten?

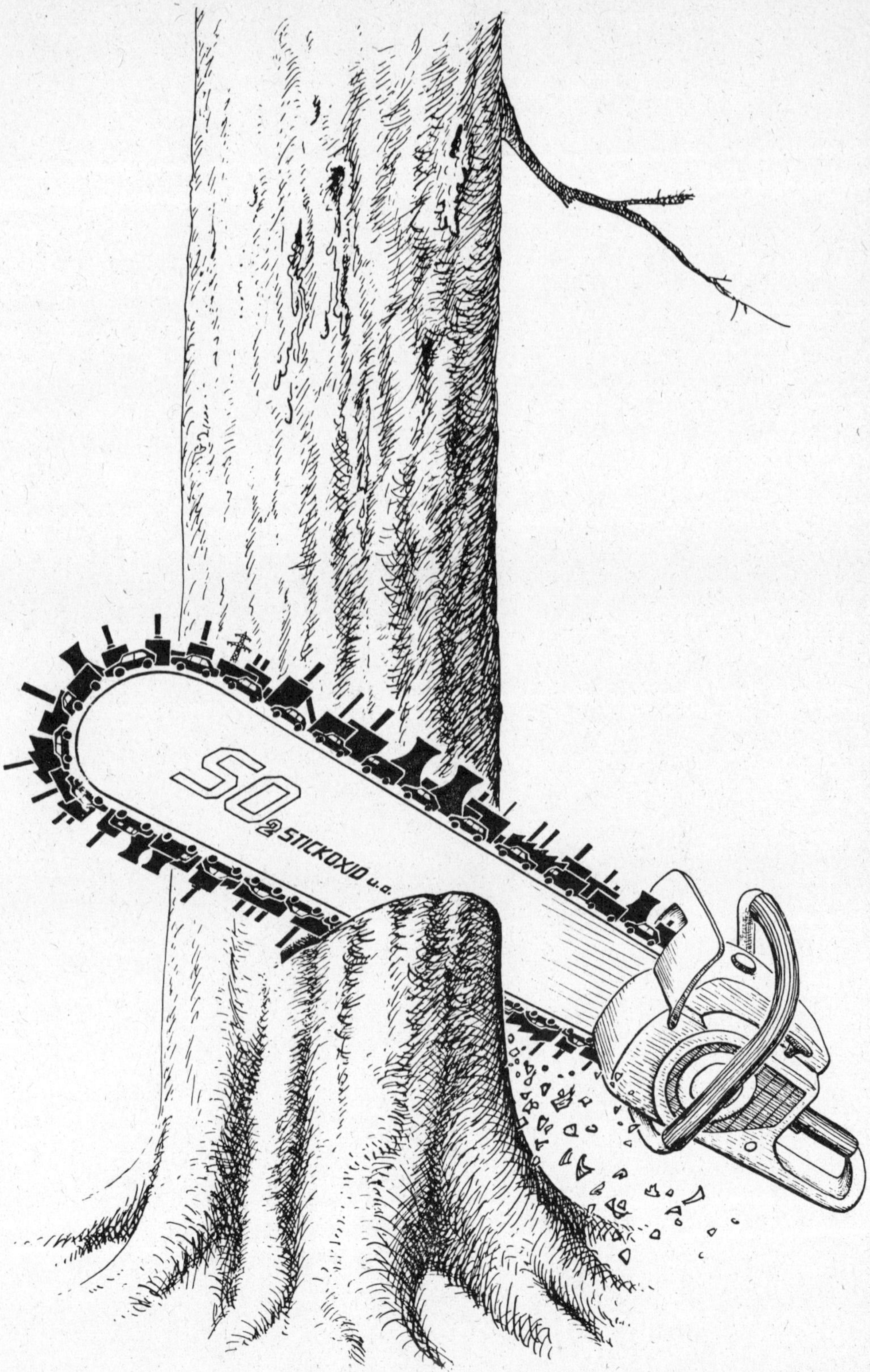
SO_2
STICKOXID u.a.

Flurbereinigung

Vordergründig fallen der Flurbereinigung nur Feuchtgebiete, Gräben, Böschungen, Hecken und Wegrand zum Opfer, hintergründig aber rationalisiert sie mit jedem Schwarzen Holunder, Weißdorn, jedem Stückchen ungenutzten Landes die Lebensvielfalt weg. Das Feld verarmt, wird monoton und unwirtlich für Hase, Maus, Wiesel, Erdkröte, für Igel und Rebhuhn. Orte der Zuflucht, des Ausruhens, des Gebärens und Geborenwerdens, des Fressens und Gefressenwerdens verschwinden, müssen einer neuen Welt Platz machen. Die neue Welt ist am Schreibtisch einer lebensfernen Agrarpolitik geplant, der Quantität vor Qualität und Konsum über alles geht. Mit den Augen des Amtmanns hat nun jedes Fleckchen Erde seine Funktion. Was funktionslos scheint, verliert an Lebensrecht. Gerade geordnet, gut überschaubar, zugänglich und vor allem sauber aufgeräumt ist die Feldflur nun – eine Welt von Technokraten für die Maschinen einer Agrarindustrie.

Das Wichtigste jedoch scheinen die Agrarpolitiker aus ihrer beschränkten Perspektive übersehen zu haben: Weil diese Welt nicht mehr von selbst zu leben vermag, muß sie mit viel Aufwand künstlich am Leben gehalten werden. Und: Natürlich wachsen dort nur Kunstprodukte.

Der Experte

Er hat bestimmt seine eigene Anschauung über den Wert des Stückes Natur, das er verwaltet. Schließlich fragt man ihn als Fachmann oft genug um Rat und Gutachten. Aber seine Augen sagen alles!

Ob er wohl blind für die Dinge ist, die er tut, und ob er wohl ohne etwas zu wissen handelt?

Oder handelt er wie immer blind, automatisch, weil er sowieso nichts ändern kann?

Vielleicht darf er auch nichts sehen, und seine Brille läßt den Blick für den wahren Zustand seiner Naturverwaltung nicht durch?

Oder ob er etwas sehen würde, dazu aber die Blickrichtung ändern müßte? Vielleicht hat er auch gar keine Zeit hinzuschauen und bestimmt noch weniger Zeit, die Verhältnisse vor Ort – und nicht nur vom Schreibtisch aus – zu begutachten.

Kann man das Leben in der Natur überhaupt gerecht vom Schreibtisch aus verwalten?

Trotz vieler unbeantworteter Fragen ist am Ende eines klar: Auslöschen kann man die Natur vom Schreibtisch aus sehr wohl.

Verschnitt

Die BRD rühmt sich des besten Straßennetzes der Welt. Nicht umsonst das Eigenlob – vom kleinen betonierten Wirtschaftsweg bis zur sechsspurigen Autobahn durchziehen Millionen Straßenkilometer das Land.

Der treffendere Ausdruck wäre: Sie durchschneiden das Land. Denn aus ökologischer Sicht sind die Folgen des Straßenbaus wahrlich einschneidend. Angefangen von der Auslöschung der krabbelnden und kriechenden Kleintierfauna seitlich des ursprünglichen Feldwegs bis zur großräumigen Isolation ganzer Wildtierpopulationen links und rechts der neuen Schnellstraßen – das Schuldkonto des Straßenbaus ist hoch. Darüberhinaus verändern Straßen den Wasserhaushalt manchmal entscheidend für eine Region, und die Zerstückelung entwertet die Landschaft für den Menschen außer durch Lärm, Schmutz und Abgase auch psychisch durch die Zerstörung gewohnter Landschaftsbilder.

Mehr als genug Gründe, es beim heutigen Asphaltgitternetz zu belassen. Doch wie in Vergangenheit bestimmen auch zukünftig nicht die vom Verkehr Betroffenen die Neuplanungen. Nur an Autobahnen soll das Straßennetz von 7800 auf 10800 km erweitert werden: Größenwahn auf Einbahnstraßen!

Erholungsgebiet

Der Greifvogel auf dem dreieckigen Schild, grün umrahmt, weist darauf hin: Hier beginnt ein Naturschutzgebiet, an dieser Stelle grenzt sich geschützte Natur drinnen von ungeschützter Natur draußen ab. Ab hier, sollte man meinen, ist die Natur etwas wert. Oder warum hätte sonst der Gesetzgeber den Status eines Naturschutzgebietes geschaffen?

Aber wer hinschaut, erkennt, wie es drinnen aussieht, weiß, daß die Naturschutzparagraphen auf recht wackeligen Füßen stehen, und daß diese die einen rechten Schutz der Natur vor dem Menschen gar nicht garantieren können.

Naturoasen in einer naturfremden Landschaft sollten es sein, letzte Refugien für letzte Tiere und Pflanzen, auf 0.9% der Landesfläche soweit wie möglich konserviert.

In Wirklichkeit aber wird hier Natur gerade deshalb, weil sie noch vorhanden ist, stärker menschlich konsumiert als anderswo. Jagd, Fischerei, ordnungsgemäße Landwirtschaft oder Naturtourismus fürs Wochenende im Grünen dürfen einem Schutz der Natur nicht entgegenstehen. Natur ist, so wie sie ist, nicht wertvoll genug. Sie hat einen Nutzen zu bringen, sonst scheint sie nutzlos. Nutzen im menschlichen Sinne bedeutet aber auch immer verbrauchen, und Verbrauch produziert Abfall.

Fazit für die Natur: Indem wir unsere Naturschutzgebiete abwerten, die Natur quasi konservieren, fällt das Leben darin unserer Wegwerfmentalität zum Opfer. Natur für den Abfalleimer?

Infotag

Dieter Soldan erzählt von einem Infostand zum Thema Ernährung – Garten – Landbau.

Es liegt ziemlich klar auf der Hand, daß man sich als Umweltschutz-Gruppe nicht darauf beschränken kann, aktive Arbeit vor Ort zu tun. Zwar haben Aktionen wie Igelaktion, die Krötenschutzaktion und Baumpflanzaktionen indirekt auch eine Wirkung auf die breite Masse, zumindest dann, wenn sie in den Medien erscheinen, doch tragen sie wenig zur Meinungsbildung bei.
So muß nun also die Öffentlichkeit auch direkt angegangen werden. Das kann beispielsweise durch Vorträge geschehen. Diese haben aber wieder einen Nachteil. Es kommt meistens nur der, der sich wenigstens schon ein bißchen für die Thematik interessiert. Deshalb hat die Bund-Naturschutz-Jugendgruppe jetzt schon des öfteren Informationsstände in der Innenstadt organisiert. Man versprach sich davon, auch Leute anzusprechen, die sich sonst nie in die Nähe von Umweltschutzveranstaltungen gewagt hätten. Daß auch hier kaum willige Neulinge Interesse zeigen, scheint die Erfahrung leider zu zeigen. Im folgenden möchte ich die Problematik von so einem Informationsstand am konkreten Beispiel erläutern: Der Stand zum Thema „Ernährung – Garten – Landbau" im Juli 1981.
Die ersten Vorbereitungen wurden auf einem Treffen der Jugendgruppe besprochen. Ein Organisationsteam wurde gebildet, da sich nicht alle Mitglieder im gleichen Maß für dieses Thema interessieren und in einer kleineren Gruppe konstruktive Arbeit einfacher ist. Diese Gruppe traf sich dann des öfteren, um das Thema etwas näher zu durchleuchten.Unter anderem wurden die wichtigsten Gedanken zum biologischen Gartenbau stichpunktartig zusammengestellt, so daß hinterher am Stand auch jeder von unserer Gruppe zumindest die Grundzüge Interessierten erläutern konnte.
Natürlich mußte auch Informationsmaterial besorgt werden. Hier erleichterte uns die Arbeit erheblich, daß die meisten Organisationen, die sich mit alternativer Ernährung beschäftigen, Broschüren, Zeitschriften und Flugblätter meist kostenlos zur Verfügung stellen. Hier hatten wir am Schluß sowohl von der biologisch dynamischen als auch von der biologisch organischen Richtung gutes Material und konnten außerdem ein hervorragendes Flugblatt über "Ernährung der 3. Welt" besorgen. Ansonsten standen uns eine Vielzahl guter Flugblätter des Bundes Naturschutz zur Verfügung. Darüberhinaus besorgten wir uns im Öko-Laden in Würzburg etwa ein Dutzend empfehlenswerter Buchveröffentlichungen zu unserem Thema.
Nun mußten aber noch einige „Blickfänger" hergestellt werden. Da war erst mal ein großer Pappbaum, der aus einer Schaufensterdekoration stammte und mit dem Slogan „Der Mensch als Glied der Natur kann nicht gegen sie leben" ausgestattet werden mußte. Auf zwei weiteren Plakaten standen dann die Grundsätze des biologischen Gartenbaues und der Kompostbereitung. Somit waren die längerfristigen Vorbereitungen eigentlich abgeschlossen.
Die schriftliche Genehmigung der Stadt lag auch schon vor. Am letzten Tag sollten noch einige „Ausstellungsstücke" aus dem biologischen Gartenbau besorgt werden. Hier half uns sofort eine Gartenexpertin und ein Gartenexperte, den wir für eine Stunde am Vormittag zur persönlichen Beratung an unserem Stand hatten gewinnen können. Als schließlich am 4. Juli (ein verkaufsoffener Samstag) der

Stand aufgebaut werden sollte, gab es gleich Schwierigkeiten. Da zum gleichen Zeitpunkt Straßenweinfest war, hatte der Festwirt unseren, von der Stadt zugewiesenen, Platz einem Schmuckhändler vermietet. Nach etwas Diskutieren stellte man schließlich fest, daß der Platz auch für zwei Stände langte, und die Sache war erledigt.
Als die schweren Holzstände schließlich herbeigeschafft, das Material ausgelegt und ein großes Bund Naturschutz-Transparent aufgehängt war, lauerten die Jugendgruppenmitglieder auf Interessenten. Diese kamen auch, aber sehr spärlich. Erst als der Gartenexperte um ½11 Uhr eintraf, stieg das Interesse etwas. Er ist selbst biologischer Gärtner, Imker und Vertreter für organische Dünger und hat offensichtlich doch einige Skeptiker mit seinem fundierten Wissen überzeugt. Leider mußte er gegen Mittag wieder nach Hause.
Im Laufe des Mittags und Nachmittags füllten sich wohl die Bänke des Weinfestes, aber abgesehen von einigen wenigen echt Interessierten, staunten wir immer mehr über so viel Desinteresse bei einem so wichtigen und aktuellen Thema.
Man wird manchmal den Eindruck nicht los, daß Information nur deshalb abgelehnt wird, weil man aus einer daraus erwachsenden Erkenntnis Konsequenzen ziehen müßte, z.B. seinen Lebensstil ändern. Und wer tut das schon gern? Natürlich sind Weinfestbesucher auch nicht gerade das optimale Publikum, aber vormittags hätten die „normalen" Passanten eigentlich ansprechbar sein müssen.

Als Ergebnis läßt sich wohl folgendes sagen:
Gelohnt hat sich die Sache schon, wenn sich auch gezeigt hat, daß nur wenige Leute einem umweltfreundlichen Verhalten nähergebracht werden können. Vom zeitlichen, ideellen und finanziellen Aufwand her hätte man sich natürlich etwas mehr Resonanz erhofft, vor allem deshalb, weil noch auf 30 Plakaten, 100 Handzetteln, mündlich und in der Zeitung dafür geworben wurde.
Neben dem Loch in der Kasse bleibt die Erkenntnis: Direkt kommt man, wenn überhaupt, nur mit unverhältnismäßig hohem Aufwand an die Bevölkerung heran. Aber auch mit solch kleinen Schritten kommen wir unserem Ziel, Schaffung und Erhaltung einer lebenswerten Umwelt, näher.

Paradies traum insel

Kunst im Dienste der Natur
Hundertwassers Beitrag zur Aktion „Arche Noah 2000“
Eigens für die Aktion des Bundes für Umwelt und Naturschutz Deutschland schuf der weltberühmte Maler Friedensreich Hundertwasser ein achtfarbiges Plakat mit zusätzlicher Metallfolienprägung. Hundertwasser selbst sagt zu seinem „Arche Noah 2000“-Plakat: „Mein Bild stellt eine schwimmende Insel dar – eine Paradiesinsel, eine pflanzliche ‚Arche Noah 2000‘.

Der englische Zusatztext von Hundertwasser: „You are a guest of nature – behave“ (Du bist Gast der Natur – benimm Dich danach), bewirkt, daß sein künstlerisches Manifest auch international wirksam ist.

Wie sähe eure Paradiestrauminsel aus?

Träumt doch mal und besucht Friedensreich Hundertwasser auf seiner Insel!

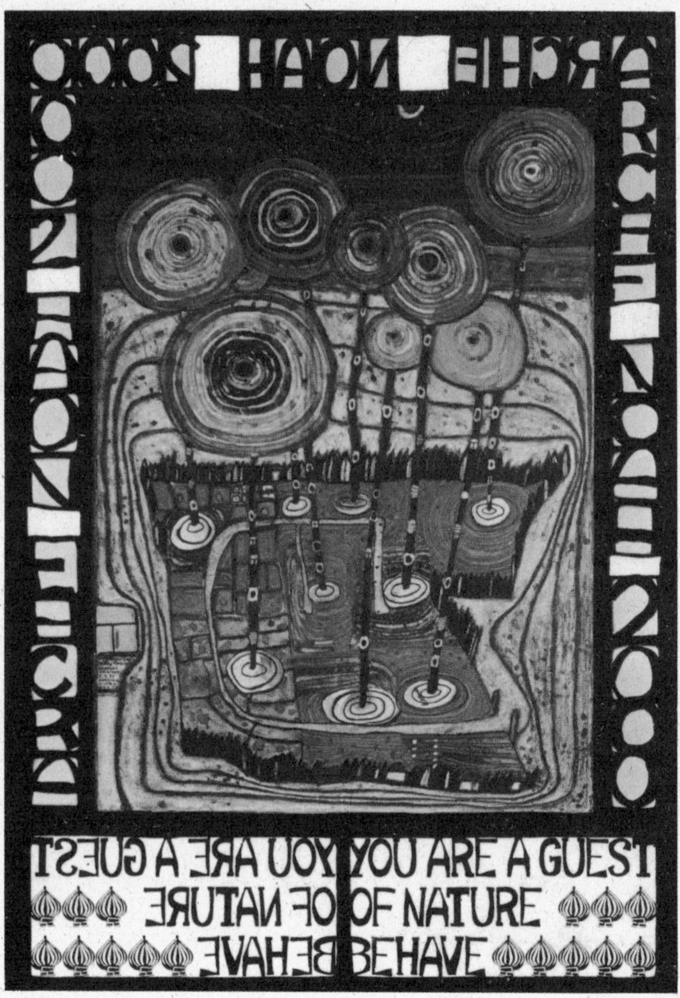
YOU ARE A GUEST
OF NATURE
BEHAVE

Kraftradio

Einem Menschen im Durchschnittshaushalt wird über die Steckdose die Leistung von etwa 20 Menschen geliefert. Deswegen hat die Energieversorgung auch immer recht, die überstimmen uns einfach.

Viele Leute glauben, es sei in Deutschland verboten, elektrische Energie selbst zu machen. Sie benutzen trotzdem ein Auto mit einer Lichtmaschine und ein Fahrrad mit Dynamo, also Stromquellen, die nicht an Elektrizitätswerke angeschlossen sind.
In Deutschland besteht ein öffentliches Handelsmonopol der Elektrizitätsgesellschaften. So ein Monopol, wie es bis vor kurzem für Streichhölzer bestand, haben heute noch viele Nahverkehrsunternehmen. Der Vorteil des Monopols ist, daß eine Konkurrenz gesetzlich verboten ist. Der Nachteil für die Monopolinhaber ist jedoch, daß sie die Versorgung mit Strom, Streichhölzern, Transportmitteln nach Möglichkeit sicherstellen müssen. Natürlich fällt mal der Strom aus oder die Busse fahren wegen Glatteis nicht; aber das sollte nur selten passieren.
Für den eigenen Bedarf dürfen wir Strom selber machen, wir dürfen ihn jedoch nicht an andere verkaufen.
Sehr viel Geld sparen wir nicht, wenn wir unseren Haushaltsstrom selber machen, denn wir haben eine Anschlußpflicht an das öffentliche Stromnetz und müssen einen festen Grundpreis zahlen, egal ob wir Strom verbrauchen oder nicht. Dieser Grundpreis macht bei durchschnittlichen Haushalten etwa die Hälfte der Gesamtstromrechnung aus. Lest eure Stromrechnung, die einmal im Jahr kommt, genau durch: Ihr seht, wieviel Strom (oder besser gesagt: Energie in Kilowattstunden) verbraucht wurde, ihr findet den Preis für diese Energiemenge, und dann sind die festen „Grundkosten" aufgeführt. Berechnet, wie sich der Gesamtbetrag der Stromrechnung verändern würde, wenn ihr nur die Hälfte der Energiemenge verbraucht hättet.
Durch diese Art der Strompreisberechnung werden wir nicht zum Sparen angeregt. Weil wir mit elektrischer Energie nicht verschwenderisch umgehen dürfen (Waldsterben, Radioaktivität, Energievorräte), sind aber andere Abrechnungsarten unbedingt nötig.
Strom erkennen wir mit unseren Sinnen nicht direkt, sondern immer nur an den Wirkungen: an der Wärme, am Licht, an der Motorkraft oder daran, daß ein technisches Gerät „läuft". Im Alltag benutzen wir sehr viele technische Geräte, die mit Elektrizität betrieben werden – und von vielen wissen wir nichts darüber, wie und warum sie funktionieren.
Wer aber seine Geräte nicht kennt, ist ihnen ausgeliefert. Schauen wir uns daher einmal näher an, wie unser kleines Elektrizitätswerk am Fahrrad funktioniert.
Der Dynamo ist ein Generator, der Strom erzeugen soll. Dieser wird über

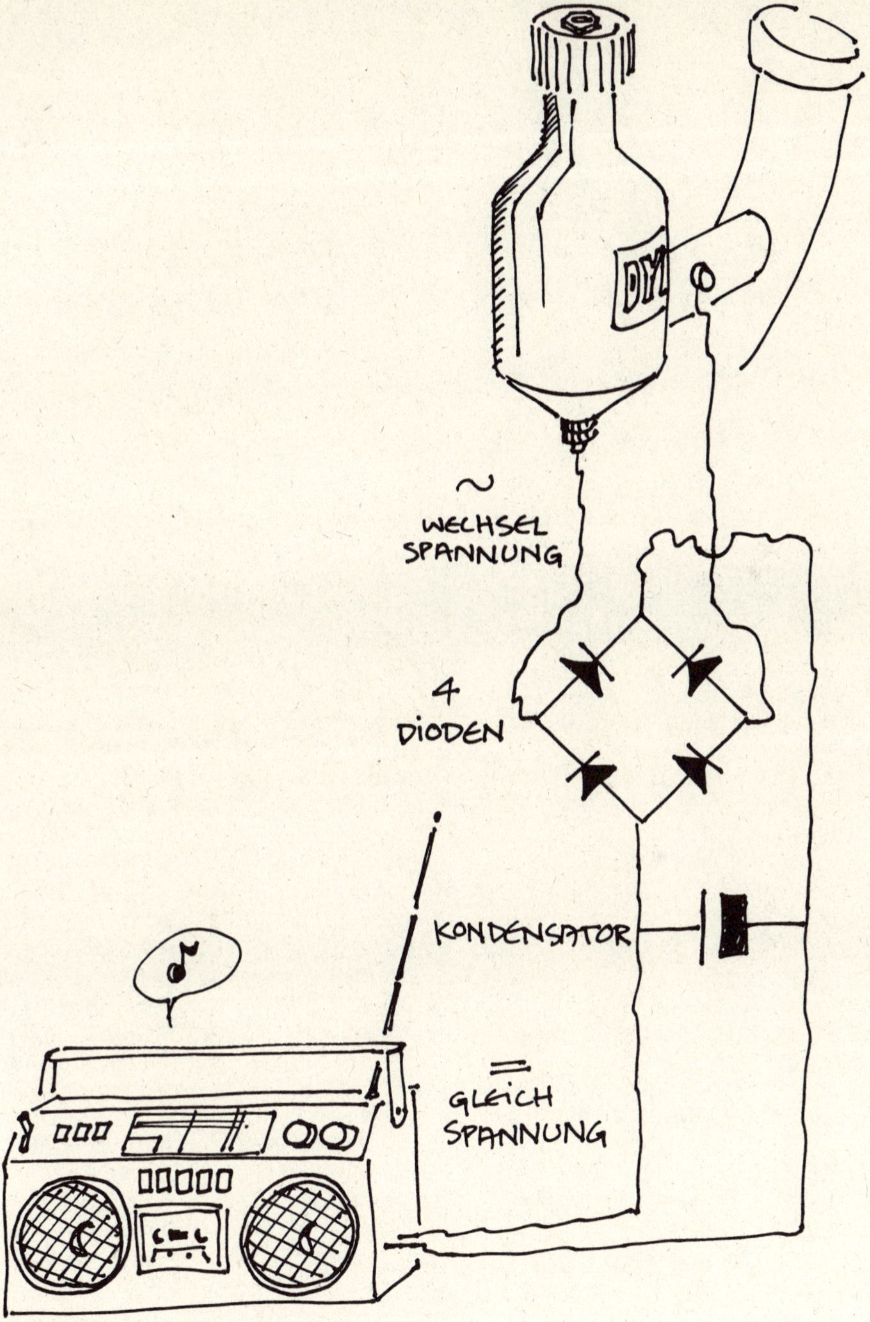

SCHALTPLAN ZUM KRAFTRADIO

einen geschlossenen Stromkreis mit Fahrradchassis und Zuleitungskabel zu einem „Verbraucher“, nämlich der Lampe (Glühbirne), transportiert. Der Dynamo liefert eine Wechselstromspannung, die abhängig von seiner Drehzahl ist. Wenn der Dynamo steht, wird kein Strom erzeugt, die Glühbirne in der Lampe leuchtet nicht. Bei schneller Fahrt auf dem Fahrrad liefert der Dynamo etwa 6 Volt Spannung und genug Energie für 4 Glühbirnen.
Der Dynamostrom kann aber auch für viele andere einfache Experimente benutzt werden: zum Betrieb einer elektrischen Klingel, eines Summers oder eines (alten!) Lautsprechers; nach Gleichrichten der Wechselspannung zum Betrieb eines Radios oder Gleichstrommotors.
Als Beispiel wollen wir den Betrieb eines Radios mit dem Fahrraddynamo beschreiben.
Du brauchst dazu ein Fahrrad mit Dynamo, einen Lötkolben, Lötzinn, Zuleitungskabel, 4 Dioden, einen Kondensator und ein Taschenradio mit Batterien, möglichst eines mit 6 Volt Spannungsbedarf. (z.B. 4 Batterien mit je 1,5 Volt).
Die Batterien nehmt ihr aus dem Radio heraus und lötet an die Batteriekontakte, die zur Radioschaltung führen, je einen längeren Schaltdraht an.
Vom Fahrrad ausgehend, verbindet ihr einen Schaltdraht mit dem Kontaktstecker des Dynamos und einen zweiten mit der Gehäuseverschraubung oder der Schelle, mit der der Dynamo ans Fahrrad festgeschraubt ist. Dieses Kabel muß leitenden Kontakt mit dem Fahrradmetallrahmen haben.
Zwei Kabel kommen nun vom Fahrrad, und zwei führen zum Radio. Würdet ihr diese verbinden, gäbe es im Radio nur Geknatter, denn der Dynamo liefert Wechselstrom, und das Radio benötigt Gleichstrom. Wir müssen also einen Gleichrichter dazwischensetzen. Für die Schaltung der vier Dioden und des Kondensators schaut euch das Schaltbild genau an und baut es genauso zusammen, wie wir es aufgezeichnet haben. Achtet auf der Gleichstromseite auf die richtige Polung für euer Radio.
Wenn Ihr nun den Fahrradreifen dreht, also den Dynamo antreibt, wird euer Radio Musik machen – falls ihr den richtigen Sender eingestellt habt.
Die nötigen Bauteile für diese Schaltung bekommt ihr in einem Elektronikfachhandel, sie kosten etwa 4,– DM. Sagt beim Einkauf, was ihr mit diesen Bauteilen vorhabt, dann bekommt ihr die richtigen Dimensionierungen. Fragt auch – falls nötig – nach einem Merkblatt für richtiges Löten. Falls ihr keinen Lötkundigen in der Bekanntschaft habt und nicht sicher seid, ob die Lötstelle gut geworden ist, wird euch der Elektronikhändler sicher gern helfen.
Ihr könnt über das Fahrradradio nun während der Fahrt Musik hören (dabei die Glühlampe aber nicht abklemmen).
Aber noch andere Aktionen sind mit solch einem „Kraftradio“ möglich:
Bei einem Infostand über Energieerzeugung und Energieverbrauch könnt ihr solch ein Fahrrad für interessierte Besucher hinstellen. Dafür solltet ihr den Dynamo an das Hinterrad montieren und das ganze Fahrrad so aufbokken, daß man auf dem Sattel sitzen und treten kann.
Größere Radios haben einen höheren Stromverbrauch. Dazu könnt ihr zwei Dynamos an das Hinterrad bauen und die Dynamokontakte miteinander verbinden. Das ist dann schon ein kleines Serienkraftwerk.
In einer größeren Gruppe haben wir mit dem Kraftradio einen Wettbewerb gemacht:
Jeweils 6 Personen bekamen ein Fahrrad, ein Radio ohne Batterien und eine Schachtel mit dem nötigen Kleinmaterial. Auf ein Startzeichen hin durften alle Sechser-Gruppen gleichzeitig mit dem Bau beginnen, und der Schnellste konnte seinen Erfolg akustisch mit dem laut spielenden Radio melden.
Wettbewerbe solcher Art sollen aber keine Konkurrenz in der Gruppe fördern, sondern im Gegenteil dabei helfen, über die Erlebnisse beim Wettbewerb zu sprechen.

Besprecht also gemeinsam, wie es euch gefallen hat:
Wer kannte sich aus?
Wer hat geholfen?
Welche Arbeitsschritte waren nötig?
Wie schwer waren die einzelnen Arbeitsschritte?
Optimale Verteilung der Arbeit?
WER konnte WAS am besten?
Ergaben sich Konflikte?
– technische oder persönliche –
Wurde zufällig oder planmäßig gearbeitet?
Wer führte?
War die Beratung (die Gruppenleitung) optimistisch, konstruktiv oder pessimistisch – resigniert?
Welche Assoziationen wurden geäußert?
Wurde gelacht?
Welche (hoffentlich harmlosen) Verletzungen ergaben sich?
Wodurch?
Welche Stimmung herrschte beim Ertönen der Musik?
Welche danach?
Das Ende war akustisch. Welche Sinne wurden noch gefordert:
Welche Fühlerlebnisse ergaben sich?
– Materialien, Geräte etc. –
Was war zu riechen?
– Flußmittel des Lötzinns, Kollophonium . . .

Pflanzenfotos

Die Pfefferminze hatte die Salbeipflanze fotografiert und zeigte ihr nun das prächtige Portraitfoto. „Nun werden die Menschen dich schön finden", sagte die Pfefferminze. „Wenn sie mich mögen, hast du recht", antwortete die Salbeipflanze, „wenn aber nicht, werden sie sagen: Was hat doch die Pfefferminze für ein schönes Foto gemacht."

Eine wunderschöne Zauberei mit Pflanzen sind Pflanzenfotos. Im Schattenbild, das ein Sonnenstrahl von einem Grashalm am hellen Wegrand wirft, könnt ihr bereits so ein Pflanzenfoto erkennen. Es sind also die Schatten von Pflanzen, die auf einem Pflanzenfoto eingefangen werden.
Um ein solches Foto zu machen, brauchst du:
– eine rote oder gelbe elektrische Birne für das Arbeiten mit dem Fotopapier (Birne für die Dunkelkammerbeleuchtung, die das Fotopapier nicht beeinflußt);
– einige Blätter Fotopapier im gewünschten Format;
– eine Flasche Entwickler für Fotopapier;
– Fixiersalz;
– eine Glasscheibe zum Überdecken der Pflanzenteile auf dem Fotopapier;
– zwei Schalen, etwas größer als das gewählte Format, zum Entwickeln und Fixieren des Bildes, das können z. B. auch Suppenteller sein;
– eine Schüssel zum Zwischenwässern;
– einen Eimer zum Auswaschen;
– zwei Greifklammern zum Halten des Papiers in den Schalen.
Das Prinzip dieser Fotos ist ganz einfach:
Gepreßte Pflanzenteile werden auf lichtempfindliches Papier (Fotopapier) gelegt und von oben mit Licht angestrahlt. Die Blätter und Stengel fangen das Licht auf und werfen einen Schatten auf das Papier, der nach dem Entwicklen weiß oder mit fein geäderter Tönung aus dem schwarzen Hintergrund herausleuchtet.

Die einzelnen Arbeitsschritte:
Ihr beginnt Pflanzen, Blätter, kleine Zweige und Blüten zu sammeln (sie dürfen natürlich nicht größer sein als das Fotopapier) und zu pressen (Pflanzenpresse siehe S. 47).
Nun geht's los!
Der Arbeitsraum darf nur durch die Dunkelkammerbirne erhellt werden, die ihr am besten in die Fassung einer Tischlampe schraubt. Den Arbeitstisch stellt ihr direkt unter die Deckenlampe und bedeckt ihn mit alten Zeitungen, da Entwickler und Fixierlösung Flecken hinterlassen können. Nun legt ihr die Arbeitsgeräte auf den Tisch. In die erste Schale gießt ihr Entwicklerflüssigkeit, in die zweite Fixiersalzlösung. Daneben legt ihr die Greifklammern, für jede Schale eine. Wichtig ist, daß kein Tropfen Fixiersalzlösung in die Schale mit dem Entwickler kommt.

Nun schaltet ihr die Dunkelkammerlampe an und die Deckenlampe aus und legt direkt unter die Deckenlampe ein Blatt Fotopapier auf den Tisch, die glänzende Seite nach oben. Legt darauf die gepreßte Pflanze und überdeckt sie mit einer Glasscheibe, die die Pflanze auf das Papier preßt. Nun wird die Deckenbeleuchtung für wenige Sekunden eingeschaltet. Die Belichtungszeit hängt von der Empfindlichkeit des Fotopapiers, der Stärke der Deckenlampe und von deren Entfernung zum Tisch ab.
Das belichtete Papier, auf dem ihr noch nichts sehen könnt, bringt ihr nun in die Schale mit dem Entwickler und taucht es mit der Klammer unter die Flüssigkeit. Durch leichtes Schaukeln mit der Schale hält man die Flüssigkeit in Bewegung. Wenn ihr nun richtig belichtet habt, beginnt das Bild nach einer halben Minute zu erscheinen und ist nach zwei Minuten fertig entwickelt.

– Erscheint es schon kurz nach dem Eintauchen, so war die Belichtungszeit zu lang,
– Wenn das Bild auch nach zwei Minuten noch hell ist, so war die Belichtung zu kurz oder zu schwach.
– Am besten ist's, wenn ihr erst mal ein paar Versuche mit kleinen Fotopapierstückchen macht, bis ihr die richtige Belichtungszeit gefunden habt, die für alle weiteren Fotos gilt.

Das fertig entwickelte Bild muß nun zwischengewässert werden, damit die Entwicklerflüssigkeit abgespült wird. Dann legt ihr das Bild mit der für diese Schale vorgesehenen Klammer für ca. 10 Minuten in das Fixierbad. Nun ist das Bild lichtbeständig und kommt zum Auswässern der Fixiersalzlösung für ca. 2 Stunden in den Wassereimer. Dieses Wasser müßt ihr hin und wieder erneuern. Das nasse Bild muß dann trocknen, am besten zwischen zwei Bogen Fließpapier, und dann legt ihr es auf Zeitungspapier aus. Wenn sich das Blatt während des Trocknens einrollt, mit einem schweren Buch beschweren.
Klebt eine besonders gelungene Serie von 12 Pflanzenfotos auf Kalenderblätter und schenkt den Kalender dem Bürgermeister, damit er ihn im Sitzungssaal der Gemeinde aufhängt. Dann fallen vielleicht mehr Entscheidungen zugunsten der Natur aus.

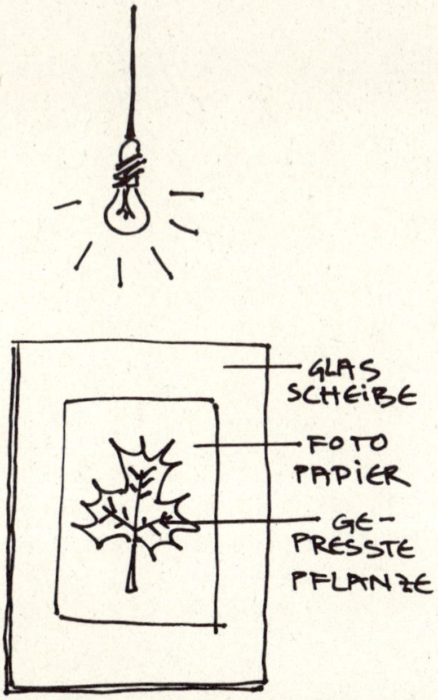

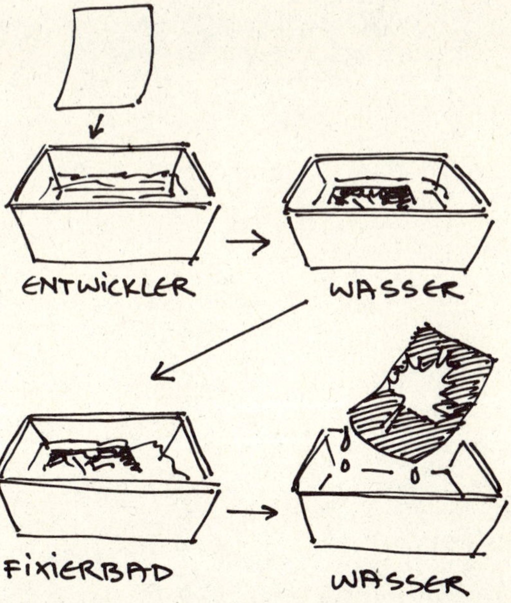

Färben mit Pflanzen

Der Gast setzt sich an den Restauranttisch und bestellt beim Ober: „Bringen Sie mir die Frühlingssuppe, dann Rotkohl mit Kartoffeln und Rindfleisch und zum Nachtisch Kirschkompott."
„Oh", sagt der Ober, „Sie kennen unsere Speisekarte auswendig?"
„Nein", antwortet der Gast, „ich lese nur Ihr Tischtuch."

Sicher ist er euch auch schon aufgefallen, daß die chemischen Farben, die aus Teer hergestellt werden, nie an die Leuchtkraft und Farbintensität von natürlichen Farbstoffen heranreichen. Ihr braucht nur die Farben der Blumen, der Bäume, des Himmels mit den Farben eurer Kleidung, den Wandfarben, Autofarben zu vergleichen, und ihr merkt sofort den Unterschied.
Mit natürlichen Farbstoffen, d.h. mit Pflanzen, könnt ihr auch färben: Wolle, T-Shirts, Eier für Ostern (mit Zwiebelschalen), Stoff für Tischdecken, Vorhänge für euren Jugendgruppenraum usw. Allerdings färben die natürlichen Farbstoffe im allgemeinen nur natürliche Materialien, d.h. keine synthetischen T-Shirts.
Zusammen mit Beizmitteln, das sind Mineralsalze, die sich in den Stoffen festsetzen und die Farben haltbar machen, könnt ihr jede pflanzliche und tierische Faser fast waschecht färben.
Anleitung
Vorab noch einen Tip: Besorgt euch einen großen und einen kleinen alten Topf, die ihr dann immer zum Färben benutzt.

1. Als erstes müßt ihr das Färbematerial sammeln. Für jedes Pfund zu färbende Fasern braucht ihr ein Pfund Färbematerial.
2. Das Färbematerial über Nacht in Wasser legen, die Oberfläche muß gerade bedeckt sein.
3. Das Material zerkleinern.
4. Das Ganze zum Kochen bringen und eine Stunde köcheln lassen.
5. Die Flüssigkeit durch ein Sieb oder Tuch seihen.
6. Auf jedes Pfund gesammeltes Färbematerial ca. 15 l Wasser dem Farbkonzentrat zugeben.
7. Nasse Faser ins Farbbad geben, nun könnt ihr das Beizmittel dazugeben. 100 g Beizmittel pro Pfund zu färbende Faser.
8. Das Ganze nun weiterköcheln lassen, ab und zu umrühren, und den Stoff so lange im Farbbad lassen, bis er eine Schattierung dunkler ist als die gewünschte Farbe.
9. Den Stoff aus dem Farbbad nehmen, am besten mit Gummihandschuhen.
10. Unter fließendem Wasser den Stoff auswaschen.
11. Und trocknen lassen.

Hier ist nun eine Liste der natürlichen Färbemittel:
Selbstverständlich könnt ihr auch eigene Zusammenstellungen der Färbemittel ausprobieren.

Färbemittel	Beizmittel	Farbe
Ahornrinde	Alaun	gelbbraun
Rote Beete	Alaun	rosa
Birkenrinde	Alaun	gelbbraun
Blätter der weißen Birke	Alaun	gelb
Goldrutenblüte	Alaun	gelb
Haselnuß	Alaun	braun
Henna	Alaun	braun
Kaffee	Alaun	hellbraun
Koschenille	Alaun	rosarot
Krapp	Alaun	orangerot
Preiselbeeren	Alaun	rosa
Ringelblumenblüte	Alaun	braun
Wolfsmilchblüten	Alaun	orange
Tee	Alaun	leuchtendes Gold
Zwiebel, frisch	Alaun	helles Gold
Zwiebelschale, getrocknet	Alaun	dunkles Gold

Noch was. Beim Färben mit Pflanzen werdet ihr immer Überraschungen mit den Farben erleben. Traut euch einfach mal zu experimentieren: Wie färbt Gras, Kastanienrinde, . . .?

Am besten legt ihr euch ein Pflanzenfärbebuch an, in dem ihr eure Erfahrungen und Farbkombinationen beschreibt.

Drucken

Die Werbung für die neue Industrieansiedlung verteilte 50000 Drucksachen im Vierfarbdruck an alle Haushalte, um zu zeigen, daß sie keinerlei Druck benötigt, um ihre Interessen durchzudrücken.

Drucken ist eine Arbeitstechnik, die uns zwei wichtige Vorteile bringt:
Derselbe Druckstock gibt uns mehrfach dieselben Abdrücke, wenn wir wollen, in verschiedenen Farben. Und es gibt Druckstöcke, die wir nicht selbst herstellen, wie beim Kartoffelstempel, sondern solche, die wir in der Natur bereits fertig vorfinden. Wir bekommen Strukturen im Abdruck, die wir kaum so gut nachzeichnen könnten, Strukturen, die uns selbst und andere überraschen. Briefpapier, z.B. euer Gruppenbriefpapier, Einladungs- und Glückwunschkarten, Schulhefte usw. können durch kleine Bildchen und Zeichnungen nach euren Entwürfen durch das Bedrucken verschönert werden, lustiger werden, bunter.
In der Natur gibt es eine Fülle von Materialien, aus denen sich Stempel anfertigen lassen:

Kartoffelstempel
Dazu müßt ihr eine Kartoffel halbieren und durch leichtes Einritzen mit einem Stift eine Form auf der Schnittfläche markieren, z.B. die Umrisse einer Blume. Schneidet nun an der Umrißlinie entlang. Schneidet mit einem kleinen Küchenmesser senkrecht bis zu 1 cm ein und höhlt die Kartoffel innerhalb dieser Schnittfläche aus. Nun färbt ihr die äußere Fläche mit einem Pinsel in der gewünschten Farbe ein (z.B. Deckfarben verwenden) und drückt den eingefärbten Kartoffelstempel fest auf das Papier. Aus der anderen Kartoffelhälfte könnt ihr einen weiteren Stempel machen, z.B. indem ihr dasselbe Muster nehmt, nur jetzt außerhalb der Einritzfläche die Kartoffelmasse ausschneidet.

Verwittertes Holz oder Borkenstücke
Bei verwittertem Holz oder Borkenstükken könnt ihr auf der Oberfläche ein Relief sehen, das sich gut zum Drucken eignet. Ihr müßt die Oberfläche einfärben und auf ein Papier vorsichtig mit den Fingern andrücken. Am besten gehr das mit Buntstiften oder Wachsmalkreiden.

Blätterdruck:
Wie der Blattabdruck ausfällt, hängt von der Beschaffenheit des Blattes ab. Glatte, glänzende Blätter bilden sich als einheitlich getönte Formen ab, während Blätter mit stark ausgebildeten Rippen und solche mit behaarter und rauher Oberfläche als Druckbild vielfältige Strukturen zeigen. Das Blatt müßt ihr nun mit einem Pinsel einfärben und zwischen zwei Bogen Papier legen. Zum Andrücken eine Gummirolle darüber-

führen oder mit einem steifen Karton andrücken. Und dann die Papierblätter auseinanderziehen. Je mehr ihr übt, desto geschickter werdet ihr im Selberdrucken.
Anstatt der Blätter könnt ihr auch Blumen, Gräser, Federn, Kräuter, kleine Zweige von Nadelbäumen und vieles mehr verwenden.

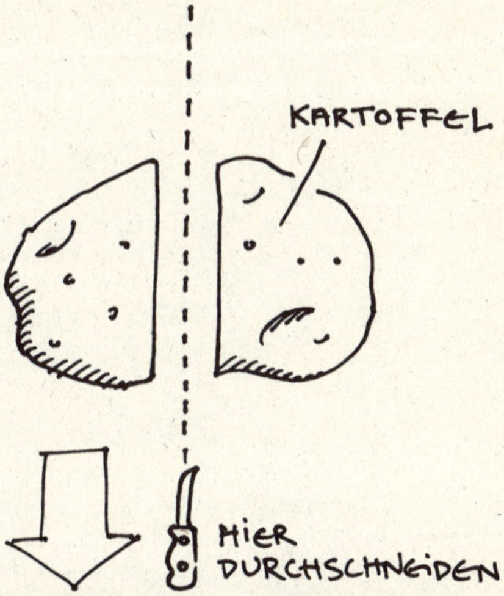

Eine lustige Drucktechnik ist der
Milchtütendruck
Dafür braucht ihr eine leere Milchtüte oder Safttüte.
Nun öffnet ihr die Tüte ganz und säubert die Innenseite mit Wasser und trocknet sie ab. Mit einem großen Nagel oder einem anderen spitzen Gegenstand könnt ihr beliebige Zeichnungen einritzen, vielleicht für euer spezielles Gruppenbriefpapier. Nun tragt ihr mit dem Pinsel oder mit einer Rolle die Farbe auf die Téteninnenseite auf und legt dann ein Papier darauf. Mit Karton, Gummirolle oder leerer Flasche andrükken und abziehen.

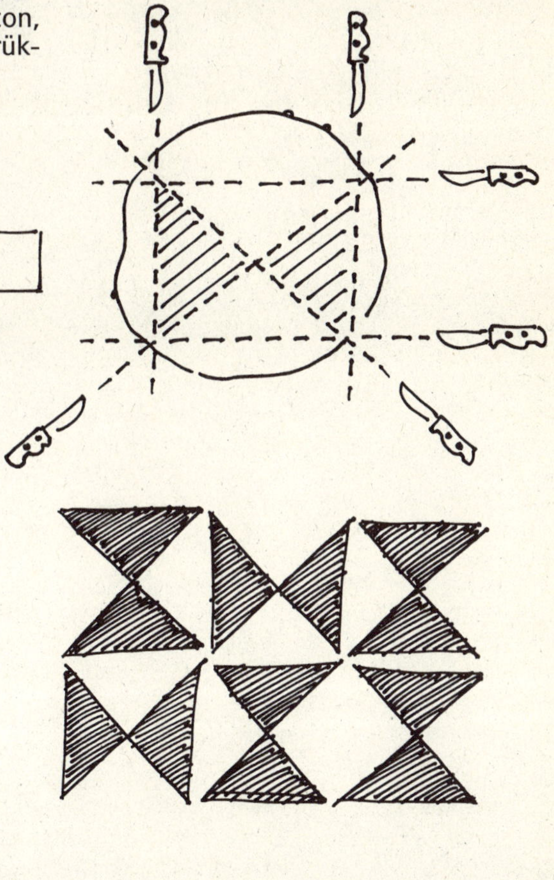

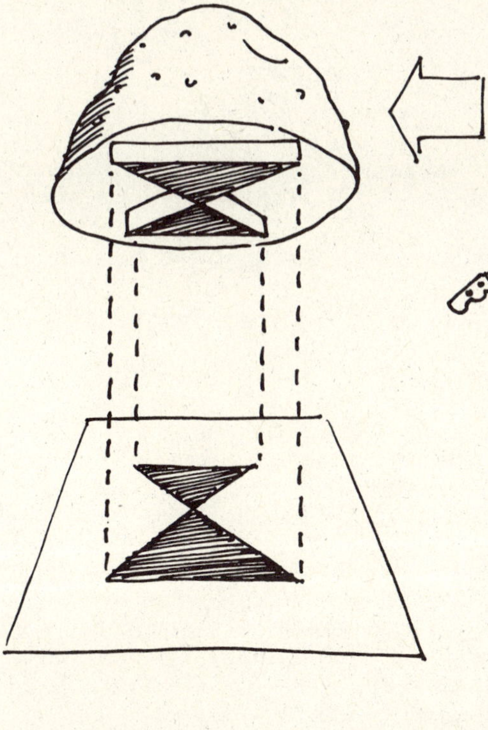

Früh aufstehen

Auf der Bundesgartenschau gibt es jetzt eine Tageslichtsimulationshalle. Dort geht abends um 8 Uhr zur Tagesschau gerade die Sonne auf, der Tau steigt, Vögel zwitschern, und die Hähne krähen. Vielleicht wäre es billiger, die Tagesschau morgens um 4 Uhr zu senden.

Als es noch kein einfaches Gaslicht oder elektrisches Licht gegeben hat, sind die Menschen mit der Sonne ins Bett gegangen. Wenn es dunkel wurde, war also Schlafenszeit. Nachts war jede Beleuchtung sehr aufwendig und teuer. Eine Nacht bei Licht mußte damals schon einen gewichtigen Grund haben – zum Beispiel eine besonders schlimme Krankenwache. Daher kommt das Sprichwort, daß bei einem Käuzchenschrei jemand stirbt – der Kauz ruft nämlich wegen des Lichts, das er nachts sieht.

So, jetzt könnt ihr euch vielleicht vorstellen, daß die Leute damals viel früher schlafen gingen als wir heute. Sie schliefen aber nicht etwa eine längere Zeit als wir heute, sondern sie standen auch früher auf.

Morgens um 4 Uhr wird es im Sommer hell, und die Hähne krähen (nicht die Masthähnchen in den Massentierställen). Der Sommertag ist etwa 18 Stunden lang hell, das war auch damals zu lange, um munter zu bleiben. Deswegen legten viele Menschen einen Mittagsschlaf ein. Aber früh aufstehen war selbstverständlich. Und die Leute erlebten früh morgens Dinge, die wir heute kaum noch kennen.

Spätes Schlafengehen ist durch unsere Zivilisationstechnik leicht möglich geworden; mit dem Lichtschalter überlisten wir die Natur. Aber es fehlt uns dann auch ein Teil der Natur. Sinn unserer Aktionen im Natur- und Umweltschutz ist es, die ganze Natur als unseren ursprünglichen Lebensbereich zu erfahren und zu verstehen. So sollten wir auch den Beginn des Tages ganz bewußt erleben. Früh aufstehen könnt ihr alleine oder zu zweit; oder ihr verabredet euch in einer kleinen Gruppe. Wenn ihr häufiger früh aufsteht und kleine Wanderungen macht, ladet Freunde dazu ein; ihr könnt ihnen viel Neues zeigen:

Kennst du deine Stadt, dein Dorf, den Park, den Wald früh morgens, wenn die Sonne aufgeht? Na klar, vom Schulweg, wirst du sagen. Im Frühjahr und im Herbst geht wohl die Sonne gerade auf, wenn du zur Schule gehst. Aber hast du dir mal Zeit genommen und genau gehört und gesehen, was morgens passiert, welche Tiere da schon unterwegs sind, und was die Pflanzen machen?

Hab mal Mut und Energie, eine Stunde früher aufzustehen und in den nächsten Wald oder Park zu gehen, und beobachte, was da passiert. Wenn du ein Fernglas hast, nimm es mit. Sei ganz leise, und du wirst staunen, was du alles hörst.

Riecht Morgenluft eigentlich anders als die Luft nachmittags? Wenn du die Gelegenheit hast, dich im Sommer schon um 5 Uhr früh an einen

Waldrand zu setzen, mach's einfach mal:
Was passiert da?
Die Luft ist frisch. Vogelgezwitscher ist zu hören, die Vögel fliegen. Vielleicht siehst du Rehe, Hasen, die ersten Fliegen. Schlafen Fliegen bei Nacht? Blumen erwachen und öffnen die Blüten.
Wie sieht der Himmel aus? Beobachte die Wolken. Steht der Mond noch am Himmel?

Wie schlafen Pflanzen?

Sicher hast du es mal beobachtet, daß manche Pflanzen abends und morgens ganz seltsame Bewegungen machen. Ganz deutlich kannst du es bei Sauerkleegewächsen und Hülsenfrüchten (z.B. Bohnen) beobachten. Sie lassen abends ihre Blätter ganz müde hängen, und am Morgen strecken und recken sie sich der Sonne entgegen. Der Sauerklee faltet zum Schlafen seine dreiteiligen, herzförmigen Blätter zierlich zusammen. Diese Pflanzen schlafen auch im Sommer schon früh ein, meist gegen 18 Uhr.
Junge Blüten falten ihre Blütenblätter nachts zusammen und öffnen sie morgens wieder. So schützen sie ihre zarten Staubfäden und Griffel vor Tau und Kälte. Bei Krokus und Tulpe, Windröschen und Herbstzeitlosen kannst du die Tag- und Nachtstellung beobachten. Die meisten dieser Pflanzen sind Frühaufsteher. Der Wiesenbocksbart öffnet schon morgens um 4 Uhr seine Kelche und geht bereits um die Mittagszeit wieder schlafen. Auch junge Löwenzahnblüten und der Hahnenfuß wachen früh auf und schlafen ab mittags wieder.
Bring mal eine solche Pflanze am Tag ins dunkle Zimmer, sie schließt ihre Blüttenblätter bald darauf.
Nachts, im hellen Raum, falten sie ihre Blütenblätter auseinander.
Tagsüber bilden sich durch die grünen Blätter im Licht der Sonne aus der Kohlensäure der Luft und aus der Nährlösung des Bodens, die sie mit den Wurzeln aufsaugen, die für das Wachstum notwendigen Aufbaustoffe. Nachts ruhen sich diese Teile der Pflanze aus.

Dein Kopf leuchtet.

Wenn es ein schöner Morgen ist und das Gras vom Tau glitzert, achte mal auf den Schatten deines Kopfes. Um den Schatten herum breitet sich ein helles Licht aus, das man „Heiligenschein" nennt – Heiligenschein deshalb, weil du so früh aufgestanden bist? Wie kann der Tau dieses Licht hervorbringen, und warum ist es nicht um den ganzen Schatten vorhanden?
Das auf die Tautropfen fallende Licht wird wieder zur Sonne reflektiert. Ein Teil der Reflexion findet an der Vorderseite des Tropfens statt, ein Teil an der Rückseite, dort, wo die Verlängerungslinie Sonne – Auge auftritt. Der „Heiligenschein" um den Kopf ist also dieses gespiegelte Licht der Sonne. Wenn Licht mit einem anderen Einfallswinkel den Tropfen trifft, wird es nicht zu deinem Auge hin gespiegelt.
Wenn du jetzt nach deinem Morgenspaziergang in die Stadt oder das Dorf zurückkommst, kannst du auch eine Menge beobachten.
Merkst du den Unterschied der Morgenluft im Wald und der Luft in der Stadt?
Jetzt füllen sich langsam die Straßen mit Menschen und Autos. Das Dorf oder die Stadt erwacht, ein neuer Tag beginnt.
Hier ist noch eine Idee zu einem Ratewettbewerb, den ihr als Frühaufsteher einfach machen könnt: Fotografiert mit einem Farbnegativ-Film die Sonne, wenn sie aufgeht und wenn sie untergeht. Die Sonne sollte immer etwa die gleiche Höhe über dem Horizont haben. Ihr braucht 10 verschiedene Sonnenaufgangsbilder und auch 10 verschiedene Sonnenuntergangsbilder. Nehmt immer einen anderen Vordergrund und notiert euch die Wetterlage. Seht ihr der Sonne auf den Fotos an, ob sie aufgeht oder untergeht? Laßt andere mal raten, welche Bilder am Morgen und welche am Abend fotografiert wurden!

Bienenhege

Zwei Bienen unterhalten sich. „Die Menschen wissen seit kurzem alles über unser Leben, wir sind vollständig erforscht, das reicht ihnen."
„Jetzt brauchen sie uns nicht mehr und greifen zu Kunsthonig, Insektengiften, blütenlosen Zierpflanzen, Dünger und zur Sense. Aber wetten, daß wir Bienen den Menschen überleben werden."

Unsere Honigbiene ist die wichtigste und nützlichste Tierart für die Bestäubung der Mehrzahl unserer 2000 bis 3000 heimischen Blütenpflanzen. Das schließt Wild- und Nutzpflanzen ein. Diese perfekte Partnerschaft zwischen Biene und Pflanze ist das Ergebnis einer mehr als 100 Millionen Jahre währenden gemeinsamen Entwicklung. Wird diese Verbindung gedankenlos zerstört, ist keine Ersatzlösung mehr möglich. Eine Katastrophe wäre die Folge.
Starke Veränderungen der letzten Jahrzehnte zuungunsten der Natur, so der Strukturwandel in der Landwirtschaft, haben auch die Biene nicht verschont.

Nutzen und Leistung der Biene
Etwa 20 % der bei uns vorkommenden Pflanzen sind Windblütler: Als gut bekannte Vertreter sind sämtliche Getreidearten wie Weizen, Gerste, Hafer und Roggen zu nennen, unter den früchtetragenden Gehölzen z. B. Hasel- und Walnuß.
Auch von Windblütlern sammeln die Bienen Pollen, oft sogar reichlich, z. B. beim Mais.
Der überwiegende Teil (80 %) unserer Pflanzen ist auf eine Blütenstaubübertragung durch Insekten angewiesen. Das sind vor allem unsere Obstarten wie Apfel, Birne, Pflaume, Zwetschge, Kirsche, auch Stachelbeere, Himbeere und Brombeere. Dazu kommen landwirtschaftliche Kulturpflanzen, vor allem Raps, Rüben, Sonnenblumen und verschiedene Kleearten, auch Futterleguminosen und Gemüsearten zur Saatguterzeugung. Gemüse, z. B. Gurken, Kürbis und Mohrrübe, sind auf Insektenbeflug angewiesen, desgleichen Schlehen, Weißdorn, Eberesche, Faulbaum, Vogelkirsche und andere. Würden – theoretisch – die Insekten diesen Pflanzen fernbleiben, so wäre der Ansatz zur Ausbildung von Früchten oder Samen nicht möglich oder sehr gering. Wildlebenden Tieren würde die Nahrungsgrundlage genommen.
Wie sehr Bienen der Allgemeinheit Nutzen bringen, beweisen Versuche im Landwirtschaftsamt Leonberg. Diese Tests ergaben, daß Obstkulturen ohne Bienenbestäubung nur etwa zehn Prozent des Ertrages bringen, der mit Bienenbestäubung erzeugt wird. Unter den für eine Bestäubung in Frage kommenden Insekten spielt die Biene die wichtigste Rolle.
Wenn im Frühjahr andere Bestäuberinsekten erst vereinzelt aus den Überwinterungsquartieren auftauchen, stellen unsere Bienenvölker mit ca. 5000 bis 10000 überwinterten Mitgliedern schon während der Blütezeit zahlreicher Kultur- und Wildpflanzen ein Heer von Bestäubern.

Eng im Zusammenhang mit der Bestäubungsleistung steht der Sammeleifer der Flugbienen und die Leistung beim Blütenbesuch. Wenn eine Biene an einem Trachttage im Durchschnitt zehnmal ausfliegt und jedesmal nur 20 Blüten besucht, so ergibt dies 200 Blüten. Ein Volk im Mai – Juni mit ca. 30000 Arbeitsbienen wird etwa 10000 Flugbienen ausschicken können. Dieses Volk kann somit pro Tag zwei Millionen Blüten aufsuchen und damit bestäuben, eine wahrlich enorme Leistung.

Weidepflanzen für die Biene
„Zurück in den Wald" ist eine seit einigen Jahren gern gebrauchte imkerliche Parole. Damit ist allein die Ergiebigkeit der Honigtautracht aus Tanne, Fichte und Laub angesprochen, nachdem der Nektar in Feld und Flur immer spärlicher floß als Folge der Zunahme von Monokulturen, des frühen und raschen Schnitts der Wiesen, der Zunahme des ständig kurzgeschnittenen Zierrasens über größere Flächen sowie des Einsatzes von Pflanzenschutz- und Schädlingsbekämpfungsmitteln.
Wiesenflächen sollte man, wo es möglich ist, zugunsten der Natur wachsen und blühen lassen. Wir raten, Zier- und Zuchtrasengräser durch eine Blumen-Dauerwiesen-Mischung zu ersetzen, nie zu düngen und höchstens zweimal, besser nur einmal im Jahr zu mähen, damit wieder Blumen, Kräuter und selten gewordene Wildpflanzen heimisch werden können, wo Kleintiere und Insekten Nahrung und Unterschlupf finden. Abgesehen davon, daß die Bienen ohne das Eiweiß des Pollens, den vornehmlich blühende Blumen, Sträucher und Bäume, nicht aber der Wald bereithalten, nicht existieren können, ist die Rückkehr der Biene in den Wald auch wegen des Baumsterbens zunehmend in Frage gestellt. Nur durch ein erweitertes Nahrungsangebot kann künftig die Existenz der Biene und anderer wichtiger Wildinsekten, voran die Hummel, einigermaßen gut gesichert werden.
Deshalb geht der Aufruf an alle, eben weil es jeden von uns angeht, sich zugunsten unserer Nützlinge an einer Pflanzaktion von Bienenweidepflanzen „Brot für unsere Insekten" zu beteiligen. In jedem Garten, ob im Hausgarten oder im Außenbereich der Gartenhausgebiete, ist noch Platz für ein paar geeignete Sträucher, Stauden und Blumen.

Worauf sind Bienen scharf?
Wichtig für die Entwicklung der Bienenvölker im Frühjahr sind diejenigen Bäume, Sträucher und Wiesenblumen, die als erste im Jahr Pollen und Nektar spenden. Zu diesen Pflanzen zählen vor allem Weiden, Schlehen und der Löwenzahn.
Pflanzt und pflegt alles, was blüht.
Fragt für euren Garten den Imker.
Bei euch in der Nähe gibt es bestimmt auch einen Imker oder sogar einen Imkerverein. Die meisten sind gern bereit, euch mehr Informationen zu geben.
Vielleicht zeigt euch der Imker folgenden interessanten Versuch. Ihr braucht dazu gutes Wetter und 2 – 4 Stunden Zeit:
Bienen sehen die Farben der Blüten. Wenn ein rotes Schälchen mit Zuckerlösung in einigen Metern Entfernung vom Bienenhäuschen aufgestellt wird, entdeckt bald eine Biene das Futterschälchen. Schnell fliegt sie zum Bienenhaus zurück, und mit ihrem Tanz erklärt sie den anderen den Standort der Futterquelle. Wenn jetzt anstatt des roten ein leeres blaues Schälchen hingestellt wird, und das rote einige Meter daneben, sind die Bienen ganz verwirrt und fliegen wieder zum Bienenhaus zurück, bis eine andere Biene ihnen den „neuen" Standort des roten Schälchens zeigt.
Vergleich mit dem Hund:
Hunde reagieren da ganz anders. Sie schnuppern und würden mit ihrer feinen Nase genau riechen, wo das Futter liegt.

Schmetterlinge

Ein Schmetterling sitzt im Ziergarten auf einer Blautanne und schillert bunt in der Sonne. An der Flügelunterseite ist ein kleines verbleichtes Schildchen: Made in Hongkong.

Die Welt der Schmetterlinge scheint ihrem Untergang entgegenzugehen. Tagfalter, mit deren pünktlichem und zahlreichem Erscheinen man noch vor zwanzig oder dreißig Jahren zumindest außerhalb verstädterter Ballungsgebiete rechnen konnte, tauchen heute höchstens noch vereinzelt auf, sind in ihrem Bestand schwer gefährdet oder so gut wie ausgestorben.

Das Leben eines Schmetterlings hat eine lange Geschichte. Er durchläuft vier Lebensstufen (Stadien), in denen er ganz unterschiedlich aussieht, und in denen er spezielle Umweltbedingungen (Biotope) benötigt:

1. Als Ei braucht er einen besonderen Ablageort, an dem das Ei nicht gleich von einem Vogel gefressen wird.
2. Als Raupe braucht er geeignete Nahrung, einen Schlafplatz und einen Überwinterungsort.
3. Als Puppe braucht er einen ungestörten Liegeort mit richtiger Feuchte und Temperatur.
4. Als Falter braucht er ein eigenes Revier, eine Flanierstrecke für Männchen und Weibchen, Treffpunkte, Ausguckpunkte, Blütenweide, Schlafplatz und Überwinterungs- bzw. Übersommerungsplätze.

Wenn auch nur eine dieser Stadien gestört ist, wird der Schmetterling nicht überleben. Das Überleben wird ihm immer schwerer gemacht.

Die Ursachen für diese Entwicklung sind vielfältig:

1. Schwere Eingriffe in die Landschaft (Straßenbau, Entwässerung, Industrieanlagen, Ferienhäuser) haben weite Bereiche natürlicher Lebensgebiete zerstört oder so stark verändert, daß auch den Schmetterlingen die Lebensgrundlagen entzogen wurden.
2. In den Wäldern, auf den Feldern und in den Gärten werden große Mengen von Schädlingsbekämpfungsmitteln ausgebracht, denen auch die Raupen, die Puppen und die Schmetterlinge selbst zum Opfer fallen.
3. Durch die erfolgreiche chemische und mechanische Bekämpfung der „Unkräuter" in der Landwirtschaft, in Parkanlagen und Gärten, sind viele Pflanzen, die den Schmetterlingsraupen als Futterpflanzen dienen, stark zurückgegangen oder ganz verschwunden.
4. Weil in vielen Parkanlagen und Gärten immer mehr „pflegeleichte" Nadelbäume an die Stelle von Gartenstauden und Blütengehölzen treten, fehlt es an Nektarspendern für die Schmetterlinge.

Dies sind nur einige der Ursachen für die starke Gefährdung unserer Großschmetterlinge. Ihr Verschwinden bedeutet eine Verarmung der Umwelt, weil viele Schmetterlinge von eigenartiger und unersetzlicher Schönheit und

Anmut sind. Darüber hinaus spielen die Schmetterlinge eine wichtige Rolle bei der Bestäubung derjenigen Wildpflanzen, die wegen des besonderen Baues ihrer Blüte („Falterblumen" mit langer Blütenröhre) von anderen Insekten nicht oder nur unzureichend bestäubt werden können. Die Nachtfalter sind ein wesentlicher Bestandteil der Nahrung von Fledermäusen; daß die letzteren vom Aussterben bedroht sind, liegt unter anderem am Rückgang der Nachtfalter.
Die Schmetterlinge bedürfen also unserer Aufmerksamkeit und Fürsorge. Jeder kann auf seine Weise daran mitwirken. Was gegen den Rückgang der Schmetterlinge getan werden kann, ergibt sich fast von selbst aus den Ursachen, die ihn bewirkt haben. Die außergewöhnliche Fähigkeit der Schmetterlinge, ihre Geschlechtspartner wie auch die Futter- oder Nektarpflanzen über sehr weite Entfernungen hinweg wahrzunehmen und zu erreichen, ist dabei hilfreich: Man kann damit rechnen, daß noch der bescheidenste Versuch, die Lebensbedingungen der Schmetterlinge zu verbessern, von diesen tatsächlich bemerkt und genutzt wird. Ein englischer Biologe, der in seinem Privatgarten eine besonders große Sammlung geeigneter Pflanzen hegt, konnte im Laufe des Jahres weit mehr Schmetterlingsarten darin zählen, als im engeren Umkreis seines Wohnortes normalerweise überhaupt vorkamen.

Vorschläge für Maßnahmen zur Schmetterlings-Hege

1. Jeder sollte in dem ihm zugänglichen Bereich auf jede Anwendung von Schädlingsbekämpfungsmitteln verzichten und darüber hinaus bei anderen durch Aufklärung und Mahnung mithelfen, einen solchen Verzicht zu erreichen. Denkt dabei auch besonders an die Stadtgartenämter und Straßenbauämter.
Vieles an „Unkraut" auf Wegen kann auch abgeflämmt werden.

2. Ein „Unkrautbeet" anzulegen, ist auch im kleinsten Garten möglich, sogar in einem Kasten auf dem Balkon. Hier werden Raupenfutterpflanzen und Falterblumen gepflanzt, die man von Ausflügen mitbringen, auch aussäen oder in Gärtnereien beschaffen kann, zum Beispiel Wegerich, Wicken, Kleearten, Wilde Möhre, Weg-Rauke, Disteln, Ampfer. In einem etwas größeren Garten, in dem es nicht auf peinliche Sauberkeit ankommt, braucht man natürlich kein eigenes Beet für die Wildpflanzen, sondern man wird sie überall zwischen andere Pflanzen setzen oder sie dort stehen lassen, wo sie sich einfinden.

3. Für viele, zur Zeit noch vergleichsweise häufige Falter ist die Brennessel die wichtigste Raupenfutterpflanze. Man hat sie ungern im Garten, zumal sie stark wuchert, aber irgendwo findet sich vielleicht doch eine Ecke, in der man sie dulden kann. Die Brennessel bevorzugt feuchte und nährstoffreiche Stellen, zum Beispiel die Ränder von Abwassergräben oder die Nähe des Komposthaufens. Fraßspuren an den Brennesselpflanzen werden einem bald zeigen, ob sich Raupen eingefunden haben. Man kann auch Landwirte auf die Bedeutung der Brennesselbestände aufmerksam machen, und sie veranlassen, diese wenigstens teilweise zu schonen. Auch ist es (wie bei vielen anderen Maßnahmen zur Schmetterlingshege) zweckmäßig, daß man sich mit dem Leiter des örtlichen Gartenamtes in Verbindung setzt, mit ihm alle (zuvor ausgekundschafteten) möglichen Standorte für Brennesseln und andere Raupenfutterpflanzen durchgeht und ihn bittet, an geeigneten Stellen solche Bestände anzusiedeln oder zu dulden.

4. Unter den Raupenfutterpflanzen gibt es außer vielen Unkräutern und Nutzpflanzen auch Gartenstauden, durch deren Anpflanzung man die Schmetterlinge zur Eiablage anlocken kann, zum Beispiel Gartenformen der Disteln und Flockenblumen, Phlox, Veilchen, Judassilberling. Solche Stauden sollte man nicht einzeln, sondern in größeren

Gruppen pflanzen. Selbstverständlich ist jede chemische Schädlingsbekämpfung zu unterlassen. Wohl kann man, wenn eine Pflanze allzu viele Raupen trägt, einen Teil davon absammeln; man sollte aber zuerst mit Hilfe eines Bestimmungsbuches festzustellen versuchen, um welche Raupen es sich handelt, und ob man zugunsten der betreffenden Schmetterlingsart nicht ein paar kahlgefressene Pflanzen in Kauf nehmen will.

5. Viele Schmetterlinge brauchen jene Gräser und Kräuter, die früher (vor Erfindung der Saatbeizmittel und Herbizide) auf jeder Wiese zu finden waren, zum Beispiel Thymian, Wegerich, Kleearten, Storchschnabel, Reiherschnabel. In der Landwirtschaft hat man dafür gesorgt, daß die Wiesen nur noch aus schnell wachsenden und ertragreichen Gräsern bestehen; in Park- und Gartenanlagen gibt es anstelle der Wiese den „Rasen", für dessen Sauberkeit man mit Unkrautvernichtungsmitteln sorgt, und den man auch nicht mehr zum Blühen kommen läßt. Auch die übermäßige Stickstoffdüngung wirkt sich auf die Schmetterlinge aus, weil viele der von ihnen benötigten Wiesenpflanzen gegen zu hohe Stickstoffgaben empfindlich sind und dann verschwinden. Die Wiederherstellung echter Wiesen mit einer vielfältigen Pflanzengemeinschaft kommt nicht nur den Schmetterlingen zugute. Für das Vieh sind die Wiesen-„Unkräuter" eine wertvolle, gesunderhaltende Ergänzung des Futters, für Spaziergänger und Naturfreunde ist der Anblick blühender Wiesen weit angenehmer als der von kunstvoll gepflegten Rasenflächen oder eintönig grünen Weiden. Zahlreichen Kleintieren aller Art bietet eine lebendige, von Kräutern durchsetzte Wiese einen Lebensraum, den sie heute nur noch an wenigen Stellen finden.

Aus einem Rasen oder einer Weidefläche wieder eine Wiese zu machen, ist allerdings nur möglich, wenn man die Fläche zunächst umgräbt oder umpflügt und dann, zusammen mit einer Mischung geeigneter Grassamen, auch die Samen der Wiesenkräuter ausbringt. Die Firma Bornträger in 6521 Offstein (die auch eine Vielzahl von Wildpflanzensamen vorrätig hält) liefert Samenmischungen, mit deren Hilfe man eine naturgemäße Wiese anlegen kann. Für den kleinen Privatgarten kommt dies freilich weniger in Betracht, obwohl mancher langweilige Vorgarten ein reizvolleres Bild böte, wenn er als Wiese eingesät würde. Man kann den Versuch machen, die Besitzer größerer ungenutzter Weide- oder Rasenflächen zur Anlage einer Wiese zu überreden, oder den Leiter des Gartenamtes davon zu überzeugen, daß die Bürger seiner Stadt ihm dankbar sein werden, wenn er ihnen eine Wiese von der Art bietet, die sie im Urlaub in den Alpen oder sonstwo als etwas Besonderes bestaunen. Der Pflegeaufwand ist weit geringer als bei einem Rasen: Zweimal im Jahr muß die Wiese gemäht werden, falls nicht Tiere darauf weiden.

6. Viele Bäume sind Raupenfutterpflanzen, und manche blühenden Sträucher sind beliebte Rastplätze und Nektarpflanzen für Schmetterlinge. Vor allem der Sommerflieder (Buddleia) ist zur Blütenzeit übersät von Schmetterlingen, die plötzlich aus allen Richtungen auftauchen. Für das eine oder andere dieser Gehölze hat auch der kleinste Reihenhausgarten Platz, zumindest dann, wenn man wenigstens auf einen Teil der obligaten Tannen und Fichten verzichtet, die in den Wald gehören, aber nicht in ein Vorstadtgärtchen.

7. Manche Schmetterlinge überwintern in Häusern oder an anderen geschützten Stellen. Sie dürfen in ihrem Winterschlaf nicht gestört werden. Sie flattern an den ersten wärmeren Tagen wieder ins Freie und sind lebens- und fortpflanzugsfähig.

8. Kein Abbrennen von Magerwiesen und Waldboden (auch kein „kontrolliertes Brennen!")

9. Verbot von UV-Licht zum Anlocken der Schmetterlinge und Ausrüstung der Straßenlampen an Biotoprändern mit UV-Licht-Filtern.

10. Verbot von Schmetterlingsmessen und -Börsen.

Bei allen Maßnahmen zur Schmetterlingshege darf man selbstverständlich nicht auf einen sofortigen Erfolg hoffen, sondern muß geduldig abwarten, was geschieht. Wenn also in der folgenden Liste der Raupenfutterpflanzen bei jeder Art die zugehörigen Schmetterlingsarten angegeben sind, so bedeutet dies noch nicht, daß die Pflanzung eine Garantie für das Eintreffen dieser Schmetterlinge darstellt, zumal viele davon nur noch in einigen Gegenden in geringer Zahl vorkommen. Mit Enttäuschungen muß man rechnen, mit Überraschungen darf man rechnen. Am „sichersten“ ist noch die Anpflanzung von Disteln, Herbstastern und Sommerflieder, auf die man deshalb keinesfalls verzichten sollte.

Raupenfutterpflanzen
Ampfer *(Rumex):* Dukatenfalter, Feuerfalter
Brennessel *(Urtica):* Tagpfauenauge, Distelfalter, Kleiner Fuchs, Admiral, Landkärtchen
Brombeere *(Rubus):* Kaisermantel, Brombeerzipfelfalter, Perlmutterfalter
Disteln *(Carduus, Cirsium* u.a.): Distelfalter, Admiral
Doldenblütler *(Umbelliferae)* – z.B. Fenchel, Dill, Wilde Möhre, Möhre: Schwalbenschwanz
Faulbaum *(Rhamnus):* Zitronenfalter
Fetthenne *(Sedum telephium):* Apollo
Flockenblumen *(Centaurea):* Scheckenfalter
Geißblatt *(Lonicera):* Kleiner Eisvogel
Ginster *(Genista):* Bläulinge, Brombeerzipfelfalter
Gräser – z.B. Knäuelgras, Lolch, Pfeifengras, Rispengras, Schmiele, Schwingel, Trespe: Verschiedene Augenfalter und Dickkopffalter
Habichtskraut *(Hieracium):* Scheckenfalter
Himbeere *(Rubus):* Kaisermantel, Perlmutterfalter, Brombeerzipfelfalter
Hopfen *(Humulus):* Tagpfauenauge
Kreuzblüter *(Cruciferae)* – z.B. Ackersenf, Kohl, Kresse, Raps, Rüben, Judastaler: Weißlinge, Resedafalter, Aurorafalter
Kronwicke *(Coronilla):* Heufalter, Bläulinge
Lauchkraut *(Alliaria):* Weißlinge
Natterkopf *(Echium):* Distelfalter
Phlox: Aurorafalter
Platterbse *(Lathyrus):* Bläulinge
Schmetterlingsblütler *(Leguminosae)* – z.B. Goldregen, Klee, Luzerne, Platterbse, Wicke: Senfweißling, Bläulinge, Postillon
Thymian *(Thymus):* Bläulinge
Veilchen *(Viola):* Kaisermantel, Perlmutterfalter
Wegerich *(Plantago):* Scheckenfalter, Kleiner Maivogel, Feuerfalter
Weg-Rauke *(Sisymbrium):* Weißlinge, Aurorafalter
Weide *(Salix):* Schillerfalter, Trauermantel, Großer Fuchs
Weißdorn *(Crataegus):* Segelfalter, Baumweißling
Wicke *(Vicia):* Heufalter, Senfweißling
Roter Wiesenklee *(Trifolium pratense):* Waldbläuling
Zitterpappel *(Populus tremula):* Großer Eisvogel

Falterblumen
Bartblume *(Caryopteris);* **Blaukissen** *(Aubrietia);* **Disteln** – zahlreiche Arten und Gartenformen, auch Kugeldistel *(Echinops)* und Edeldistel *(Eryngium);* **Fetthenne** *(Sedum telephium);* **Herbstaster** *(Aster novae-angliae);* **Judastaler** *(Lunaria);* **Lavendel** *(Lavandula);* **Phlox; Prachtscharte** *(Liatris);* **Sommerflieder** *(Buddleia);* **Steinkraut** *(Alyssum);* **Thymian** *(Thymus).*
Es sollte selbstverständlich sein, daß die mit Hilfe solcher Pflanzen angelockten Schmetterlinge niemals, auch nicht zu „Anschauungszwecken“, getötet werden. Schmetterlingssammler haben sich an der Ausrottung der Schmetterlinge tatkräftig beteiligt; sie an der Fortführung ihrer Raubzüge zu hindern, ist ein wichtiger Teil der Schmetterlings-Hege.

Überlebens-versicherung

Bericht von Ulrich Banken über 5 Aktionen einer Naturschutz AG in Siegen.

Liebe Naturfreunde!
Alle reden von der bedrohten Umwelt und von Umwelterziehung. Einige tun auch etwas. Auch die Kultusministerkonferenz hat am 17.10.1980 beschlossen, der Umwelterziehung in der schulischen Ausbildung einen größeren Raum als bisher einzuräumen. Nach den neuen Richtlinien für den Biologieunterricht soll alternativ der Teich als Lebensgemeinschaft, der Wald als Lebensgemeinschaft (und der Garten als Lebensgemeinschaft?) in der Klasse 9 besprochen werden.
Der Grundgedanke aller unserer Aktivitäten war die *Werbung für die Erhaltung der Arten.* Wir wollten und wollen Beispiele geben, wie man auch in seiner städtischen Umgebung mit einfachen Mitteln der Natur Freiräume erobern kann.
I. Feuchtgebiet in der Felsenbach mit Amphibienteich: Es entstand im Sommer 1981 unter Mithilfe des Leistungskurses 11.1 im Rahmen des Themenbereichs Ökologie. Die Besitzer Diehl und Oppermann hatten uns das Graben erlaubt. Inzwischen ist der Teich schon von Grasfrosch und Teichmolch besiedelt. Das Farnkraut muß jährlich geschnitten werden. Ansonsten fallen kleinere Ausbesserungsarbeiten an.
II. Kleiner Schulwald Richtung Autobahnbrücke: Herr Panthel von der Niederscheldener Haubergsgenossenschaft erlaubte uns, in die große Waldlichtung, die durch Windbruch entstanden war, Laubhölzer zu setzen. Am 22.4.1982 wurden ca. 50 verschiedene Sträucher und Bäumchen gesetzt. Im kommenden Sommer mußte auch hier gemäht werden und immer wieder Windbruch entfernt werden. Pfähle wurden gehauen und Drähte gegen Wildverbiß angebracht. In der Dürre des letzten Sommers (1983) hatten es die Bäumchen in den schlechten Fichtenwaldböden sehr schwer. Zweimal spritzte die Feuerwehr, um vor dem Vertrocknen zu retten. Am „Tag der Umwelt" am 5.6.1983 war Besichtigung.
III. Naturgarten oberhalb des Gymnasiums: Das Gelände unter der Hochspannungsleitung stellte die Stadt zur Verfügung (Leihvertrag). Schon im Februar 1982 war das kleine Gartenhäuschen entstanden. Der Bau, an dem wesentlich Schüler des Chemie(hoch)-leistungskurses beteiligt waren, hat uns trotz Schneeregens riesigen Spaß gemacht. Im Garten befindet sich ein 10 × 10 m langes Nutzbeet neben drei Hügelbeeten und zwei Komposthaufen. Die Beete mit natürlicher Fruchtfolge wurden mit dem Biologieleistungskurs in der Freizeit angelegt. Mineraldünger und Pestizide sind uns fremd. Der biologische Ziergarten hat eine 200 m lange Hecke aus 50 verschiedenen Vogelgehölzen. Ein Schlag (Waldlichtung), zwei kleine Wildblumenwiesen, ein Gartenteich mit gespendeter Lastwagenfolie und ein Pflanzensortiment (vom Förderverein gespendet) gehören zum Naturgarten.
Im ganzen Naturgarten gilt das Motto: Wiese statt Rasen, Hecken statt Mauern, keine ausländischen Koniferen, sondern einheimische Wildsträucher.
Im Frühjahr 1983 haben an Nachmittagen oder aber an unseren regelmäßigen Aktionstagen immer wieder Schüler geholfen (Aussähen, Heranzüchten von Setzlingen, Jäten, Mulchen im Nutzgarten, Mähen und Gießen im Ziergarten). In letzterem wurde im Herbst 1983 auch noch ein Sumpfarium angelegt,

dessen Lehmboden die Stadt Siegen spendete.
Möglichkeiten, die sich im ökologischen Schulgarten eröffnen, sind: Betreuungsarbeiten, Beobachtung, Untersuchung, Bestimmungsübungen u.a. Selbstverständlich sollte man den Garten nur in kleinen Gruppen und unter genauer Anleitung auf den Pfaden betreten!

IV. Großer Schulwald: Das ca. 2 ha große Waldstück in der Felsenbach wurde von der Haubergsgenossenschaft (Herrn Panthel) zur Anlage eines vielgestaltigen Artenschutzwaldes bzw. als Schulwald zur Verfügung gestellt. Von den ca. 120 verschiedenen Bäumchen und Sträuchern (bestellt am 24.3.83) kamen am 7.4.1983 ca. 90 Arten an. Der Rest soll in diesem Frühjahr gesetzt werden und ist schon bestellt. Nach über einwöchiger Vorbereitung (Planzeichnen, Felder abstekken, Pfähle anfertigen und verteilen, Erdhaufen zum Einschlagen vorbereiten und immer wieder auch Reisig schlagen und -wegschleppen) kam dann am 7.4.1983 die Pflanzenlieferung. Die kleinen Bäumchen wurden (meist) in Gruppen von je 10 sorgfältig eingepflanzt, festgebunden und beschildert. Bei strömendem Regen arbeitete eine Kerngruppe von 10 Mann ca. 1 Woche lang und am eigentlichen Pflanztag (mit Mitgliedern der BUND-Kreisgruppe) ca. 25 Helfer.
Die Rechnung für die Pflanzenlieferung bezahlte die Haubergsgenossenschaft. Immer wieder haben wir dann mit großen „Ginstersägen" das Farnkraut geschnitten, um die Pflanzen vor dem Ersticken zu bewahren. Zweimal spritzte auch hier die Feuerwehr. Durch den Wald wurde auch noch ein kleiner Trampelpfad gehackt, ein kleiner Bestimmungsschlüssel („Schulwald des Gymnasiums Auf der Morgenröthe") wurde angefertigt und im November 1983 wurden Wildschutzgitter um die Pflanzen angebracht. Der Förderverein spendete das Geld für die Drahtgitter.

V. Obstgarten: „Schützt die Obstgärten" heißt die Kampagne des Ministers für Ernährung, Landwirtschaft und Forsten, der auch für die Umwelt zuständig ist. Am 8.6.1983 konnten wir wieder einmal auf völlig unbürokratische Weise einen Leihvertrag mit der Stadt Siegen (Lesch vom Grünen Telefon) abschließen. Auf dem Gelände stehen schützenswerte alte Obstbäume. Es ist ein Waldschlag vorhanden, der in mühsamer Arbeit vom alten Schneebruch befreit wurde. Ein kleiner Waldtümpel wurde auch hier angelegt. Nistkästen wurden im Dezember von den Aktivisten der Naturschutz-AG gebaut. Die Kästen wollen wir im Frühjahr aufhängen. Auch die Wiese im Wildobstgarten muß einmal jährlich gemäht werden. In diesem Frühjahr wollen wir hier eine Hecke als Vogelschutzgehölz anpflanzen.

Achtung: In der Naturschutz AG kann jeder teilnehmen. Wir arbeiten freiwillig an Nachmittagen auf Verabredung. Regelmäßige Treffs finden an jedem 3. Samstag im Monat an den sog. Aktionstagen statt, und zwar um 9 Uhr Auf der Morgenröthe 18.
Für unseren Kampf gegen die ständig länger werdende „Rote Liste der vom Aussterben bedrohten Pflanzen und Tiere" brauchen wir noch viele Helfer. Es kann sich in Zukunft keiner entziehen mit den Worten, er habe von diesem Aussterben der Wildarten nichts gewußt. Jeder sollte heute in einer Zeit der Überversorgung der Industrieländer Mitglied in wenigstens einem Natur- schutz- oder Umweltverein sein, um sich anhand von Umweltbroschüren zu informieren. Damit fängt es an.
Es geht nicht an, daß wir uns versichern gegen Glasbruch, Feuer, Wasser, Sturm, Krankheit, Unfall, daß wir Hunde, Katzen, Autos, Häuser, unser Leben versichern – aber eine Überlebensversicherung vergessen zur Erhaltung der Umwelt für unsere Kinder von morgen.
Es geht nicht an, daß der Schutz unserer Umwelt von den Mitgliedsbeiträgen einiger Schüler und Rentner bezahlt wird, aber der Durchschnittserwachsene keine müde Mark dafür ausgibt, daß unsere Erde nicht zu einem öden Stern wird.

Igelwinter

In der Schule soll jeder erzählen, was er Gutes für die Tiere getan hat. Sebastian meldet sich stolz: „Ich habe einem älteren Jungen ans Schienbein getreten, weil er einen Igel getreten hat!"

Igel gibt es da, wo es viele Hecken gibt. Unter dichtem Gebüsch bauen sie ihr Nest aus Laub und trockenem Gras. Dort verbringen sie den Tag, und nachts sind sie unterwegs. Laut schnüffelnd stöbern sie herum und verzehren Mäuse, Regenwürmer, Schnecken, Käfer und Obst. Sowie Gefahr droht, rollen sie sich blitzschnell ein und richten ihre Stacheln auf. So können sie sich erfolgreich schützen. Aber nicht vor den Autos. Jedes Jahr werden in Deutschland 1 Million Igel von Autos totgefahren. Eine zusätzliche Bedrohung für die Igel ist das Abholzen von Hecken. Sie finden so immer weniger Unterschlupf für ihre Jungen. Das ist ziemlich schlimm, da diese stacheligen Tiere sehr viel Nützliches für die Menschen tun, indem sie Mäuse, Regenwürmer, Schnecken und Käfer im Garten fressen. Für den Winterschlaf braucht der Igel ein besonders sorgfältig angelegtes Versteck. Falls ihr im Herbst kranke Tiere oder Tiere mit Untergewicht findet, ist es wichtig, daß ihr sie über den Winter aufnehmt. Für den Winterschlaf brauchen die Igel ein Mindestgewicht von 600 g. Igel, die bis zu Beginn der kalten Jahreszeit dieses Gewicht nicht erreicht haben, müssen erfrieren oder verhungern, wenn ihnen die Menschen bis zum nächsten Frühjahr nicht Nahrung und einen Winterschlafplatz bieten. Dabei dürft ihr aber nicht vergessen, daß Igel keine Haustiere sind. Ihr dürft sie nicht zähmen, da ein zutraulicher Igel in der Natur weniger Überlebenschancen hat.

Unterkunft
Igel sollen in warmen Räumen gehalten werden. Die Raumtemperatur darf jedoch nicht über 20°C liegen, die Bodentemperatur muß mindestens 16°C betragen. Als Auslauf sind mindestens 2 qm notwendig. Die Wände des Auslaufs sollen mindestens 40 cm hoch und aus Holz sein. Der Boden wird mit Zeitungspapier ausgelegt, was euch das Saubermachen erleichtert. In einer Ecke des Auslaufs wird ein Schlafhäuschen aufgestellt. Hierzu eignet sich z.B. ein fester Schuhkarton mit einem seitlichen Eingang. Das Schlafhäuschen soll auf einer wärmeisolierenden Unterlage aus Pappe oder Holz stehen und mit zerknülltem Zeitungspapier ausgestopft werden.

Ernährung
Regenwürmer und Schnecken dürft ihr gefangengehaltenen Igeln nicht anbieten, da die Gefahr des Parasitenbefalls hier sehr groß ist. Durch Milch

bekommen Igel Verdauungsstörungen. Am besten ist es, wenn ihr dem Igel täglich in einer flachen Schüssel frisches Wasser gebt.
Als Nahrung eignen sich für die Igel: gekochte, zerkleinerte Eier, Insekten, Gliedertiere wie Asseln oder Tausendfüßler, Mehlwürmer, ein Stück Banane, ungeschwefelte Rosinen, kleine Fleischstücke.

Krankheitsanzeichen

- Futterverweigerung;
- ausbleibende Gewichtszunahme bei Jungigeln;
- anhaltender, starker Durchfall;
- Husten, rasselnde Atmung;
- unsicherer Gang und seitliches Umfallen;
- massiver Stachelausfall;
- Geschwülste.

Falls euer Igel diese Krankheitsanzeichen hat, müßt ihr mit ihm zu einem Tierarzt gehen, der mit Igeln Erfahrung hat.

Winterschlaf

Sobald ihr bei eurem gut aufgefütterten Igel (800–1000 g) die Bereitschaft zum Winterschlaf erkennt, könnt ihr ihn in seine Winterschlafstätte bringen. Tragt den Igel dann in einen ungeheizten Raum, dessen Temperatur 6 °C auf keinen Fall überschreiten darf. Temperaturen unter 0 °C schaden dem Igel im Winterschlaf nicht. Auch im Überwinterungsraum braucht der Igel einen abgesicherten Auslauf sowie ein größeres Schlafhäuschen. Stellt dem Igel Trinkwasser und unverderbliches Trokkenfutter (zerkleinerte Nüsse, ungeschwefelte Rosinen) bereit, damit er Nahrung vorfindet, falls er zwischendurch aufwacht. Ihr müßt dann mehrmals wöchentlich kontrollieren, ob der Igel das bereitstehende Futter verzehrt hat, und dann sofort neues Futter bereitstellen. Hält die Nahrungsaufnahme an, müßt ihr den Igel wieder in einen warmen Raum nehmen und ihn noch eine Weile auffüttern.

Aussetzen im Frühjahr

Gesund gepflegte und aufgefütterte Igel müssen im Frühjahr (Anfang Mai) nach dem letzten Nachtfrost ausgesetzt werden. Zum Aussetzen geeignet sind unterholzreiche Stellen mit dichtem Gebüsch. Ungeeignet sind Hochwälder ohne Unterholz. Am besten ist, wenn ihr euren Igel dort wieder freilaßt, wo ihr ihn gefunden habt, sofern keine Straße in der Nähe ist. Vor dem Aussetzen muß man den Igel an seine natürliche Nahrung gewöhnen und ihm viel Lebendfutter anbieten (Asseln, Käfer, Grashüpfer, Mehlwürmer).
Nun habt ihr trotz dieser vielen Ratschläge sicher noch Fragen, wenn ihr zum ersten Mal im Herbst einen hilfsbedürftigen Igel findet. Fragt in eurer Nachbarschaft, bei der Naturschutzbehörde und bei den Naturschutzverbänden (Adressen am Schluß des Buches) nach einem Igelexperten, bei dem ihr euch ansehen könnt, wie bei ihm die Igel überwintern.
Wenn ihr selbst genug Erfahrung mit der Igelpflege gesammelt habt, sagt bei den privaten und öffentlichen Naturschützern und auch bei der Lokalzeitung Bescheid, daß ihr anderen Igelfindern helft oder gefundene Igel in Winterpflege nehmen könnt.
Habt ihr einen Fotoapparat? Dann macht doch auch eine Fotoserie über eure Igel; wo ihr sie gefunden habt, wie die Futterstube und wie das Schlafzimmer aussieht, und dann im Frühjahr ein Foto von der Stelle, wo ihr den Igel wieder ausgesetzt habt.

Literatur:

1) Igel-Brevier für Tierärzte und interessierte Laien. Zoolog. Gesellschaft von 1858, Frankfurt a. M., Alfred Brehm Platz 16.
2) Igel als Wintergäste, Helga Fritzsche Verlag Gräfe und Unzer.

Öko-Schul-AG

Lothar Gerner erzählt von Zielen und Arbeiten der Ökologie-Arbeitsgemeinschaft der Nienburger Gymnasien.

Zur Gruppe
Entstanden auf Anregung von Schülern.
Leitung: fachlich durch einen Biologie-Lehrer, sonst kollegial.
Ca. 20 Teilnehmer im Alter von 16–19 Jahren.
Keine Teilnahmepflicht; Freiwilligkeit ist Grundsatz.
Wöchentlich ein Treffen nachmittags, oft auch Exkursionen am Wochenende.

Ziele
I. Praktische Ökologie im Gelände.
II. Einsätze zur Erhaltung und Wiederherstellung sowie Neuschaffung von Lebensräumen.
III. Aufklärung der Öffentlichkeit.

Zu I.: Hier ist die Gruppe bisher wenig aktiv gewesen. Vorgesehen dazu ist ein Schwerpunkt im kommenden Frühjahr: Kennenlernen der einheimischen Fauna und Flora, anschließende Kartierung der Flächennutzung (Landwirtschaft) und ökologische Bewertung ausgewählter Hochmoorräume.
Dieses geschieht auf Anregung der Unteren Naturschutzbehörde des Landkreises, mit der in vielen Aktivitäten enge Zusammenarbeit besteht. Die Behörde, die völlig unterbesetzt ist, benötigt Daten über einige Hochmoorbereiche, die in der 2. Phase des Moorschutzprogrammes der Landesregierung möglicherweise unter Schutz gestellt werden sollen. Hier kann die Gruppe wichtige Hilfestellung geben. Das soll später auch auf die Kartierung von Kleingewässern in biologischer und chemischer Hinsicht ausgedehnt werden, um der Behörde Daten für einen wirksamen Schutz solcher Ökozellen an die Hand zu geben. Die Kartierung der Hochmoore soll auf einer mehrtägigen Zelt-Freizeit über Pfingsten intensiviert werden.

Zu II.: Hier ergeben sich verschiedene Betätigungsmöglichkeiten:

1. Entrümpelung wertvoller Kleingewässer
Im Landkreis Nienburg wurden von der Gruppe zwei wertvolle Kleingewässer festgestellt, die teilweise als wilde Müllkippen benutzt worden waren bzw. werden.
Gewässer a: Heidetümpel in ehemaliger Sandgrube
Er ist Laichgewässer und Lebensraum für Teichmolch, Kammolch, Grasfrosch, Moorfrosch, Teichfrosch, Erdkröte, Kreuzkröte und Brutplatz des Zwergtauchers.
Wir nahmen Kontakt mit dem Landkreis auf und wurden durch Lieferung eines Containers unterstützt. In einer Nachmittagsaktion holten wir allen erreich baren Müll aus dem Tümpel. Durch Absprache mit dem Besitzer wird jetzt öfter kontrolliert, um weiteres Müllabladen zu verhindern.
Gewässer b: Erlensumpfwäldchen mit Wasser vom Winter bis zum Frühsommer.
An diese besondere Bedingung ist der Krebs Siphonophanes grubei angepaßt, der hier vorkommt, zusammen mit Lepidurus apus (ob noch?). In einer entsprechenden Aktion reinigten wir das Wäldchen von Müll. Außerdem stellte uns die zuständige Gemeinde Schilder zur Verfügung, auf denen wir durch Hinweise auf die Bedeutung und Biologie dieser Krebse für ihren Schutz warben. Diese Schilder stellten wir am Beginn des Wäldchens auf.
Natürlich muß die weitere Entwicklung

des Wäldchens von unserer Gruppe weiter verfolgt werden.

2. Wiedervernässung von Hochmooren

In zwei Hochmooren nahe Nienburg, die früher zur Abtorfung mit Gräben trockengelegt worden waren, führte die Gruppe Staumaßnahmen durch. Diese Maßnahmen geschahen in enger Absprache mit der Naturschutzbehörde bzw. der Forstverwaltung als Eigentümer.

Ziel der Maßnahmen: Erhöhung des Wasserstandes, um die ursprüngliche Moorvegetation und -fauna zu fördern und das Bentgras sowie Birken und Kiefern zurückzudrängen.

Vom Landkreis erhielten wir die notwendige dicke Plastikfolie (Baumaterialhandlungen). Mit Sägen, Äxten, Spaten und Vorschlaghammer ausgerüstet, zogen wir ins Moor, prüften das Gefälle der Gräben und begannen mit dem ersten Stau am oberen Ende.

Zunächst muß eine Querrinne durch die Grabensohle gegraben werden mit Anschlußschlitzen im seitlichen Gehänge. Der Stau sollte möglichst so hoch werden wie die seitlichen Moorflächen.

Oberhalb der Querrinne wird aus Torf ein Wall im Graben aufgeschüttet zum besseren Arbeiten. Gleichzeitig werden aus benachbarten Moorbirken bzw. Kiefern Pfähle hergestellt, die dann senkrecht in die Querrinne gerammt werden im Abstand von ca. 20–30 cm. Dann wird oberhalb der Pfähle die Folie über den Graben gelegt und mit der Unterkante in die Querrinne eingestampft. Ist Wasser im Graben, wird das sehr mühsam. Schließlich soll die Folie mindestens die Höhe der Grabentiefe haben (man kauft die 4 m breiten Bahnen). Am Ende werden Folie und Pfähle von beiden Seiten mit Torf bepackt, und dieser wird festgestampft, nachdem als Widerlager noch einige lange Pfähle hinter die senkrechten quer über den Graben gelegt wurden.

Nach wenigen Regengüssen ist die Stauwirkung schon zu bemerken.

Wichtig ist allerdings, daß man nicht bis zum mineralischen Untergrund vorarbeitet, sondern im Torf bleibt, sonst läuft das Stauwasser nach unten weg.

Der folgende Stau wird je nach Grabenneigung ca. 50–80 m unter dem ersten angelegt.

Diese Arbeiten sollten aber nur von Oktober bis Februar erfolgen, um keine Störung während der Fortpflanzungszeit zu verursachen.

Zu III:

a) *Ausstellung über Hochmoore*

Wir erfuhren, daß es im Landesverwaltungsamt für Naturschutz und Landespflege in Hannover eine Hochmoor-Ausstellung gibt, und arrangierten eine Ausleihe.

Da wir jedoch nicht nur diese Tafeln mit allgemeiner Problematik präsentieren wollten, ergänzten wir die Ausstellung.

- Wir erkundigten uns nach der Entwicklung des Birkwildes und stellten die rapide Abnahme seit 1930 auf einem Plakat dar.
- Wir zeigten Photos und Skizzen vom Bau der Grabenstaus in Kreis Nienburger Hochmooren.
- Wir stellten anhand von Karten die ursprüngliche Verbreitung und das heutige Verhältnis von genutzten Mooren (Torfabbau, Landwirtschaft) und „naturbelassenen" dar.
- Schließlich stellten wir in einem großen Aquarium einen Ausschnitt aus einer lebendigen Hochmoorschlenke mit Torfmoos, Wollgras usw. zusammen.

Diese stellte sich auch als die besondere Attraktion der Ausstellung heraus.

Die Ausstellung wurde etwa 3 Wochen in der Schalterhalle der Sparkasse Nienburg gezeigt.

b) *Ausstellung über Hecken*

Anlaß zu dieser Ausstellung war eine Flurbereinigungsmaßnahme, die 1983 in der Wesermarsch westlich Nienburg den Heckenbestand einer der letzten intakten Heckenlandschaften bedrohte.

Überdies bat uns die Naturschutzbehörde des Landkreises, eine Kartierung des Heckenbestandes der Wesermarsch auf einer Länge von ca. 20 km vorzunehmen, um über ein Heckenkataster einen besseren Schutz zu erreichen. Die Ausstellung, welche die Ökologie-AG diesmal ganz allein erstellte, sollte:

– den Bestand und die Bedrohung der Hecken in der Wesermarsch und überhaupt zeigen;

– die ökologischen Beziehungen in einer Hecke und zwischen Hecke und Umgebung aufzeigen;

– die Bedeutung der Hecken für die Landwirtschaft darstellen. Hier wurde auch eine Umfrage von uns bei Landwirten aus drei Dörfern ausgewertet.

– Hinweise für die Anlage neuer Hecken und die Pflege bestehender geben.

Dafür sammelten wir Daten, machten Fotos, entwarfen plakatwirksame Texte. Wiederum mit Hilfe der Sparkasse konnten wir die Texte fotografisch vergrößern und erziehlten so einen guten Gesamteindruck der Schautafeln (1 × 1,5 m). Wir malten auch ein großes Eingangsbild (1,6 m × 3,3 m) einer Hecke, vor das wir in einem Holzkasten einen lebenden Heckenrand pflanzten. Auch die in der Stadt ausgehängten Plakate zur Ausstellung entwarfen wir selbst. Auch diese Ausstellung wurde wie die erste von der Presse herausgestellt und gelobt. Zur Zeit wird sie in verschiedenen Schulen des Landkreises gezeigt.

Für die Fertigstellung dieser Ausstellung haben 10 – 15 Gruppenmitglieder ein halbes Jahr anfangs einmal, später bis zu dreimal die Woche zusammengearbeitet.

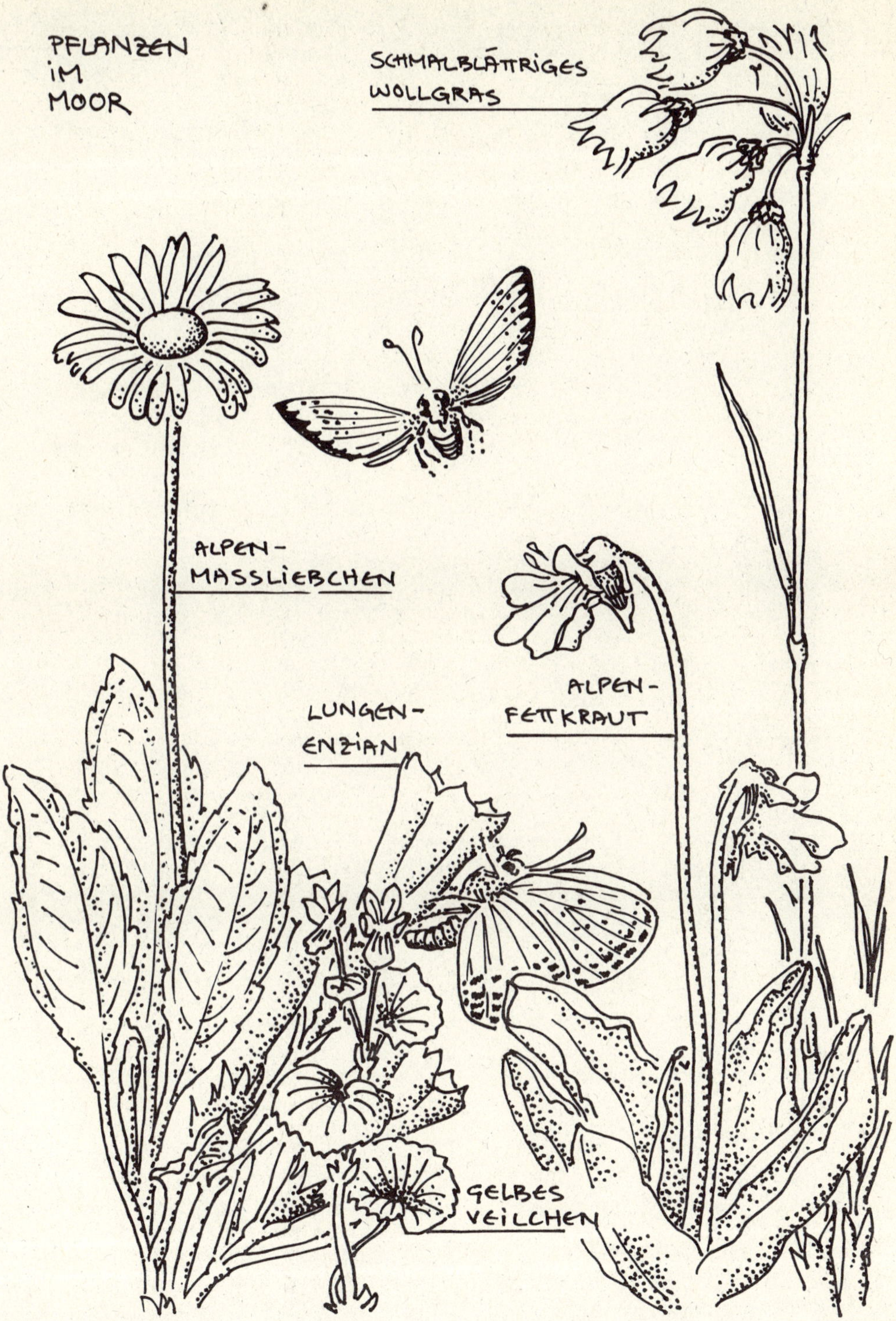
PFLANZEN
IM
MOOR
SCHMALBLÄTTRIGES
WOLLGRAS
ALPEN-
MASSLIEBCHEN
ALPEN-
FETTKRAUT
LUNGEN-
ENZIAN
GELBES
VEILCHEN

Vogelraum

Zwei Blaumeisen treffen sich in der Arktis, beide stammen aus dem Kölner Stadtpark. „Nun ja, ich habe mich auf die Kälte eingestellt", erzählt die eine, „Wind, Einsamkeit, nur Fische als Futter, jedenfalls habe ich bisher einigermaßen überlebt." Die andere berichtet von den letzten drei Jahren, die sie im Urwald durchgemacht hat, gefährliche Tiere, viel Regen, zu viel Hitze, eben schwere Zeiten bei der heutigen Not, in der zerstörten Umwelt noch ein Plätzchen zu finden. „Aber hast du von der Kohlmeise gehört", fährt sie fort, „die ist eine lebensmüde Abenteurerin, die ist im Kölner Stadtpark geblieben."

Vögel im Naturgarten
Die Bedeutung des Vogelschutzes
Der Schutz der Vogelwelt sollte schon allein aus ethischen Gründen selbstverständlich sein. Aber auch vielfältige praktische bzw. ökologische Erwägungen machen den Vogelschutz unentbehrlich.
Über die Hälfte der heimischen Vogelarten sind in ihrem Bestand bedroht. Entwässerungen und Zuschüttungen von Feuchtgebieten, Verdrahtung mit Hochspannungsleitung, durch Flurbereinigung aufgeräumte Landschaften, Monokulturen in Land- und Forstwirtschaft, das dichte Verkehrswegenetz, das dauernde Versprühen von chemischen Schädlingsbekämpfungsmitteln, die fast neurotische Ordnungsliebe in privaten Gärten und öffentlichen Anlagen, die Begradigung und Betonierung von Gewässerläufen, der zunehmende Touristikrummel, die ökologisch bedenkliche Neigung, exotische Pflanzen großflächig in die Landschaft und in die Hausgärten einzubringen, Deichbauten und Tankerunglücke an den Küsten und nicht zuletzt unsachgemäße Winterfütterungen bedrohen die Vögel aller Arten in brutalster Weise.
In ökologischer Hinsicht ist die Bedeutung der Vögel für das gesamte Lebensgefüge nicht zu unterschätzen:
– Sie sind Indikatoren für eine stabile und heile Umwelt;
– sie sind tatkräftige Mitarbeiter in der biologischen Schädlingsbekämpfung (auch die vielgeschmähten Stare ziehen ihre Jungen mit Raupen, Larven, Maden und kleinen Schnecken auf);
– sie warnen uns vor den schädigenden Auswirkungen von Umweltgiften jeglicher Art, die wir selbst zum Schaden unserer eigenen Art in die Umwelt ausbringen;
– sie erfreuen Menschen in nicht ersetzbarer Weise mit ihrem Gesang, ihrem Verhalten und mit ihrer interessanten Erscheinung;
– sie bieten die Möglichkeit, vielfältige Erfahrungen biologischer Wechselbeziehungen zu erwerben, in die wir Menschen miteinbezogen sind.
Die Zahl der Vogelarten in den Gärten und Anlagen ist ein untrügliches Zeichen für den Wert des privaten Gartengrundstücks für die Umwelt.
Der naturnah angelegte Garten bietet sich als Lebensraum für bedrohte Vögel geradezu an. Einheimische Bäume, Sträucher und Stauden, Einzelgehölze und Hecken, Kompost und Reisighaufen, Tümpel, Kletterpflanzen, Vogelbäder, Nisthilfen und der Verzicht auf chemische Spritzmittel und eine artgerechte Winterfütterung sind wirksame Mittel, die Vogelwelt zu unterstützen.

Lebensräume für Vögel im Garten

Alte Bäume und Baumgruppen
Für viele Vogelarten sind alte Bäume idealer Lebensraum. Wenn Baumveteranen an manchen Stellen brechen und faulen, so haben mehr als 30 Vogelarten ihren Nutzen. Kohl-, Blau-, Tannen- und Haubenmeise, Stare, Grün- und Buntspechte, in besonders alten Buchen Schwarzspechte, Gartenrotschwänze u.v.a. siedeln in diesen Höhlungen.

Hecken
In dichtem Heckengestrüpp finden Singdrossel, Buchfink, Zeisig, Dompfaff, Hänfling, Klappergrasmücke, Gelbspötter, Neuntöter, Zaunkönig ihren Lebensraum. Mehr in Bodennähe kommen Heckenbraunelle, Mönchs-, Garten-, Dorngrasmücke, Zilpzalp, Sumpfrohrsänger vor. Direkt auf dem Boden brüten Fitis und Rotkehlchen.

Reisighaufen
Haufen aus Geäst und Zweigen verschiedener Dicke dienen als Nist- und Schlafplätze, als Zufluchtstätten für Jungvögel und als Jagdrevier für die unterschiedlichsten Vogelarten.

Naturnahe Wiesen
Rasenflächen sind arm an Lebewesen. Eine naturnahe Wiese mit Blumen und dementsprechend mit Insekten lockt eine große Zahl von Vogelarten an. Die Zahl der Arten ist dort in der Regel viermal so groß wie die Artenzahl auf den ordentlichen Rasenflächen.

Natursteinmauern
In Mauernischen siedeln sich Pionierpflanzen an, die eine reichhaltige Insektenwelt mit sich bringen. Hier jagen Zaunkönig, Heckenbraunelle, Mönchsgrasmücke, Rotkehlchen, Gelbspötter, Hausrotschwanz und Sumpfrohrsänger.

Kletterpflanzen
Berankungen mit Efeu, Geißblatt, wildem Wein, Clematis eröffnen neue Brutplätze und locken Insekten an. Neben den allgegenwärtigen Sperlingen können Haus- und Gartenrotschwanz, Amsel und Grünfinken hier sich niederlassen.

Unkrautfluren
Auch in einem Kleingarten bestehen Möglichkeiten, an manchen Stellen Unkräuter unbehelligt bestehen zu lassen. Hier finden sich vielerlei Insekten und damit auch Vogelarten ein.

Komposthaufen
Komposthaufen sind wahre Paradiese für Würmer, Larven, Raupen, Käfer und Kleininsekten. Viele seltenere Vogelarten kann man hier beim Jagen und Vertilgen dieser Tiere beobachten und kennenlernen.

Vogeltränken und Flachwasserzonen
Ein Gartenteich zieht viele Vögel an. Hier kann man sie beim Baden und Trinken beobachten. Eine Tränke sollte nicht tiefer als 3 cm sein. Als Standort wählt man am besten eine übersichtli-

che (katzensichere) Stelle in der Nähe eines Gebüsches, in das sich die Vögel nach dem Bad zum Gefiedertrocknen zurückziehen können.

Winterfütterung

Unsere einheimischen Vögel sind an die kalte Jahreszeit sehr gut angepaßt. Nur in extrem kalten Wintern ist deshalb eine Fütterung unumgänglich. Wenn du einige Grundsätze beachtest, mußt du aber nicht auf eine Winterfütterung verzichten.

- Nur bei geschlossener Schneedecke, bei Vereisung und Dauerfrost (unter −5 °C) füttern
- Maßvoll und regelmäßig füttern
- Futter vor Nässe schützen
- Futterhäuschen vor Katzen schützen (in der Nähe sollte kein Gebüsch sein, wo sich Katzen verstecken könnten)
- Wenn Krankheiten auftreten (aufgeplusterte Vögel sitzen herum und sterben nach 1–2 Tagen) muß die Fütterung eingestellt werden und die Futterstelle desinfiziert werden.
- Für Körnerfresser eignen sich Hanf- oder Sonnenblumenkerne und für Weichfresser ein Weizen-Kleie-Gemisch
- Niemals gesalzenes Futter anbieten

Wie du die Vogelarten erkennen kannst

Das Vogelkonzert im Frühjahr erscheint uns unentwirrbar. Wenn du aber nach und nach anfängst, dich auf ein paar Stimmen zu konzentrieren, ist es möglich, die häufigsten Arten rasch und sicher kennenzulernen. Gut ist, wenn du im Vorfrühling mit dem Kennenlernen beginnst, da die Zahl der singenden Vögel noch gering ist, die Vögel gut sichtbar sind und die Meisen schon sehr intensiv singen.
Als Erkennungshilfe gibt es Vogelstimmenkassetten oder Schallplatten und Vogelbestimmungsbücher. Charakterisiere die Vogelstimmen durch Silben und Sätze und durch Nachahmen. Mit Hilfe eines Kassettenrecorders kannst du auch einige Arten anlocken (z.B. Amsel, Buchfink, Zaunkönig, Rotkehlchen). Durch ein Abspielen des arteigenen Gesangs – du mußt die Vogelstimmen zuvor natürlich aufnehmen – kannst du das Männchen anlocken. Sein Verhalten gibt dir Hinweise auf die Funktion des Gesangs.

Wenn du einige Vogelarten kennst, kannst du beginnen, eine Vogelbestandskarte anzulegen.
Schreibe auf, welche Vögel wo vorkommen. Durch einen Zeitungsartikel könnt ihr alle informieren, welche Vögel in der Umgebung vorkommen, welche Arten selten und gar gefährdet sind und wie Lebensräume für die Vögel geschaffen werden können.

Nichtraucherschutz

*Raucher-Club in Schottland.
Heute ist McGregor dran, die anderen werden der Reihe nach angepustet.*

Ein ganz heikles Thema ist das „Rauchen". Viel wird darüber geredet, viel geschrieben und nebenher viel gequalmt.
Doch wir wollen nicht über das Rauchen schreiben, sondern über das Nichtrauchen von Zigaretten. Ihr kennt das bestimmt, wie es in Räumen aussieht, wo die Aschenbecher überquellen vor lauter Zigarettenkippen, wo es normal ist, daß geraucht wird und die Luft verstunken wird. Wer in so einem Raum war, dessen Kleidung riecht 3 Tage danach noch nach kaltem abgestandenem Rauch.
Das ist aber nicht selbstverständlich! Nichtraucher haben ein Recht auf nichtverrauchte Räume. In eurer Jugendgruppe oder in der Kneipe ist es bestimmt nicht leicht, darüber zu reden, da sich die Fraktion der Raucher meist zutiefst angegriffen fühlt und im Recht, wenn ihr sie auf den Nichtraucherschutz ansprecht.
Ein paar Punkte sollen euch helfen, eure Position als Nichtraucher zu stärken:
– Wer sich für die Belange von Natur- und Umweltschutz einsetzt, muß einsehen, daß er unglaubwürdig ist, wenn er mit der Zigarette in der Hand über Luftverschmutzung redet.
– Warum sollen Nichtraucher in die frische Luft gehen, um mal wieder durchatmen zu können, nur weil ein paar Raucher die Luft verstinken?
– Macht es umgekehrt. Bei größeren Treffen gibt es alle 90 Minuten eine Pause, in der Raucher außerhalb des Raumes die Luft verqualmen dürfen.
Wenn ihr unruhig oder nervös veranlagt seid, was heute jedem passieren kann, dann sucht nicht den Ausweg, die Hände mit Zigaretten zu beschäftigen. Es gibt viel bessere und gesündere Möglichkeiten, sich mit irgendwas in der Hand oder im Mund abzulenken: Kürbiskerne kauen, einen Apfel essen ...
Für Zigarettenwerbung wird viel Geld ausgegeben, für Nichtraucherwerbung viel, viel weniger – weil es da ja nichts zu verkaufen gibt. Könnt ihr euch vorstellen, wie für Nichtraucher und Nichtraucherinnen Werbung gemacht wird? Sammelt mal eure Einfälle:

- Sprüche
- Lieder
- Theaterstück
- Collagen
- Bilder
- Plakate

Mit „Milchtütendruck" (siehe S. 177) könnt ihr dann eure Entwürfe vervielfältigen und verteilen an

- Schule
- Ökozentrum
- Jugendheim
- Rathaus

In öffentlichen Gebäuden sind oft Aschenbecher aufgestellt, so daß Rau-

cher sich aufgefordert fühlen, Wartezeiten per Zigarette zu verkürzen. Wo bleibt ihr als Nichtraucher? Gibt es dort abgetrennte Räume ohne Mitraucherzwang?
Sucht nach Ausweichecken für Nichtraucher in der Stadtverwaltung, im Arbeitsamt, im Gesundheitsamt, im Theaterfoyer, auf dem Bahnhof (Nichtraucherwartesaal). Wenn ihr dort als Nichtraucher von blauem Dunst vertrieben werdet, schreibt einen offenen Brief. Fordert freundlich, aber deutlich den Nichtraucherschutz. Bittet um eine Stellungnahme, wie zukünftig der Zwang zum Mitrauchen vermieden werden soll.
Wichtig ist, daß Nichtrauchen Spaß macht und nicht langweilig ist, wie es von der Zigarettenwerbung immer dargestellt wird.

Bunter essen

Ich wollte den Eier-König mit dem Millionenstall ärgern und habe ihm ins Hühnerfutter Blaufärber für die Eidotter gemischt. Aber er war schlauer, er hat jetzt einen neuen Marktrenner zu Ostern für den doppelten Preis daraus gemacht.

Wie sehr wir mit den Augen „essen", kannst du leicht selber oder zusammen mit deinen Freunden ausprobieren. Bei einer großen Veranstaltung haben wir abends das Saallicht ausgemacht. Damit es aber nicht ganz finster im Raum wurde, wurden vier Schwarzlichtlampen angeschaltet. Dieses Licht verfälscht normale Farben und ist sehr dämmrig.
Dann haben wir jedem Besucher ein kleines Schälchen mit Kräuterquark zum Essen gegeben.
Wir hatten in den Quark Zwiebeln, Petersilie, Schnittlauch, Basilikum, Pfeffer, Knoblauch hineingetan und den Quark mit Lebensmittelfarbe türkisgrün gefärbt. Aber die Quarkfarbe war bei dem dunklen Licht nicht zu erkennen. Die Besucher aßen nun bedächtig die Hälfte des Quarks auf und versuchten dabei die verschiedenen Kräuter herauszuschmecken. Alle lobten den guten Geschmack des Quarks.
Bevor die zweite Hälfte des Quarks gegessen werden durfte, machten wir die helle Saalbeleuchtung an. Nun plötzlich sahen alle mit den Augen den unnatürlich giftig aussehenden Quark – und obwohl er vorher im Dunkeln gut schmeckte, durchfuhr nun alle ein ekeliges Gefühl, niemand wollte den Quark weiteressen.
Mach diesen Versuch mit deinen Freunden. Lebensmittelfarbe ist in jeder Drogerie zu kaufen. Färbe auch Nudeln, Getränke, Kartoffeln usw.
– Welchen Unterschied merkst du, wenn du siehst, was du ißt, und wenn du nur auf den Geschmack achtest?
Meistens lassen wir uns auch nicht genug Zeit zum Essen. Durch Ablenkung werden die Geschmacksempfindungen reduziert. Beim Lesen der Zeitung, beim Beobachten des Straßenverkehrs, in Gedanken ganz woanders, schmeckt jedes Essen gleich.
Wenn wir uns auf den Geschmack eines Essens konzentrieren, merken wir, daß wir oft geschmacksarme Sachen essen, weil das Auge von der geschickten Präsentation der Speise überzeugt ist. Der kritische Geschmack wird dann verdeckt.
Das Auge wäre somit alleiniger Informant über die Qualität der Lebensmittel.
– Verpackungsqualität erscheint wichtiger als die Qualität des Inhalts.
– Kleider machen Leute.
Nach diesen Aussprüchen ist das Auge das wichtigste Sinnesorgan. Doch unser Auge täuscht sich oft!
Deshalb dürfen wir andere Beurteilungsmaßstäbe nicht vergessen. Wenn wir essen, sollten wir aber den Geschmack nicht vergessen.
Bewertungsmaßstäbe können sein:
– Wie sieht das Essen aus?

– Wie schmeckt es?
– Wie riecht es?
– Welche Zusatzstoffe sind darin enthalten?
– Welche Konservierungsstoffe?
– Wie teuer ist das Essen?
– Welchen Nährwert hat das Essen?

Seit einiger Zeit gibt es eine Verordnung, daß Lebensmittelhersteller auf den Etiketten ihrer Dosen und Packungen außer dem Firmennamen und der genauen Bezeichnung des Inhalts auch das Mindesthaltbarkeitsdatum und die „Zutatenliste" angeben müssen.
Doch diese Auflistung ist oft sehr verwirrend und unverständlich. Fragt mal eure Chemielehrer danach. Bringt einfach eine Dose mit der Zutatenliste des Inhalts mit in die Schule, und ihr habt dann bestimmt einen sehr interessanten Chemieunterricht.
In den meisten Zutatenlisten werden chemische Zusätze genannt, die ein Produkt haltbar machen, ihm die appetitanregende Farbe geben, chemische Veränderungen verhindern und dafür sorgen, daß sich Stoffe verbinden, die sich – wie Fett und Wasser in der Wurst z. B. – eigentlich nicht vermischen lassen.
Diese Zutaten werden durch E-Nummern gekennzeichnet.

Originalzitate:
Instant-Götterspeise-Pulver Kirsch-Geschmack, voll gezuckert
Zutaten: Zucker, Geliermittel, Säuerungsmittel, Stabilisator E 340, naturidentische Aroma-Stoffe, Farbstoffe E 102, E 122, E 123, E 124, E 151
Extra Auslese Erdbeerkonfitüre
„– enthält keine chemischen Zusätze und ist auch dann nicht gefärbt, wenn eine Färbung gesetzlich zulässig ist."
Ihr findet bestimmt noch mehr Beispiele.

Halten wir also alle fünf Sinne bereit, um nicht immer auf „schöne" Äußerlichkeiten reinzufallen wie
– den großen, grünen, makellosen Apfel,
– das weiße feine Weißmehl 405,
– die rosafarbene Fleischwurst,
– das magere Schweineschnitzel, das in der Pfanne immer kleiner wird.

Aber nicht nur die Augen täuschen sich oft, sondern, außer dem Geruchssinn, alle anderen Sinne auch. Wähle eine Testperson und verbinde ihr die Augen. Dann hältst du ihr die Nase zu und steckst ihr ein Stückchen Kartoffel, das geschält und wie ein Apfelstückchen zugeschnitten ist, in den Mund. Die Testperson soll nun feststellen, ob es ein süßer oder ein saurer Apfel ist, den sie gerade verspeist.

Ein anderer lustiger Test:
Serviere auf einem Tablett fünf Gläser mit fünf verschiedenen Getränken. Verbinde einer Testperson die Augen und halte ihr die Nase zu. Die Testperson soll nun herausfinden, was sie gerade trinkt – das wird schwer sein, denn nichts schmeckt mehr.

Es macht Spaß, diese kleinen Tests mit vielen Leuten durchzuführen. Sprecht hinterher über eure Empfindungen, über eure Erfahrungen.

Überlegt euch mal, wo ihr noch „gute" Lebensmittel bekommen könnt:
– Auf dem Wochenmarkt.
– Im Bioladen.
– Welche Bäckereien backen Brot ohne Konservierungsmittel?
– Wo bekommt ihr Eier von freilaufenden Hühnern?
– Wo gibt es noch „richtiges" Fleisch?
– Wo bekommt ihr Apfelsaft, der nicht zu 90 % mit Wasser verdünnt ist?
– Wo bekommt ihr noch richtige Kuhmilch?

Eine solche Liste dürfte eigentlich in keinem Stadtteil, in keinem Dorf fehlen.

Liste einiger Zusatzstoffe mit den dazugehörigen E-Nummern

Zusatzstoff	Nummer
Emulgatoren	
Lecithine	E 322
Salze der Speisefettsäuren	E 470
Mono- und Diglyceride von Speisefettsäuren	E 471
Konservierungsstoffe	
Ameisensäure	E 236
Benzoesäure	E 210
Orthophenylphenol	E 231
pHB-Ester	E 214 – E 219
Nitrate	E 251 + E 252
Nitrite	E 250
Propionsäure	E 280
Schwefeldioxid	E 220
Sorbinsäure	E 200
Antioxydationsmittel	
Buthylhydroxyanisol	E 320
Synthetisches Delta-Tocopherol	E 309
Octylgallat	E 311
Verdickungs- und Geliermittel	
Pektin	E 440
Methylcellulose	E 461
Agar-Agar	E 406
Farbstoffe	
Tartrazin	E 102
Amaranth	E 123
Erythrosyn	E 127
Zuckercouleur	E 150
Kupferverbindungen des Chlorophylls	E 141
Brilliantschwarz	E 151
Carotine	E 160
Methylviolett B	C 2
Ultramarin	C 12
Aluminium	E 173
Anorganische Säuren	
Orthophosphorsäure	E 338
Polyphosphate	E 450c
Geschmacksverstärker	
Mannit	E 421
Sorbit	E 420
Extraktionsmittel	
Glycerin	E 422
Essigsäure	E 260
Mononatriumcitrat	E 331

Arbeitsblatt

Entdeckungsreise in der Küche
oder im Supermarkt

Datum:
Ort:

Nahrungsmittel	Konservierung	Farbstoff	Emulgator	Aromastoff	Andere Zusätze

Zur Ergänzung an diese Seite ein Blatt ankleben

Feinschmecker

Ober: „Sind Sie zufrieden mit dem Löwenzahnsalat?"
Gast: „Der Essig ist gut, nur ein bißchen zuwenig Salat dran!"

Jahrtausende lang war die Pflanze sehr wichtig im täglichen Leben der Menschen. Pflanzen lieferten alles, was die Menschen zum Leben brauchten: Getreide, Gemüse, Früchte für die Ernährung, Heilmittel; Holz zum Bauen von Häusern, Geräten und Möbeln; Pflanzenfasern für die Bekleidung. Erst mit der technischen Entwicklung der letzten hundert Jahre gerieten die bei uns wildwachsenden Pflanzen, Früchte und Kräuter immer mehr in Vergessenheit. Tomaten aus der Sahel-Zone, Ananas aus Afrika, Bananen aus Mittelamerika, Gemüse aus der Dose wurden immer beliebter. Dabei verlernten viele Menschen, die einheimischen Pflanzen zu gebrauchen. Erst in letzter Zeit ist hier ein Stimmungswandel zu beobachten.
Vielleicht habt ihr auch mal Lust, bei einem Spaziergang oder einem Ausflug mit euren Freunden oder Freundinnen zusammen Wildgemüse und Blüten zu sammeln und hinterher ein leckeres Essen zu bereiten.
Beim Sammeln von Kräutern und Pflanzen gibt es ein paar Punkte zu beachten:
– Nicht in der Nähe einer Straße sammeln.
– Von Feldern, angrenzenden Rainen und Wiesen, auf die Unkraut- und Schädlingsbekämpfungsmittel gespritzt werden, sollten keine Pflanzen gesammelt werden.
– Nie mehr sammeln, als ihr benötigt.
– Nur gesunde, kräftige Pflanzen sammeln.
– Zum Sammeln eignet sich am besten ein Korb.
Und nun kann's losgehen!

Brennessel
Die Brennessel wächst bevorzugt in der Nähe menschlicher Behausungen. Wenn man also in einer Waldlichtung Brennesseln findet, so deutet das auf eine ehemalige menschliche Siedlung oder ein Waldarbeiterlager hin. Sie wächst an Zäunen, in Gräben, auf Schuttplätzen und bevorzugt nährstoffreichen Boden. Da sich wohl schon jeder an einer Brennessel verbrannt hat, erübrigt sich eine genaue Beschreibung.
Noch ein paar Worte zu der Brennessel im Garten. Von den meisten wird sie als lästiges Unkraut angesehen. Dabei ist sie für einen gesunden biologischen Garten unentbehrlich. Die Brennessel ist ein hervorragender Düngerveredler. Sie macht den Boden in ihrer Umgebung stickstoffreicher und bringt Ordnung in den Eisenhaushalt des Bodens. Und genau diese Brennesseln eignen sich hervorragend für spinatähnliches Gemüse, zu Suppen oder zum Salat.

Brennesselspinat:
Die jungen Triebe der Pflanze 10 Min. in siedendem Wasser abkochen, das Wasser abgießen, die Triebe kleinhakken und mit Butter und gewürfelten Zwiebeln dünsten. Mit etwas Brühe aufgießen, das Gemüse mit Mehl andicken und mit Salz, Pfeffer, Muskatnuß und etwas Zucker würzen.
Brennesselklößchen:
Einen Teelöffel Butter mit Semmelbröseln verrühren und pro Person ein halbes Ei dazugeben. Feingewiegte rohe Brennesselblätter unter den Teig mischen, mit Salz, Bohnenkraut und Basilikum würzen. Aus der Masse mit einem Teelöffel kleine Klöße formen. Diese Klöße werden dann in Salzwasser oder gleich in der Suppe gekocht. Gut als Suppeneinlage.
Brennesselfrikadellen:
Brennesselblätter zu einem dicken Brei kochen und wie Frikadellen mit Eiern, Milch, ausgequollenen Haferflocken oder alten Brötchen vermischen, bis die Masse sich formen läßt. Nach Geschmack mit Salz, Pfeffer, Muskatnuß würzen. In Fett auf beiden Seiten backen und mit Margaritenblüten garnieren.

Wildsalat
Dafür könnt ihr, je nach Geschmack, den Salat mit vielerlei Blättern zusammenstellen:
- junge Brennesselblätter,
- junge Löwenzahnblätter,
- Schafgarbenblätter,
- Gänseblümchenblätter,
- Brunnenkresse,
- Gänsefingerkraut,
- junge Gierschblätter.

Die Zutaten müßt ihr in kaltem Wasser waschen, abtropfen lassen, kleinschneiden und eine Salatsauce aus Salz, Pfeffer, Öl und Essig oder Joghurt und Zitrone darüber geben. Lustig sieht der Salat aus, wenn ihr ihn mit Gänseblümchenblüten oder Kapuzinerkresseblüten garniert.
Zum Nachtisch gibt's dann Holunderküchle.

Holunder
Der Holunder ist sehr verbreitet und wächst beinahe an jedem Waldrand, an Bächen, in Hecken, Gärten und Gebüsch. Um den Holunderbusch gibt es viele Geschichten, Sprüche und Aberglauben. Im Holunderbusch hat der gute Hausgeist seinen Sitz. Ein alter Bauernspruch lautet deshalb auch: „Vor dem Holunderbusch soll man den Hut abnehmen." Er ist heilig, unverletzlich, und wer ihn fällt, stirbt oder wird krank.
Holunderküchle:
Dafür pflückt ihr die ganzen Blütendolden am Stiel ab. Zu Hause macht ihr dann einen Eierkuchenteig: 2 Eier mit zwei Eßlöffel Mehl verquirlen, 1 Eßlöffel Zucker und 1 Prise Salz und ½ l Milch dazugeben und gut verrühren. Die sauber verlesenen Blütendolden am Stiel halten, in den Teig tunken und dann gleich in heißem Fett rausbacken, bis sie zartgelb sind. Auf Küchenpapier abtropfen lassen, mit Zucker und Zimt bestreuen und noch warm essen. – Die kleinen Stengel kann man mitessen; das letzte große Stück Stengel ist ziemlich hart.
Holunderblütenkaltschale:
300 g Holunderblüten, ¼ l Milch, 100 g Zucker oder Honig, 3 Eigelb, 1 gute Prise Ingwer. Die Blüten verlesen und von den Stielen befreien. Die Milch aufkochen und die Blüten kurz darin ziehen lassen. Durch ein feines Sieb passieren. Den Zucker hinzufügen und das Eigelb und den Ingwer einrühren. Bis zum Essen kaltstellen.
Und zu Trinken gibt's dann Holundersekt:
6–7 Holunderblütendolden sauber verlesen und mit 125 ml Essig, 4 ungespritzten, in Scheiben geschnittenen Zitronen und ca. 6 l Wasser in einem glasierten Topf (Emaille-Topf) ansetzen. Fünf Tage an einem warmen Ort stehenlassen und täglich umrühren. Die Flüssigkeit dann durch ein Sieb gießen und in Flaschen abfüllen. Die Flaschen gut verschließen und mindestens 14 Tage kühl bis zur ersten Probe stehenlassen.

Wenn ihr im Frühjahr statt eines Supermarktsalates einen Wildpflanzensalat eßt, habt ihr damit mehr angerichtet als nur ein leckeres Essen:

- Der Salat muß nicht aus den Mittelmeerländern zu uns transportiert werden.
- Ohne die lange Transport- und Lagerzeit ist auch das konservierende Pilzgift überflüssig.
- Der in Massen importierte Salat wird oft auch von großen Firmenkonzernen in riesigen Monokulturen angebaut, für die Kleinbauern kann das vernichtend sein. (Flurbereinigungen, Preiskämpfe auf dem Markt usw.)
- Ihr spart Geld für den im Frühjahr noch recht teuren Salat.
- Ihr lernt selbst den Wert von Wildpflanzen kennen und könnt es viel überzeugender weitersagen.

Stellt euch zum Beispiel folgende Aktion vor:
Über die Volkshochschule ladet ihr zu einem Wildkräuternachmittag ein und bereitet mit den ca. 12 Teilnehmern Brennesselspinat mit Pellkartoffeln und Spiegelei.
Nebenbei erzählt ihr vom Gemüseimport, von Rückständen chemischer Pflanzenbehandlungsmittel und von den Problemen der Radioaktiven Bestrahlung. Und berichtet auch davon, wie ihr gelernt habt, Wildkräuter zu essen, und wie ihr beim Sammeln der Kräuter eure Umgebung kennengelernt habt und dabei vielleicht auch wacher für den Schutz der Umwelt geworden seid.
Eure Gäste werden dann vielleicht verstehen, welche „ökologische Bedeutung" ihre Eßgewohnheiten haben.

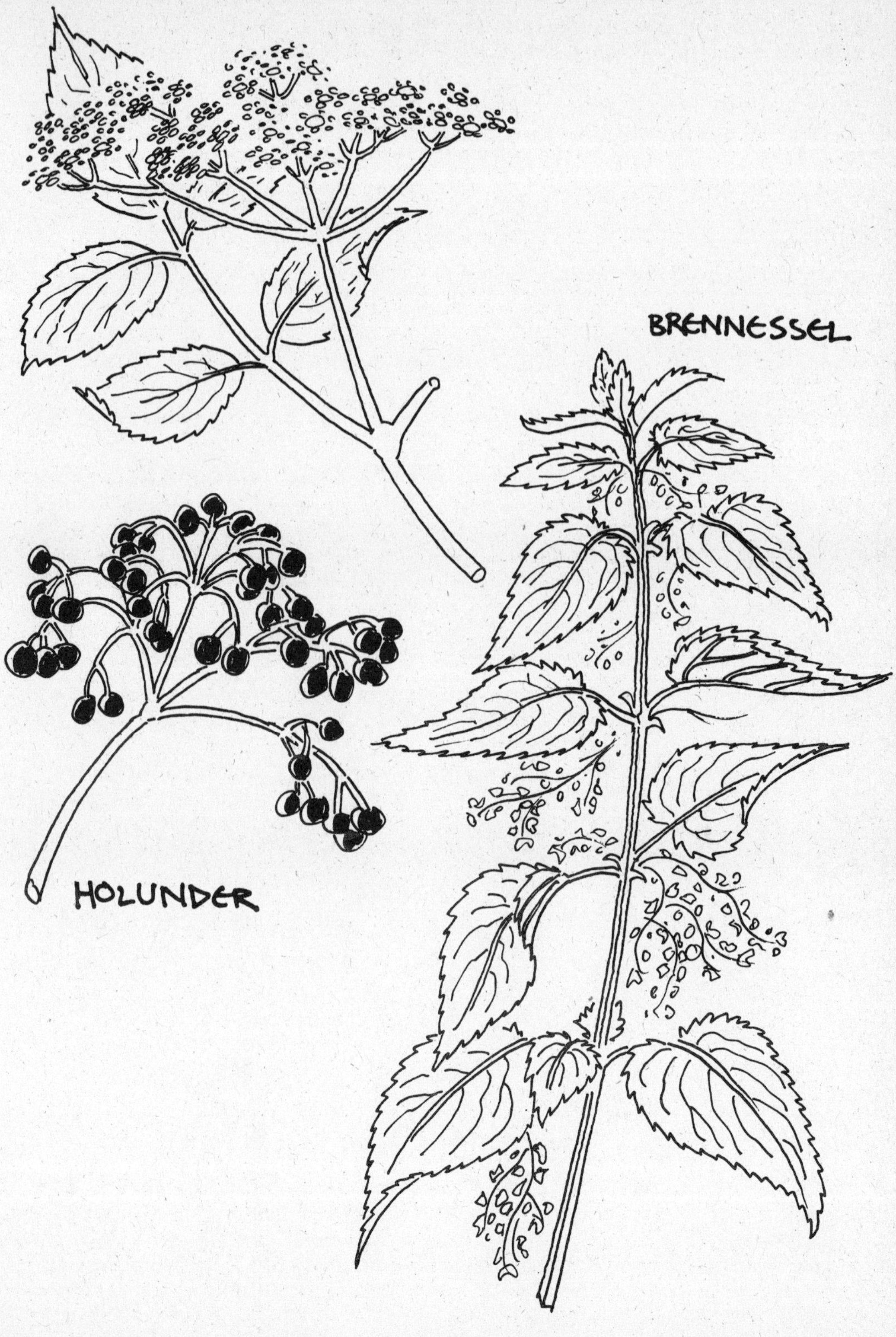
BRENNESSEL
HOLUNDER

Haferschnitten

„Was soll ich werden, damit ich immer zu essen habe", fragt Fritz seinen Großvater.
„Werde Bäcker", lautet der Tip.
„Aber wenn es mal kein Mehl mehr gibt", fragt Fritz nach, „dann hätte ich doch auch nichts mehr zu essen."
„Dann", sagt der Großvater, „bist du auch kein Bäcker mehr."

Sicher kennt ihr es, wenn bei Gruppentreffen jemand Kekse mitbringt, die so aufdringlich unaufdringlich nach Zugreifen riechen. Du sitzt da und ißt wie das Krümelmonster aus der Sesamstraße und merkst nur den Geruch nach Vanillin (das ist künstlich hergestellter Vanillegeschmack), doch der Bauch füllt sich nicht dabei.
Vanillin wirkt wie ein Appetitanreger und ist in sehr vielen Genußmitteln enthalten (Säfte, Kuchen, Pudding, Schokolade, Kakao, Bonbons, Pralinen usw.).
Dabei ist die künstliche Vanille sehr viel höher zu dosieren und viel stärker im Geschmack als die natürliche:
Vergleiche den Geruch:
1. üblicher Vanillezucker aus der Tüte,
2. das Innere einer Vanillestange (der Länge nach aufschlitzen),
3. Natur-Vanillezucker aus dem Bioladen,
4. selbst hergestellter Vanillezucker; dazu steckt ihr in einem dicht schließenden Glas aufgeschlitzte Vanillestangen in einfachen Zucker.
Appetitanreger kennt ihr in reiner Form im Tierfutter. Euer Hund stürzt sich wild auf eine bestimmte Futtermischung. Ein besseres Stück Futter läßt er dafür (vorläufig) liegen.
Wir sollten an uns selbst prüfen, ob Vanille bei uns auch eine Art „Sucht" erzeugen kann. Aber dazu müssen wir uns erst mit selbstgebackenen Keksen an den Eigengeschmack von Mehl, Fett, Haferflocken usw. gewöhnen. Später können wir die folgenden Rezepte mit Vanillezuckerzusatz backen, und bei uns und bei unvoreingenommenen Freunden probieren, ob wir Vanille anderen Gewürzen (Zimt, Anis, etc.) deutlich vorziehen.
Wir haben mal eine Keksart ausprobiert, die zu backen Spaß macht, weil sie einfach immer gelingt, und die Zutaten billig und variierbar sind. Natürlich schmeckt sie auch gut, auch nach ein paar Tagen. Vielleicht habt ihr auch Lust und die Möglichkeit, gemeinsam mit euren Freundinnen und Freunden zu backen.

Rezept
250 g Haferflocken übergießt ihr mit ¼ l heißer Milch und laßt sie 10 Minuten quellen. Nun 2–3 Eßlöffel Honig oder jede Art von Sirup und 200 g Rosinen, Nüsse, Leinsamen, Sesam oder jede Art von eingeweichten Trockenfrüchten und je nach Geschmack Zimt, Zitrone oder Anis dazugeben und alles gut durchkneten. Jetzt so viel grobe Haferflocken unterarbeiten, bis ein formbarer Teig entsteht. Einen schmalen Brotlaib formen und ca. 1 cm dicke Scheiben abschnei-

den. Läßt sich der Teig nicht gut schneiden, müßt ihr das Messer ab und zu in heißes Wasser tauchen, das hilft. Die Schnitten legt ihr nun auf ein Backblech. Sie werden bei 200°C ca. 15 Minuten von beiden Seiten gebakken. Zwischendurch umdrehen (Vorsicht, heiß!).
Falls ihr auf den Geschmack gekommen seid und euch bei euren Treffen zu Haferschnittenkrümelmonstern verwandelt habt, haben wir hier noch ein anderes Backrezept.

Brötchen aus Vollkornmehl
Für 15–20 Brötchen benötigst du: 1 kg Weizenvollmehl, 1 Würfel Hefe (40 g), ½l lauwarmes Wasser oder Milch, 1 Teelöffel Salz oder Kräutersalz.
Und so wird's gemacht:
Das Mehl gibst du in eine große Schüssel. In ½ Liter lauwarmes Wasser bröckelst du die Hefe hinein und mischst es durcheinander. Dann gibst du diese Flüssigkeit zum Mehl. Das Salz dazugeben, und alles so lange durchkneten, bis ein geschmeidiger Teig entsteht, der nicht mehr an den Händen klebt. Evtl. mehr Mehl oder Wasser dazugeben.
Den Teig läßt du dann ca. 20–30 Minuten an einem warmen Ort stehen, bis er gut aufgegangen und locker ist. Jetzt löst du den Teig aus der Schüssel, gibst ihn auf eine bemehlte Tischplatte und knetest ihn nochmals gut durch. Aus dem durchgekneteten Teig formst du einen länglichen Brotteig und schneidest portionsweise den Teig für die Brötchen ab. Nun noch formen, auf ein bemehltes Backblech legen, mit dem Messer kreuzweise einschneiden und nochmals 15–20 Minuten an einem warmen Ort ruhen lassen. Den Backofen auf 220°C vorheizen. Eine Schale mit Wasser am Boden des Ofens verhindert, daß die Brötchen zu hart werden.
Die Brötchen brauchen nun 30–40 Minuten Backzeit.
Variationsmöglichkeiten:
Gewürze wie Sesam, Anis, Kümmel, Fenchel, usw. Zusätzliche Zutaten wie Leinsamen, Haferflocken, Quark, Molke, Öl, Honig und Rosinen anstatt Salz, geröstete Zwiebel, Käse.
Selbst hergestelltes Gebäck dürft ihr nur dann öffentlich verkaufen, wenn ihr die gesetzlichen Bestimmungen für den Handel mit Lebensmitteln einhaltet.
Aber für eure Öko-Gruppe dürft ihr backen, soviel ihr wollt. Und natürlich werden öfter mal einige Besucher in die Keksdose greifen, und manche werden dadurch zu einer Spende angeregt.

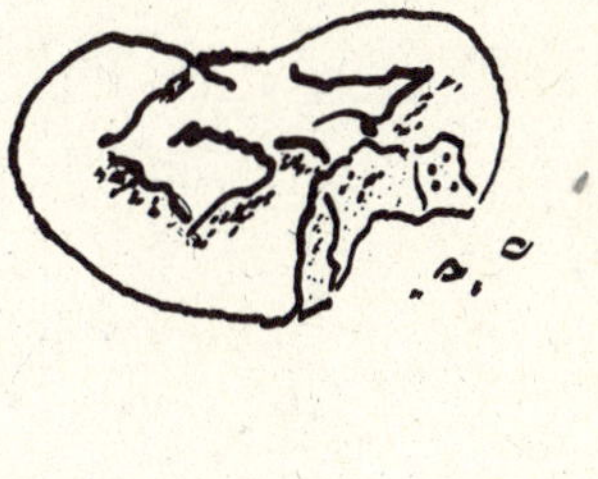

Jugendaktionshilfe

Zwei Besucher auf dem Naturschutzkurs Gaienhofen: „Unsere Ökogruppe ist an der Information gescheitert", berichtet der eine. „Unsere auch", antwortet der zweite. „Viel zuviel Nachrichten, Flugblätter, Infos, Bücher, Unterrichtseinheiten – riesige Papierberge, die man lesen sollte; das erschlägt einen richtig."
„Nein, wir sind nicht über die Information gestolpert, die zuviel ist, sondern über die, die zuwenig war."

Mit diesem Jugendaktionsbuch erfüllen wir die Wünsche vieler Gruppen und vieler Einzel-Aktivisten nach mehr Hilfen, Tips, und Berichten; jedenfalls haben wir damit einen Anfang gemacht.
Immer wieder aber gibt es Aktionen, an die sich später kaum einer mehr erinnert, weil es an Fotos, Berichten, Dias oder Notizen über Planung und Ablauf der Aktionen fehlte.
Dokumentieren scheint vielen in der Hektik einer Planung überflüssig oder auch zu teuer. Für die Langzeitwirkung eurer Aktionen ist eine gute Dokumentation aber sehr wichtig.
Wir haben in Iffens bei unserer Arbeit in der Umwelterziehung ein sehr gutes Motto:
„Schlechte Erfahrungen müssen nicht immer wiederholt werden, gute Ideen müssen nicht immer neu erfunden werden!"
Viele andere Jugendliche und Erwachsene können von euch lernen – wenn sie von euren Aktionen erfahren.
Deswegen bitten wir alle, die gute und schlechte Erfahrungen mit ihren Aktivitäten im Umwelt- und Naturschutz gemacht haben oder jetzt machen, uns davon zu berichten. Für solche Informationen steht uns eine Spende des Verlages aus dem Verkaufserlös dieses Buches zur Verfügung.
Wir haben uns nun überlegt, wie wir euch helfen können, eure Aktionen auch gut zu dokumentieren.
Die einzelnen Schritte, wie ihr vorgehen könnt, sind im folgenden zusammengestellt. Laßt euch dabei nicht von der Vielfalt der Möglichkeiten erschlagen, sucht euch aus den Dokumentations-Beispielen das heraus, was euch am leichtesten fällt.

1. Schritt
Wenn ihr bei der Dokumentation eurer Aktivitäten mitmachen wollt, nehmt die nebenstehende Seite aus dem Buch heraus oder schreibt die Antworten auf einen gesonderten Zettel. Schickt ihn jetzt gleich an Bärbel Supper, Station Umwelterziehung, 2893 Iffens.

2. Schritt
Ihr stellt das Material zusammen, das es über eure Aktivitäten bereits gibt, oder ergänzt die vorhandene Dokumentation. Dabei gibt es je nach Stand der Aktion verschiedene Möglichkeiten:
Ihr macht einen Plan zu der Aktion, die ihr machen wollt. Welches Thema, welche Ziele, welchen Zeitraum plant ihr? Wo soll die Aktion stattfinden? Wer soll angesprochen werden, wer kann und muß mitmachen? In welchen

Teilschritten wollt ihr vorgehen?
Ihr schreibt stichwortartige Notizen zum Ablauf der Planung und zum Ablauf der Aktion: Wer hat wann was und warum gemacht...
Ihr schreibt Eindrücke und Meinungen zu eurer Aktion auf. Was gefiel gut, was schlecht? Was war zu mühsam, was hat besonders viel Spaß gemacht usw.
Ihr notiert Vorschläge, wie andere eine ähnliche Aktion besser planen und ausführen sollten. Andere sollen also aus euren Fehlern lernen. Aber auch aus den Teilen der Aktion, bei denen ihr Glück hattet, sind wichtige Hilfen zu ziehen. Notiert also auch die Einfälle und Zufälle, die euch besonders viel geholfen haben.
Ihr schreibt einen kurzen Bericht für eine Jugendzeitschrift, z.B. für den „Igel" oder auch für „Natur und Umwelt". Beim Schreiben hilft es sehr, wenn ihr euch einen Leser vorstellt, dem ihr von eurer Aktion erzählt. Seid aber nicht enttäuscht, wenn euer Bericht mal nicht gedruckt wird; es kann natürlich nicht alles veröffentlicht werden.
Oder schreibt eine Anleitung für eine Aktivität im Umwelt- und Naturschutz. So wie man ein Rezept schreibt: kurz, übersichtlich und nachmachbar. Ihr könnt z.B. darüber schreiben, wie ihr Einladungen entworfen, gedruckt und verteilt habt. Oder: Wie habt ihr Insekten-Nisthilfen gebaut, wo habt ihr sie angebracht, wie habt ihr dann beobachtet, ob und wie Insekten die Hilfen nutzen?
Ihr macht Schwarz-Weiß-Fotos, Zeichnungen, Dias, Skizzen von den Vorbereitungen, Höhepunkten und Ergebnissen der Aktion. Die Fotos sollen viel erzählen, aber auch spannend anzusehen sein für jemand, der die beteiligten Personen nicht kennt.
Alle Einladungen, Infozettel, Flugblätter, Zeitungsausschnitte, Plakate usw. sammelt ihr in einer Mappe. Das ist eure Berichts-Mappe für alle, die euch nach Einzelheiten einer Aktion fragen.

3. Schritt
Wir machen zusammen einen Termin aus, an dem ihr uns alle Texte, Bilder, Materialien, die ihr über eure Aktion gesammelt habt, zuschickt.

4. Schritt
Bei eurer Dokumentation gab es Unkosten. Wir können aus dem Spenden-Topf, je nach Zahl und Umfang der Aktionsbeschreibungen, Zuschüsse geben. Wieviel Ausgaben ihr hattet, könnt ihr schon auf dem Antwortblatt (1. Schritt) vermerken. Wie hoch euer spezieller Zuschuß ist, werden wir dann zusammen ausrechnen.

5. Schritt
Wir schauen eure Dokumentation durch und geben euch Tips für Veränderungen und Ergänzungen. Wir können auch gemeinsam eine „Strategie" besprechen, wie ihr Aktionen im Umwelt- und Naturschutz aufeinander aufbauen könnt. Mit leichten kleinen Aktivitäten fangt ihr an und könnt danach schwierigere angehen. Manchmal sind auch Aktivitäten sehr aufwendig gewesen, und alle Beteiligten sind danach mißmutig und erschöpft. Dann hilft es zwischendrin, kleinere Aktionen einzubauen. Eure Erfahrungen helfen uns dabei, andere Gruppen zu beraten, und wir können dann auch die Tips anderer Gruppen an euch weitergeben.

6. Schritt
Wir überlegen, wo und wie von euren Aktivitäten in Zeitschriften und Büchern berichtet werden kann. Wenn ihr es wollt, vermitteln wir euch die Kontakte zu den Redaktionen und helfen euch bei den Verhandlungen. Die „Autorenrechte" und natürlich auch etwaige Honorare bleiben bei euch und eurer Gruppe.

Antwortbogen zur Jugendaktionshilfe

Adresse

Telefon

Für einzelne Aktive:	Für Gruppen:
Ich will eine Jugendgruppe aufbauen ☐	Wir sind ca. ________
Ich suche Kontakt zu anderen Aktiven ☐	Personen

Thema der dokumentierten Aktion:

Ort und Zeitraum:

Ich/Wir haben über die Aktion

S/W-Bilder	☐	Anleitungen	☐
Dias	☐	Notizen	☐
Texte	☐	Zeitungsberichte	☐

Für die Dokumentation entstanden uns an Kosten etwa: DM

Die nächste geplante Aktion ist:

Wir arbeiten zusammen mit:
Bund e.V.
dt. Umwelthilfe
BBU
Regionale Naturschutzverbände
Pfadfinder
andere:

WWF Deutschland
ev. Kirche
DBV
DUA
kath. Kirche

7. Schritt
Wir prämieren nach Eingang der ersten 77 Dokumentationen die 7 Besten mit Einkaufsgutscheinen zu je 77,– DM.

8. Schritt
Wenn nötig, vermitteln wir euch Kontakte zu Gruppen, Organisationen, Verbänden und Institutionen, die euch bei thematischen Sachfragen und bei finanziellen Nöten weiterhelfen können. Einige Adressen dazu findet ihr am Ende dieses Buches. Wenn ihr dort keine passende Adresse findet, schreibt uns.
Los geht's!

Die Seite 212 bitte ausschneiden oder kopieren, dann ausfüllen und schicken an:

Jugendaktionshilfe
Bärbel Supper
Station Umwelterziehung

2893 Iffens

Auf einem zusätzlichen Blatt bitte aufschreiben:

Ich/Wir haben folgende Ideen und Vorschläge für Aktivitäten im Umwelt- und Naturschutz für einzelne oder auch für Gruppen:

Adressen

Auf den folgenden Seiten bringen wir einige Adressen von Personen, die mit Jugendgruppen im Umwelt- und Naturschutz zu tun haben, oder die euch bei Aktionen helfen können.

Zunächst ein paar Tips, in welcher Art und Weise ihr euch an diese Adressen wenden könnt.

1. Entscheide dich zwischen Brief oder Telefon.
2. Fasse dich kurz, auch im Brief.
3. Stell dich oder die Gruppe zunächst kurz vor.
4. Sage/schreibe dann, welche Aktion du/ihr plant.
5. Bringe dann gezielt deine Wünsche vor.
6. Frage bei Ablehnung nach anderen Personen oder Adressen, die dir weiterhelfen könnten.
7. Frage nach, ob euch noch außerhalb der direkten Wünsche vom Telefonpartner oder Briefempfänger geholfen werden kann.
8. Notiert in einem Post- und Telefon-Heft Datum, Adresse und Ergebnisse in Stichworten.
9. Wenn du am Telefon sehr viel Einzelheiten fragen willst, dann mache dir vorher eine Fragenliste, in der auch etwas Platz für Antworten gelassen ist.
10. Lege einem Brief kurze Berichte oder Darstellungen über eure Arbeit bei. Rück-Porto oder Rück-Umschlag ist für die Antwort eine große Hilfe.
    Gib im Brief auch deine Telefonnummer an.

Schleswig Holstein

Julian Wiethold
Lerchenstr. 22
2300 Kiel
Tel. 0432/82404

Stephan Dyk
Seeweg 9
2360 Sipsdorf
Tel. 04551/1294

Tammo Schacht
Immenhagen 4
2071 Hoisdorf
Tel. 04107/4725

Claudia Karting
Am Hang 9
2211 Oldendorf
Tel. 04821/76761

Carsten Haack
Elbinger Weg 33
2300 Altenholz
Tel. 0431/321332

Axel Fichtner
Sandkoppel 1
2351 Boostedt
Tel. 04393/1415

Torsten Langenstein
Holstenstr. 31
2083 Hälstenbek
Tel. 04101/41690

Matthias Franke
Klosterbergenstr. 53b
2057 Reinbek
Tel. 040/7221539

Michael Penther
Alsenstr. 21
2370 Rendsburg
Tel. 04331/26751

Josephine Mesletzky
Hufeisenweg 16
2382 Kropp
Tel. 04624/8896

Andrea Kühne
Massowerstr. 19
2410 Mölln
Tel. 04542/7395

Naturschutzjugend Jordsand
Haus der Natur
Wulfsdorf
2070 Ahrensburg
Tel. 04102/32656

Waldjugend Schleswig-Holstein
Jürgen Krosch
Am Kamslieth 8
2224 Burg/Dithmarschen
Tel. 04825/2969

Niedersachsen
BUND e.V. Landesverband Niedersachsen
Oelzenstr. 6
3000 Hannover 1

Wolfgang Meiners
Station Umwelterziehung
Beckmannsfelder Weg
2893 Iffens-Butjadingen 2

Saarland
Eugen Grittmann
Franz Schubert Str. 7
6601 Wischmisheim
Tel. 0681/893220

Umwelt- und Naturschutzgruppe Bistal
Angelika Pätzold
Johannes Kirschweng Str. 23
6633 Wadgassen
Tel. 06834/4548

ökolog. Schülergruppe
Max-Planck-Gymnasium
Michael Grittmann
Kantweg 2
6638 Dillingen
Tel. 06831/701516

Die Glühwürmchen
Michael Zimmer
Richard Wagner Str. 51
6602 Dudweiler
Tel. 06897/71067

Berlin
Hans Schlosser
Aktionszentrum Umweltschutz
Theodor-Heuss-Platz 7
1000 Berlin 19

Bremen
Bremen-Mitte

Stefan Pfützke
Heinrich-Schulz-Str. 25
2800 Bremen 41
Tel. 46 68 39

Bremen-Burglesum/Vegesack

Axel Pottschmidt
Heckenweg 41
2822 Leuchtenburg
Tel. 62 11 42

Bremen-Blumenthal

Olaf Meyer
Johann-Janssen-Str. 63
2820 Bremen 70
Tel. 66 72 60

Hessen
Jörg Nitsch
Rheinstr. 8
6057 Dietzenbach 2

Renate Kurz
Reginastr. 5
3500 Kassel

Peter Westenberger
Lerchenweg 11
6238 Hofheim

Hendrik Schmidt
Kirchgasse 3
6330 Wetzlar 21

Markus Wolf
Mörfelder Landstr. 74
6000 Frankfurt

Oliver Gathmann
Frankfurter Str. 83
6054 Rodgau 3

Magda Kramer-Berndt
Am Kostberg
3509 Spangenberg

Nordrhein-Westfalen
Jörg Liesendahl
Görlitzer Str.4
56 Wuppertal 2

Andreas Müller-Alwart
Uhlandstr. 35
5000 Köln 41

Tom Schulz
Maria-Theresia-Allee 215
5100 Aachen

Axel Horn
Von-Heinsberg-Str. 6
5040 Brühl

Eckhard Rommel
Lingerheide 12
4030 Ratingen 1

Holger Hänsel
Alter Kirchweg 4
4018 Langenfeld

Jürgen Zierott
Wagenfeldstr. 17
4400 Münster

Ulrich Banken
Morgenrötestr. 18
5900 Siegen 32

Henning Hauke
Watzmannstr. 40
5650 Solingen 1

BUND-Jugend Wuppertal
Kupferhammer 5
5600 Wuppertal 2

Hamburg
Landesverband Hamburg
BUND e.V.
Fuhlsbüttlerstr. 756
2000 Hamburg 63
Tel. 592555

Rheinland-Pfalz
Jürgen Ott
Albrechtstr. 41
6750 Kaiserslautern
Tel. 0631/66432

Dagmar Pfister
Alzeyer Str. 26
6509 Oberflörsheim
Tel. 06735-275

Bayern
Jugendorganisation
Bund Naturschutz
Mainzer Str. 22
8000 München 40
Tel. 089/369143

Michael Eilert
Josefstr. 38a
8024 Deisenhofen
Tel. 089/6132334

Ralf Utermann
Herwolfstr. 12
8333 Herbertsfelden
Tel. 08721/2500

Christian Wahner
Gartenweg 9
8058 Erding
Tel. 08122/2749

Hartmut Gundel
Sophienstr. 93
8520 Erlangen
Tel. 09131/28810

Ines Dorffmeister
Mainzer Str. 22
8000 München 40
Tel. 089/369143

Monika Kleyn
Bucheck 4
8351 Hohenau
Tel. 08551/4239

Harald Hertel
Schützenstr. 66
8595 Waldsassen
Tel. 09632/2354

Christian Rolli
Eibenstr. 176
8721 Dittelbrunn
Tel. 09721/45557

Wolfram Welzer
Heinrich-Brandt-Str. 148
Studienheim
8802 Windsbach
Tel. 09871/825

Stefan Beyer
Röntgenstr. 4
8630 Coburg
Tel. 09361/8469

Stefan Pscherer
Moltkestr. 6
8972 Sonthofen
Tel. 08321/82308

Jugendgruppen in Baden-Württemberg / Stand 30. 7. 1984

Althütte
Andreas Langnau
Im Kugelhof 29
7154 Althütte
Tel. 07183/7262

Bermatingen
Heiner Bühler
Pappelweg 6
7775 Bermatingen

Crailsheim
Klaus Klotz
Schießbergstr. 40
7180 Crailsheim
Tel. 07951/41009

Emmendingen/Teningen
Heiko Suter
Haydnweg 5
7830 Emmendingen
Tel. 07641/1317

Freiberg/Neckar
Uwe Landsperger
Wilhemstr. 24
7141 Freiberg/Neckar
Tel. 07141/74766

Freiburg
BUND Umweltzentrum
Erbprinzenstr. 18
7800 Freiburg
Tel. 0761/35254

Friedrichshafen/Immenstaad
Michael Reitberger
BUND Umweltzentrum
Olgastr. 25
7990 Friedrichshafen
Tel. 07541/24200

Gerabronn
Wolfgang Reuter
Dorfgemeinschaft Brettachhöhe
7182 Gerabronn

Graben-Neudorf/Hardt
Roland Fink
Wendelinusstr. 21
7523 Graben-Neudorf

Heidelberg
Peter Sandmaier
BUND Umweltzentrum
Hauptstr. 42
6900 Heidelberg
Tel. 06221/25817

Heilbronn
BUND Umweltzentrum
Blücherstr. 28/1
7100 Heilbronn
Tel. 07131/573360

Lonsee
Siegfried Perini
Jahnstr. 10
7901 Lonsee
Tel. 07336/6279

Ludwigsburg
Ute Suckert
Irisweg 27
7140 Ludwigsburg
Tel. 07141/7241

Münchingen
Thomas Schembera
Fichtestr. 23
7015 Korntal-Münchingen 2
Tel. 07150/6125

Orsingen
Franz Merklinger
Ringstr. 11
7768 Orsingen
Tel. 07774/7801

Schwäbisch Gmünd
Roland Storch
Vogelhofstr. 15
7070 Schwäbisch Gmünd
Tel. 07171/30354

Staig
Herr Schaumann
Falkenring 14
7901 Staig
Tel. 07346/2615

Stuttgart
BUND Umweltzentrum
Rotebühlstr. 84/1
7000 Stuttgart 1
Tel. 0711/613332

Ulm
BUND Umweltzentrum
Radgasse 16
7900 Ulm
Tel. 0731/23311

Villingen-Schwenningen
Jugendhaus
Kalkofenstr. 3
7730 Villingen

Waldshut
Bettina Sättele
Grundwiesenstr. 18
7898 Lauchingen

Östringen
Bernd Hammer
Wiesenstr. 70
7524 Östringen
Tel. 07253/22354

Bund für Umwelt und Naturschutz Deutschland e. V. (BUND)
Bundesgeschäftsstelle:
Postfach 120536
In der Roste 2
5300 Bonn 1
Tel. 0228/230001

Anschriften der Landesverbände des BUND:

Baden-Württemberg
Bund für Umwelt und Naturschutz Deutschland, Landesverband Baden-Württemberg e. V.
Erbprinzenstr. 18
7800 Freiburg
Tel. 0761/35254

Bayern
Bund Naturschutz in Bayern e. V.
Schönfeldstr. 8
8000 München 22
Tel. 089/288300 und 284371

Berlin
Gesellschaft für Umweltschutz e.V.
Theodor-Heuss-Platz 7,
1000 Berlin 19
Tel. 030/3015644

Bremen
Bremer Naturschutz Gesellschaft e.V.
Rembrandtstr. 18
2800 Bremen 1
Tel. 0421/323606

Hessen
Bund für Umwelt und Naturschutz
Deutschland e.V., Landesverband
Hessen
Gemünder Str. 34
6000 Frankfurt 70
Tel. 0611/681078

Niedersachsen
Bund für Naturschutz und Landschaftspflege
in Niedersachsen e.V.
Oelzenstr. 6
3000 Hannover 1
Tel. 0511/14080

Nordrhein-Westfalen
Bund Natur- und Umweltschutz
Nordrhein-Westfalen e.V.
Drususallee 66
4040 Neuss
Tel. 02101/276027

Rheinland-Pfalz
Bund Natur- und Umweltschutz
Rheinland-Pfalz (BNR)
Friedrich-Ebert-Str. 9
6522 Osthofen
Tel. 06242/2070 und 4646

Saarland
Bund für Umweltschutz e.V. Saarland
Prof. Beckenkamp
6600 Saarbrücken 11
Tel. 0681/812289

Schleswig Holstein
Bund für Umwelt und Naturschutz
Deutschland e.V., Landesverband
Schleswig-Holstein
Lerchenstr. 22
2300 Kiel
Tel. 0431/673031

Hamburg
Bund für Umwelt und Naturschutz
Deutschland e.V., Landesverband
Hamburg
Fuhlsbüttlerstr. 756
2000 Hamburg 63
Tel. 040/592555

Nachträge

Stichwortregister

Eine neue Zeitschrift für Umweltpädagogik und Ökologie

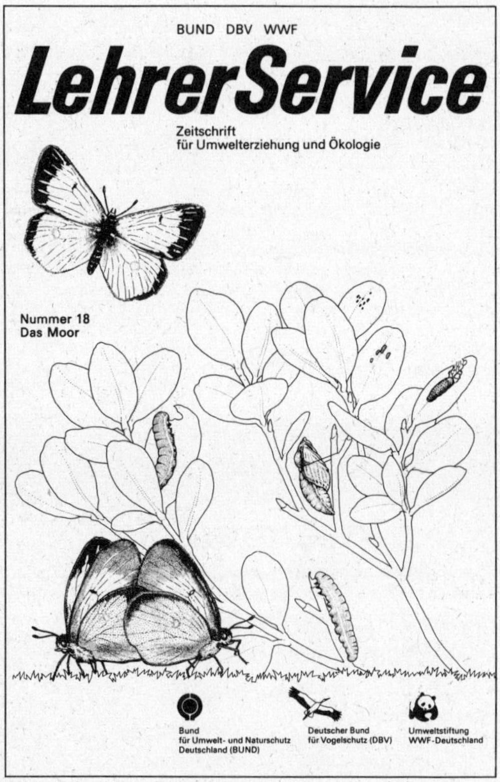

Eigentlich müßte der Zusatz „neue Zeitschrift" in Anführungszeichen stehen. Denn so ganz neu ist der LehrerService nicht. Es gab ihn schon als Blattsammlung. Neu ist die Form, die Aufmachung. Auch inhaltlich wird es einige Veränderungen geben. Was sich nicht verändern wird, ist die Zielrichtung: ökologisch orientiert, praxisnah, umweltpädagogisch.

Neu ist auch, daß neben dem Bund für Umwelt und Naturschutz Deutschland (BUND) drei weitere Umweltorganisationen am LehrerService mitwirken; der Deutsche Bund für Vogelschutz DBV, die Deutsche Umwelthilfe und die Umweltstiftung World Wildlife Found (WWF-Deutschland). Durch diese Zusammenarbeit verspricht sich das Redaktionsteam höhere Qualität in jeder Hinsicht: Eine Publikation mit Zeitschriftenniveau soll erreicht werden.
Sicherlich abonnieren hauptsächlich Lehrer den LehrerService. Doch auch für Einrichtungen der außerschulischen Bildung, Dozenten an Volkshochschulen, Jugendgruppenleiter, Kindergärtnerinnen, Sozialpädagogen ist die Publikation interessant.
Der LehrerService gibt lediglich Unterrichtshilfen. Diese sind universell verwendbar, nicht an ein spezielles Unterrichtsfach gebunden.
Direkt für den Unterricht verwendbar sind Kopiervorlagen in Form von Arbeitstransparenten oder Arbeitsblättern aufbereitet. Vielen Artikeln sind didaktische Hinweise hinzugefügt.
Zu besonders interessanten, umfangreicheren Themen stellt die Redaktion Informationsmappen zusammen, die Sie gesondert bestellen können. Um eine „Hilfe für die Praxis, aus der Praxis" zu sein, versteht sich der LehrerService auch als Forum für Beiträge seiner Leser. Leser, die Ideen haben und mitwirken wollen, können ihre Beiträge an die „Ideenbörse" einschicken.
Daneben finden Sie Konkretes und Kontroverses, Experimente, Aktionen, Spiele und Rätsel, Besprechungen von Büchern und Filmen, Medien, Aktuelles und Termine.
Jeder LehrerService hat einen Themenschwerpunkt: „Ethik und Umwelt", „Das Moor", „Zugvögel".
Für die nächsten Ausgaben sind vorgesehen ein Aktionsheft „Projektwochen" und Schwerpunkthefte u.a. über „Lärm", „Buchpatenschaften", „Landwirtschaft", „Sonnenenergie", „Verkehr und Umwelt"...

Sollten Sie Interesse am LehrerService gefunden haben, so wenden Sie sich bitte an:

Lektorat LehrerService
Erbprinzenstr. 18
7800 Freiburg

Coupon
LehrerService
5 Ausgaben jährlich, 32 Seiten, Abonnement DM 24,– für BUND-Mitglieder, für Nichtmitglieder DM 50,–

- ☐ Ja, ich abonniere den LehrerService und trage dadurch zur Verbesserung des Umweltbewußtseins bei.
- ☐ Ich habe Interesse am LehrerService, möchte aber vorerst kein Abonnement; bitte senden Sie mir ein Probeheft! (DM 3,– in Briefmarken)
- ☐ Ich bin mit dem Abbuchungsverfahren einverstanden. – Hier meine Bankverbindung:

____

____
Name

____
Straße

____
Ort/Postleitzahl

____
Beruf/Geburtsdatum

____
Datum/Unterschrift